读客®

读客中国史入门文库

顺着文库编号读历史，中国史来龙去脉无比清晰！

曹操

打不死的乐观主义者

翻开本书，领略曹操如何用
乐观心态扭转逆境。

度阴山 著

江苏凤凰文艺出版社
JIANGSU PHOENIX LITERATURE AND
ART PUBLISHING, LTD

目 录

第七章　赤壁惨败 / 216

第八章　再战江湖 / 254

第一章

治世之能臣

捣蛋鬼

公元155年，曹操出生于东汉帝国谯县（今安徽亳州）的一个士大夫家庭，父亲曹嵩因喜得一子而兴高采烈地祭祀祖先。

曹家的祖先不姓曹，而姓夏侯。曹嵩年轻时在中央朝廷做官，做得很辛苦，于是认了大太监曹腾为干爹，作为自己的靠山，所以就姓了曹。在特别重视祖宗名誉的中国古代，曹嵩这种行为可谓忘祖，所以每当他祭祖时，曹家祖先的牌位总会抖个不停。

但这次祭祖，祖先的牌位像死了一样，纹丝不动。曹嵩大为兴奋，认为这是好兆头，也许这个小家伙将来能给祖先带来莫大荣耀，而让祖先忘记自己改姓的丑行。

曹操稍懂事后，曹嵩渐渐对他感到失望。因为这个孩子无论从哪个角度看，都没有特殊的地方。更让曹嵩感到痛苦的是，渐渐长大的曹操不爱谈经说道，也不遵循礼法，最喜好的是飞鹰走狗、围猎比武。按当时士大夫的价值观来评价，曹操就是个不折不扣的浪荡子，非君子也。

曹嵩每次看到曹操游荡无度时，就会想起当初祭祀祖先时的情景。他产生一种隐隐的感觉：祖先的牌位陷入死寂，不是为曹操能光大门楣感到欣慰，而是恐惧，恐惧曹操会毁了家族。

曹操步入青少年后，外形上虽然是个小胖墩，可内心却智勇机警，特别善于权诈应变。

他后来的对手袁绍就领教过。袁、曹二人常常在一起玩耍，人在少年时，对是非善恶的理解是非理性的，成年人认为是错的事情，他们只是觉得好玩。所以他们经常做些在大人眼中特别出格的事。

某次，曹操和袁绍跑到一户大户人家家里偷东西，结果被人发现。两人撒丫子拼命跑，忽然袁绍掉进一深坑，怎么也爬不出来。

眼看失主就要追踪到这里，袁绍急得脸都变形了，在坑里如掉进陷阱的老鼠。

曹操伸手拉他，却死活拉不上来。曹操灵机一动，对袁绍说："兄弟，对不住了。"

袁绍还没有反应过来，就听到曹操扯起公鸭嗓子高喊道："小偷在这里，快来捉他啊！"

说完，曹操转身就跑。

袁绍气得七窍生烟，想不到曹操这么不靠谱。他又急又怒，使出浑身的气力，猛然向上一跳。让他惊喜的是，半个身子竟然蹿出了坑外，他又用两个胳膊撑住地面，居然快速地爬了出来。一爬出来，他就朝着曹操逃跑的方向追了过去。

最后，两人全身而退。

袁绍追上曹操后，揪住他的衣服要揍他。

曹操说："我救了你，你怎么反而要揍我？"

袁绍说："你差点害死我！"

曹操说："如果我不那样喊，你哪里来的力气从坑里爬出来？"

袁绍恍然大悟。但他悟到的是，曹操这个人固然有智慧，可也很危险。后来，袁绍有意疏远曹操，两人的关系渐渐就淡了。

其实可以这样说，年轻时的曹操，没有真心朋友。因为谁都不敢保证，他的权诈应变会用到什么地方。用他叔叔的话说就是：阿瞒（曹操小名）这孩子行为古怪，难以捉摸，同时放荡不羁，以后一定是个祸害。

曹操的叔叔又是个话痨，每次见到哥哥曹嵩，都要数落曹操。曹嵩听完弟弟的话后，随手拎起棒子，追着曹操揍。

被老爹揍的次数多了，曹操决心给叔叔一点教训，让他永远闭嘴。某天，他在大街上闲逛，恰好他叔叔迎面走来。曹操看见叔叔就直挺挺摔倒在地上，然后口吐白沫（天知道他的白沫是从哪里来的），嘴歪眼斜，浑身像被电了一样扭动。

他叔叔慌张地把他扶起，问情况。

曹操口齿不清地说："我、我中恶风啦。"

他叔叔没有足够的智慧判断这情形，急忙跑去找老哥曹嵩。曹嵩慌慌张张地赶到现场，发现曹操正在逗弄街上的美少女，活蹦乱跳，和往常没两样。

曹嵩很纳闷，问曹操："你叔叔说你中恶风了，怎么回事？"

曹操故作惊讶道："啊，叔叔怎么能如此诅咒侄子？"

曹嵩仔细观察曹操，发现真没有任何异样，心里就对老弟嘀咕开来。曹操趁势说道："叔叔如此诅咒我，也不怨他。可能是我平时对叔叔孝敬不够，他不喜欢我，有时候难免会在您面前说我的坏话，我受点委屈没什么的。"

曹嵩"哎呀"一声，这一声是父亲对儿子懂事的激动感慨，也是对他弟弟的愤怒。

自此，曹嵩再也不相信老弟数落曹操的话了。他老弟还觉得莫名其妙，曹操在背地里却乐开了花。

刺杀张让

曹操不仅在背地里偷着乐，其实他的很多事都是在背地里进行的。表面上，他古灵精怪、放荡不羁，但在无人处，他学习起来却严肃稳重，一丝不苟，在这方面所具有的意志力连他自己都感到惊讶。

他偷偷摸摸地学习百家思想，学得如痴如醉，而且他不是死学，他能从儒家思想一本正经的外表下，看到破绽和荒诞之处。这些深厚的知识和思想积累，以及对思想的怀疑和叛逆，为他后来能迅速成为领袖人物而不是书呆子埋下了伏笔。同时，他也学习兵法和搏击术，对《孙子兵法》尤其痴迷，为其做了不少注释，这也为他后来用兵如神打下了坚实基础。

一个人少年时代种下什么，将来就有可能结出什么，这就是曹操少年时代给我们的启示。

曹操的性格豪迈不羁，不拘一格，所以他绝对不会把所有精力都放在书本上。他更关注的是书本之外的真正的知识。真正聪明的人，都是向内运筹，向外看世界，二者缺一不可。

当时的东汉帝国已经进入了迅速衰败时期。宦官把持政权始终是东汉中后期的政治底色，特别是刘宏（汉灵帝）上任后，他把十个太监塞进自己的秘书处，这十个太监被称为“十常侍”，并且将他们同时封侯。刘宏经常指着十常侍的带头大哥张让说：“这就是我的第二个爹啊。”又指着十常侍的其他九人说：“这就是我的同胞兄弟啊。”

以张让为首的十常侍如此得刘宏的信任，自然大权在握。人一有权就会贪赃枉法，骄横跋扈。整个东汉帝国被这十个人搞得乌烟瘴气，民怨沸腾。

曹操对老爹说：“难道就没有人治治这十个阉人吗？”

他老爹怒了：“少放屁，什么阉人，你爷爷（曹腾）也是阉人！”

曹操闭了口。

曹嵩叹气说："这届太监不行啊，你爷爷那时，太监个个都是好人。这十个败类，真是给太监行业丢脸。不是没有人想治他们，可能治他们的人现在要么在监狱，要么就在地狱。皇上信任他们，谁都扳不倒啊！"

曹操听了老爹这番话，心里打定了主意。他认为世上无难事，只怕有心人。他曹操就是个有心人，擒贼先擒王，如果能干掉张让，那对其他九个阉人就是晴天霹雳，他们必有所收敛。

所以，他下决心要刺杀张让。

从那天开始，他总去张让家周围转悠，查探地形，计算守卫换岗时间，寻找潜入的机会和地点，又认真琢磨撤退路线。

在经过半个月的探查后，大侠曹操出手了。

那天晚上，月黑风高，正是刺杀的好时机。曹操在张让府外暗暗观察着，趁卫兵轮岗时，偷偷从小门潜入，摸索了半天，终于摸到了张让的卧室门。

张让躺在床上，发出嚣张的鼾声。

曹操抽出一柄匕首，拨开了门闩，轻轻推门，门发出了断断续续的呻吟。就在这时，床上的张让忽然鼾声停止，翻了个身。

曹操像个雕塑一样弯着腰站在门口。黑暗中，他能听到自己的心脏怦怦直跳，这倒不是因为紧张，而是为他即将做成一件大事感到激动。

张让的鼾声再度响起，曹操吁出一口气，从身后抽出一柄快刀，摸向张让的床。

他蹑手蹑脚，刚走出三步，张让的鼾声猛地停滞，曹操暗叫不好。果然不好，张让已从床上坐起，大吼一声："有刺客！"

张让的声音尖细凄厉，在寂静的黑夜中犹如鬼叫。曹操三魂七魄已被吓走一半，幸好脑子还在，他扭头就蹿出房间，跳到院子里。

从各个黑暗角落里冲出来许多卫兵，围住曹操，刀剑齐下。曹操有种特殊的本领，那就是越是情势危急时，他越是冷静。这种本领可不是事上磨炼出来的，而是天赋。

他大喊大叫，如同白日见鬼一样，这是在给自己壮胆。他边抵抗边向事先查探好的地方撤退。那是张让府中一处矮墙，平时是张让用弹弓射击路人的据点。

曹操如同恶鬼附体一样，上蹿下跳，做着鬼脸终于退到矮墙附近，猛地舞着刀原地转了一圈，那些卫兵被这种场景吓坏了，慌张地后退。曹操趁机一个弹跳，跳上矮墙，脚尖在墙上一点，人已飘落到府外。趁着夜色，他逃脱了。

第二天，曹嵩回府后，脸上呈现着喜悦的神色。他告诉曹操："昨晚有人潜进张让府，险些宰了张让。张让这阉人气疯了，今天到处捉人审讯。哈哈！"

曹操有喜有憾，喜的是吓了张让一回，希望他以后能有所收敛，憾的是，只是吓了他一跳，没有杀死他。

他看到父亲坐在椅子上，脸色渐渐沉下来。

曹操问老爹："刚才您还很高兴，怎么突然忧郁了？"

曹嵩说："我是觉得，像这种刺杀，虽然解气，可解决不了本质问题。杀了一个张让，还会有第二个。"

曹操一惊，他似乎悟到了什么。

人和人是不同的。有人能从一点信息和天启中，立即确立志向，从此人生朝着光明走去；而有的人，纵然老天爷下凡和他谈心，他也油盐不进。各自的命运也就此分道扬镳。

曹操属于第一种人，他所悟到的就是，政治问题只能用政治来解决，恐怖袭击只能治标不能治本。

这个感悟一上脑，曹操马上就开始行动，他要用政治的力量来解决政治事件。

治世能臣，乱世奸雄

张让为首的十常侍是政治问题，若要解决这个问题，就必须从政治入手。若想从政治入手，就必须做官参与政治。曹操在此之前，从来没想过要做官。但刺杀张让失败后，他对做官的渴望突然强烈起来。做大官不是他的目的，做大事才是。

东汉时期的人要做官，最简单的一条路是服从察举制。所谓察举制，指的是地方长官在辖区内随时考察、选举人才并推荐给上级或中央，经过试用考核再任命官职的制度。

其实我们通过上面的论述就能发现，该制度存在弊端。地方长官所推举的人才，固然有标准，比如才华、品德等，可这种标准不可量化，不可量化就意味着可以光明正大地作假。长官常常会推荐自己的亲戚和行贿者。

后来，有人为这个制度添加了一条：被举荐的人必须要有社会名流贤达的认可。也就是说，地方长官举荐人才时，他一个人说了不算，被推举的人必须要有社会评价。

于是，当时的一些社会名流贤达又有了另外一个身份——点评师兼舆论领袖。一个人如果被这些点评师、舆论领袖看好，那离官位就很近了。

曹操要做官，第一步就是结交几个这样的大咖。曹操多方打听，得知当时天下有个点评师很是厉害，凡是他点评过的人，都做上了官。这个人叫桥玄，今河南商丘人。

桥玄很传奇，做过小县城的司法官，当过太守，还曾领兵击败过北方的少数民族，后来步步高升，最高做到尚书令、太尉。在天下人的印象中，桥玄举贤不避仇，执法不徇私，是个典型的杰出官员。

后来他因年纪渐老，又看不惯十常侍的所作所为，却没能力干掉他们，所以就辞职在家，在评点天下年轻人的同时，时不时地生点闷气。

曹操决心一下，立即行动，从东汉首都洛阳跑到梁国睢阳（今河南商丘）去见桥玄。桥玄可不是那么好见的，来见他的人摩肩接踵，把他家门槛都踩烂了。

曹操就在桥玄家门口排队，队伍排出一公里。有人想挑战规则直接插队，别人都不敢表示不满，只有曹操跳出来和人家打架。结果，几场架打下来，曹操成了秩序维护者。大家特别佩服他，就让他随意插队。于是，别人要排两天队才能见到桥玄，曹操只花了小半天就和桥玄见面了。

若干年后，曹操还能想起他第一次见桥玄时的情景。当时他递上名片，一会儿工夫就被人领进房间。他看到桥玄坐在一个玉蒲团上，身边站了个书童，书童左手捧着记事本，右手执笔。

曹操向桥玄行了个大礼，桥玄睁开眼睛，看着曹操高声说："姿貌短小，胖墩一个。"

那个书童立即用笔在记事本上记下，一边写一边重复："姿貌短小，胖墩一个。"

曹操想了想，觉得人家说得没错，但桥玄和书童如此直白，还是让他心里不太舒服。这时，他又听桥玄高声说道："神明英发，非池中物也。"

书童跟着重复一遍，记了下来。

桥玄这时站起，拉过曹操的手，亲切地说："曹操啊，我知道你爷爷和你父亲都是好样的。如今看到你，更让我吃惊，刚才我的评语你已经听到了吧。"

曹操说："听到了，前半句很中肯，可后半句，在下实在愧不敢当。"

桥玄呵呵一笑，说道："你来找我，是想做官？"

曹操当然不会直接说他想做官，他兜兜转转地和桥玄谈起了知识、思想和信仰，又谈起了当今宦官当道、民不聊生的局面，表达了对帝国危若累卵的担忧，最后才提到他的目的："我要进入政界，扫荡这乌烟瘴气的时代。"

桥玄被曹操的学识和胆识惊到，大为叹服，认为曹操是命世之才（顺应天命而降世的人才）。他问曹操："你出生时可有什么吉兆？"

曹操抓耳挠腮地想了许久，实话实说道："没有。"

桥玄点头说："不要紧，等你功成名就后，自然就有了。"

曹操大概了解这句话的意思，天下所有名人，都是先有了事功，才有的出生奇迹。

桥玄特别看好曹操，两人自此成为忘年交。但过了许久，曹操仍得不到老家谯县地方长官的举荐，很是郁闷。

桥玄就告诉他："你若想被举荐，单凭我一人之力还不够，你还需要去结识另外一个评点师。"

曹操就问："是谁？"

桥玄回答："南阳舆论领袖许劭。"

许劭是河南南阳人，饱读诗书，有着超人的洞察力，能在短时间内对他人进行鉴定。他的鉴定语切实中肯，常常一语中的。当时人如果能得到他几个字的鉴定语，顿时身价翻倍，做官易如反掌。

曹操就按照桥玄的指示，去见许劭。不过和他当初见桥玄不同，这次比较困难。曹操第一次去见许劭，根本没进去门，就被门丁轰走了。

曹操反思自己，忽然想到自己什么东西都没有带就跑去，这很不礼貌。于是第二次拎着很多贵重礼品去见许劭，可门丁又把他轰走了。

他再度反思，忽然发现了症结所在。于是他给门丁包了个大红包，双手捧着恭敬奉上，门丁这才放他进了门。

许劭见到曹操，面无表情地盯着他看了半天，又看了眼曹操所带的礼物，脸色柔和起来。他问曹操："为何来见我？"

曹操说："是桥玄让我来的。"

许劭再问："桥玄如何评价你？"

曹操回答："命世之才。"

许劭惊了一下，这足以说明曹操在桥玄心目中的地位。他这才认真打量起曹操来。曹操在一边静静等着。许劭把曹操上上下下打量了一遍，曹操以为他要开始说鉴定语了，想不到许劭把眼睛闭上了。看那状态，似乎要睡觉。

曹操大老远跑来，还花费不少，肯定不能只得个许劭的“无语”就走啊。他凑上去，问许劭：“请教先生，不知您视我为何人啊？”

许劭喉咙发出“咕噜”的声音，像是有口痰准备吐出。

他睁开眼，看到曹操两只炯炯有神的眼睛，还是不说话。曹操再次催问。他只好清了清嗓子，比画出个“手枪”的手势说：“八个字，治世能臣，乱世奸雄。”

曹操愣了一下，就狂笑起来。居然还伸出手去，把许劭的“手枪”手势握起来，问：“你这是夸我呢，还是骂我呢？”

许劭嘿嘿一笑，说：“只此八字，受用一生啊！”

曹操又大笑起来，这回是真心实意地笑。因为不管怎样，前半句可是实打实的赞誉，有了前面这四个字，他就足以被地方官举荐了。

此时的曹操，还没有想过乱世如何做奸雄的问题，因为他做官的目的就是为了把暂时的乱世变成治世。他走出许劭的家门时，就下定决心，要做治世之能臣。

他回到老家谯县，找到地方官，从怀里拿出个小本本，上面写着桥玄和许劭的评语。不过对于许劭的评语，他编辑了一下，只留下“治世能臣”四个字。

谯县地方官赶紧给他作揖说：“小曹啊，你费这个事做什么，你老爹在朝中做官，只要你打你老爹的旗号和我说一声，多大的事啊。何必跑去找这些人呢，这不是浪费钱财吗？”

曹操极为正经地说：“我要靠自己的本事，靠人靠祖上，不算是好汉。”

地方官当时就笑了，说：“曹操啊，你的品格在咱们这地方可是家喻户晓啊。不守规矩，到处惹是生非。我就是举荐你，单凭这两个老家伙的评语，恐怕也难以服众啊！”

曹操一直赔着笑。

地方官挠了挠头，说：“你还是打你老爹的招牌吧。”

曹操当然明白地方官的意思，这是想让曹嵩欠他个人情。曹操坚决不干，他不是那种啃老的人。

地方官只好和他摊牌：“你在咱们这儿名声不是太好，除非你再找几个舆论领袖帮你忽悠，我才好向上举荐你。”

曹操生了一肚子气，若是从前，他早就爆发了。但现在不是从前，他要入仕，地方官是必经的一道门槛。

从谯县衙门出来，曹操转变了思路。他反省自己的行为，自己有点着急了，虽然得到了当时舆论界两位大咖的加持，但他还是没有进入这个互相吹捧的名士圈子。

他决定用至少两年的时间，来完成这件事。

东汉帝国后期，名士圈子主要由两类人组成，分别是已经退休的官员和还没有入仕但名气特别大的知识分子，其实可以笼统地称为士大夫圈。这个士大夫圈，很是封闭，一般人真就进不去。他们标榜蔑视名利、注重名节、神经质般的廉洁、崇侠尚义，矢志不渝地要做天下人的道德楷模。他们互相激励，追逐突破性的声誉，如同忠诚的哨兵，自觉维护这个圈子，为这个圈子站岗放哨。

所以，要进这个圈子，你必须足够有钱有势，更重要的是要有突破性的声誉。钱财和势力对曹操而言，不是难题，突破性的声誉，就有点难度了。

他琢磨再三，还是把许劭的八字评语“治世能臣，乱世奸雄”全都拿了出来。通过寻找各种关系，曹操终于参加了名士圈的面试。

面试人问他：“家庭背景如何？”

曹操回答：“我爹是曹嵩。”

面试人再问：“人生导师是谁？”

曹操回答："桥玄、许劭。"

面试人最后问："他们对你的评价如何？"

曹操回答："治世能臣，乱世奸雄。"

面试人拿起手边的小槌子，狠狠地在桌上一敲：通过。

就这样，曹操进入了东汉帝国最大的一个圈子——名士圈。在这个圈里混的时间长了，曹操体悟出了几条真理：

第一，名士的名节全是做出来的，平常无事，大谈名声，一遇利害，立即把名声抛到脑后。这说明，名声在那个时代，一点都不重要。

第二，名士们虽然标榜对名利不感兴趣，但你必须有钱。因为这个圈子经常轮流做东搞沙龙，搞沙龙需要钱，你如果没有钱，那就搞不成沙龙，纵然你声誉再高，别人也会把你踢出去。这足以说明，所有的圈子，标榜什么不重要，重要的是，它的骨架就是金钱。

第三，有些名士是伪君子，他们蔑视官位，是因为他们做不了官。正如一个人赚不到钱，就说钱很坏，为了掩盖自己的无能，就大谈情怀。

曹操在名士圈里混了两年，终于用各种沙龙和才华征服了名士们，名士们到处传说曹操的能力，关键是曹操这个人还很有品德，比如仗义疏财、视金钱如粪土，等等。

曹操这回又跑回谯县找地方官，地方官早就听闻了曹操的各种名声，如果再不举荐他，那就是对皇帝和帝国以及天下苍生不负责了。

在仕途里转圈

公元174年，曹操十九岁，被地方政府推举为孝廉郎（孝顺廉洁）。这是个极大的讽刺，曹操既不孝顺也没有什么廉洁的表现，但由于他搞定了名士圈，所以非做官不可，由头也就不重要了。

曹操一入仕，就引起了当时名誉宰相兼洛阳市长（京兆尹）司马防的注意，司马防一生中只对两个人另眼相看，一个是曹操，一个是他儿子司马懿。如你所知，这个老头看人真是精准得很。

司马防给曹操安排的官职是洛阳北部尉（洛阳北区公安局局长），这个官职从权力上看已经很大，但名士们不认可。因为查禁盗贼、维持治安这种事太俗气。曹操却非常喜欢，至少这是个能干实事的职位。

曹嵩也很为儿子担心，京城里除了普通百姓外，非富即贵，一不小心就会惹出大祸。曹嵩告诫他说：“京城的治安，其实好得很，普通百姓根本不敢犯事，而一旦有人犯事，那往往就是些有靠山的人。你要特别小心。”

曹操说：“在这个位置上就要干这个位置应该干的事，我管他是谁，只要犯法，我就搞他。”

他说到做到，上任第一天就制造了几十根五色棒，分别挂在所管辖区域的四道城门两边，然后发告示申明禁令：“谁敢在我的管辖区犯法，不论你是谁，棒子都会招呼你的屁股。”

告示发出的一个月内，居然真没有人犯法。曹操的朋友同事们都欢呼雀跃，认为这是天大的好事，曹操却闷闷不乐。

有人就问他：“您管辖区内没有人作奸犯科，您应该高兴啊，怎么反而闷闷不乐呢？”

曹操说：“你不懂，必须要捉住一个，杀鸡儆猴，这告示才有威严，否则它就只是个告示。”

他的同事大惑不解：“你这不是没事找事吗？”

曹操说：“对，新官上任，就是要没事找事。”

不需要他找，很快事情就找上门了。某天晚上，一个鲜衣怒马的人带着很多仆人要进城门。按照规定，晚上进城门，必须要下马，但这个人偏要骑马冲城。

城门守卫正和此人理论，曹操巡夜恰好到此。他一见有纠纷，不禁欢喜，急忙加快脚步。到了城门口，他看到此人衣着华丽，后面还跟了许多仆人，更是心花怒放，因为这足以证明，此人非富即贵。这种人，正是他立威的绝佳靶子。

曹操一来，城门守卫立即向他行礼，那个鲜衣怒马的人见来了负责人，就在马上哼哼唧唧地说："赶紧放我进去！"

曹操说："你先下马，才能让你进。"

那人又哼哼唧唧起来："你知道我是谁吗，我侄子是蹇硕。"

曹操哪能不知道，蹇硕是十常侍团伙里的人，地位仅次于张让，可在皇帝刘宏心中的位置，和张让不相上下。

曹操听到居然是这样一个大家伙，兴奋得发了狂。他摸着自己的大脑袋，眼珠直转，生怕眼前这个家伙服软。他必须激怒对方，不给对方服软的机会："老家伙，有个阉人侄子很骄傲是吧，不下马进城，我就打死你。"

老家伙哪里受过这样的待遇，果然恼羞成怒，他挥舞着拳头要硬闯。曹操兴奋地"啊哈"叫起来，一个箭步冲到马侧，将老家伙揪了下来，根本不等老家伙有任何话语，立即下令："乱棒打死！"

守城士兵窝囊了这么多年，今天终于有机会出口恶气了，哪里肯放过。曹操话音刚落，几个士兵就朝着老家伙乱棍齐下。

开始时，那老家伙还大骂不止，但没多久就开始请求饶命，再后来，就没有声音了。曹操假装没听到对方的求救，握着手中刀柄，威严地注视着老家伙的那些仆人。那些仆人吓得双腿发抖，屎尿齐下。

蹇硕的叔叔就这样被曹操活活打死了。曹操还特意去检查了一下尸体，发现真死了。他快马加鞭跑回办公室，写了结案报告，第二天一早就送到了司马防手上。

司马防看了报告，先是吃了一惊，接着就大喜。他找来曹操说："这件事，你做得虽然鲁莽，但很有效果。"

曹操昂首挺胸，胖嘟嘟的脸上洋溢着建功立业的豪情。

司马防最后提醒他一句："要小心阉党的报复。"

曹操说："他们能奈我何，我事情做在明处，而且我站在天理这边。"

司马防笑了笑，没有说话。

我们必须要强调曹操此举带来的震撼性。东汉帝国的首都官员对权贵动用刑罚不是没有，但实在太稀少。尤其是像曹操这样的年轻官员，纵然理论上有生杀大权，但没有人会使用这种权力。从这点来看，曹操杀蹇硕的叔叔，可谓骇人听闻。

曹操预测得没错，十常侍虽然痛恨曹操，却拿他没有办法，因为很多言官都替曹操说话，还有民间的名士圈也展开舆论攻势。最后这件事，只能不了了之。

但十常侍不可能就此罢休，他们思来想去，终于琢磨出个好注意：既然不能把曹操拿下，那就让他滚出京城。

于是，在十常侍的努力下，皇帝刘宏下令：升曹操为顿丘（今河南清丰县南）县令，即刻上任。

从洛阳北区公安局局长到顿丘县令，级别虽然提升了，但权力却小了。京城北区公安局局长还有机会向皇帝建言，而一个县城的县令不可能有这样的机会。

曹操摸着他的大头，颓唐地离开洛阳去了顿丘，这根本不是他想要的。所以他再次动用名士圈的资源，于是名士圈大发舆论，朝中一些和名士有关系的官员也推波助澜，一致认为曹操有经天纬地之才，应该留在中央，不该去地方。

这种力量无比强大，在顿丘不到一年，曹操就得到了中央朝廷的调令：进京做议郎。这虽然是个闲职，却可以参与议论时政。

曹操屁颠屁颠地从顿丘回到洛阳。抵达洛阳城郊区那天，洛阳牡丹正在绽放，曹操的心情特别好，他在肚子里装了一大堆时政评论，准备随时参与议论时政。

人的希望往往会被现实撞击得粉碎。曹操本以为议论时政这种事特别简单，可参加了几次后，他发现，若想让别人认可并执行自己的想法，难如登天。

参会的官员要么在睡觉，要么在谈论洛阳城哪里又开了妓院，要么就谈虚无缥缈的文学，曹操的满腔才华无处施展。这让他苦闷至极，苦闷之余，他就在院子里耍大刀，锻炼身体，出一身臭汗，然后回屋蒙头大睡。

他苦于这种浑浑噩噩的日子，以为要这样过一辈子了。可老天到底还是眷顾他。公元178年，皇帝刘宏的皇后宋女士在后宫搞巫蛊。做皇帝的最忌讳这个，刘宏大怒，将宋皇后废掉，宋皇后父亲以及兄弟全部受到牵连，曹操的堂妹夫恰好就是宋氏家族的一员，所以曹家也受到牵连，曹操被免去了议郎职务。

接到免官通知那天，所有被免的人都哀伤痛哭。只有曹操，好像卸去了一年来压在心头的大山。他唱着家乡的小调，悠然自得地回了家乡谯县。

回到家乡不久，曹操跑去拜访桥玄。桥玄本来准备了很多话来安慰他，可谈了几句话后，桥玄发现曹操居然没心没肺地一直呵呵笑，于是改变了主意。两人吃饭时，桥玄感叹说："当初你来见我，是为做官，现在你来见我，是被免官。可见人生是个圈啊。"

曹操觉得这话很丧气，低声反驳说："人生即使是个圈，我也要画更多的圈，不能只转了一个圈，就灰心失望。"

桥玄鼓掌叫好说："你说得很好，希望你能做到言在行中。这段时间，你就好好为将来准备吧，锻炼身体，学习经典，和名士往来。反正你也没有别的事。"

曹操说："我当然要好好为将来准备，但这准备的时间不会太长。你看现在的天下大势，糟糕透顶，留给我的时间不多了。"

为他人鸣冤

公元180年，中央朝廷命令大臣们推荐一位精通古经典（诸如《尚书》《左传》《春秋》等）的人，让他担任议郎一职。

曹操急忙动用他在江湖和庙堂中的各种关系，终于把自己弄进了中央朝廷做议郎。这回卷土重来，曹操已大不相同，他在家锻炼了一身的肌肉，积累了满脑子的忧国忧民思想。所以一入职，就开始了大动作。这个大动作就是为公元168年被冤杀的大臣窦武和陈蕃鸣冤，希望皇帝刘宏能为他们平反。

表面上看，这只不过是曹操试图平反昔日的冤案。但如果仔细研究这件事，则会发现曹操是想釜底抽薪，通过这一为他人鸣冤的行为，彻底解决东汉帝国当时的重大问题。

要彻底搞明白曹操这一行为背后的意图，我们必须要简单回顾一下东汉帝国自建立以来的政治命门。

东汉帝国刘氏皇族的一个致命问题，就是皇帝的年龄都很小。除了开国皇帝刘秀和第二任皇帝刘庄外，剩下的皇帝最大的也不过十八岁（第三任皇帝刘炟），最小的才三个月（第五任皇帝刘隆）。皇帝没有行事能力，皇太后就成了权力中心。可皇太后由于长期在深宫，根本不了解政治，所以她也要请人帮忙。请外臣，她和他们不熟，不知道谁好谁坏；请太监，太监懂的比她多不了多少，唯一能请的人就是她的娘家人。于是，外戚政治上演。

比如，第四任皇帝刘肇（10岁）即位时，他老娘窦太后就把自己的老哥窦宪拉进政治权力中心；第五任皇帝刘隆（90余天）即位时，他老娘邓太后也把老哥邓骘拉进政治权力中心。

东汉帝国三分之二的皇帝背后都有个独揽大权的舅舅，舅舅的背后又是个如蝗虫般的家族团伙。比如邓骘家族，掌握权力三十年，家族里封侯爵的29人，副国级别的15人，正部级别的14人，省级别的48人，副省级别和厅级的不计其数。真是一人飞升，仙及鸡狗。

这仅仅是亲戚，还有国舅爷的朋友、部属以及趋炎附势的无耻政客。这些人共同组成一个当权集团，矗立在政府之中，盘根错节，交相呼应，不可动摇。

外戚政治注定污秽暴虐，因为他们在没有进入政府前，可能是社会闲散人员，纵使有一定的身份和知识，忽然让他们指点做梦都没有梦到过的帝国事务，肯定抓瞎。要命的是，他们又不肯学习治国，不珍惜手中的权力，只知道滥用权力，所以必定会引起政府内士大夫的反感，反感到极致，就成了攻击。

外戚们仗着手中有权力魔杖（皇帝），对士大夫的攻击，展开凌厉反击。最后的结果，自然是离权力魔杖遥远的士大夫阶层溃败。

实际上，外戚们根本就没有把士大夫放在眼里，纵然是他们的权力源泉——皇帝也是说杀就杀。第十任皇帝刘缵只因为说了当时的国舅爷梁冀是“跋扈将军”，就立即被毒死。

连皇帝都敢随意谋杀，看上去外戚是永远立于不败之地了。但是，月满则亏，外戚很快就迎来他们的劲敌。这个劲敌就是太监。

任何一个皇帝，只要稍年长些，懂点事，就会对外戚无一丝好感。每个皇帝都希望干掉外戚，可他没有力量，军权和政权全在外戚手中，他想和士大夫联合，但他不敢保证，士大夫中是否有外戚们的走狗。所以，他只能和身边最近的人联合，这些人就是太监。

最先搞这种联合阵线的是第四任皇帝刘肇，他和太监联合，采用黑社会手段，突然下手，逼迫国舅爷窦宪自杀，然后是第六任皇帝刘祜，他也和太监联合，干掉了国舅爷邓骘。那个毒死皇帝刘缵的梁冀后来也被第十一任皇帝刘志干掉，刘志干掉国舅爷前，和五个太监歃血为盟，结成生死兄弟，君臣名分荡然无存，他们已经成了黑社会般的兄弟。

这足以说明，外戚力量的强大以及皇帝与太监关系的不平常。

在外戚和太监的搏斗中，士大夫看起了热闹，而且心理上更倾向于太监。可当太监站上权力的最高舞台时，士大夫抱头痛哭，因为太监当权表现得比外戚当权还要恶劣。

士大夫于是转变思路，联合外戚，向太监发起进攻。士大夫瞧不起外戚，因为他们是靠女人上位的，但他们更瞧不起太监，因为太监是靠丧失人格和无底线的谄媚得到权力。所以，士大夫只要有机会获胜，就对太监绝不容情。

两方的战争残酷而血腥，士大夫偶有胜利，而太监因靠近权力魔杖（皇帝）所以常常胜利。士大夫最惨烈的一次失败发生在公元166年，曹操那时正在家乡做捣蛋鬼。名士李膺等被太监诬陷，两百多名大臣被逮捕，后来虽然被释放，却终身不得做官，这就是历史上所谓的“第一次党锢之祸”。第二年，国舅爷窦武和士大夫领导人太傅陈蕃为了给同伴报仇，计划谋杀太监，但计划提前泄露。太监反击，动用军队将窦武和陈蕃诛杀。

曹操要平反的就是这次事件中被杀的窦武和陈蕃。其实为两人平反，只是一个抓手。曹操真正的目的是希望皇上能取消太监特权，让太监政治消失。

但这根本不可能，因为东汉帝国的大部分皇帝都是靠着太监才得以生存下来的，皇帝固然是太监的权力源泉，而太监其实也是皇帝的权力支柱，皇帝和太监是共存共荣的。

所以，曹操鸣冤，吃了个闭门羹，皇帝刘宏根本就不搭理他，因为他有更重要的事做。

不久后，刘宏下旨说：“我听闻民间有传言，凡是做官的都是贪污犯，请诸位朝臣检举贪污的州长和同一级别的贪污官员。”

此旨一下，曹操兴奋得发了疯，他连夜就写出几十个贪污犯的名单。几天后，京城中的大官们召集议郎和言官，商讨检举贪官的事。

所有人都递上了一份检举名单，包括那些京官中的大家伙。可曹操很快就发现，这些人检举的人，并不是那些州长和同一级别的高官，而是一些边远小郡的比较清廉的官员。

曹操当场发怒，还踢翻了自己的椅子，指着那些官员的鼻子大骂他们无耻。那些官员只好无耻地回答："兄弟啊，凡是做到州长级别的人，都和十常侍有千丝万缕的关系，检举这些人，不就是检举十常侍吗？这个官场真理你都不懂啊？"

曹操又踢翻了别人的椅子，跑回家给皇帝刘宏书写奏折。他尖锐地说："那些检举官员的朝臣，处处按照太监、贵戚的意思回避权贵子弟的问题，蒙蔽'圣听'，不可能起到澄清政治的作用。"

刘宏对曹操这个人已经初具印象，但他的印象却是，这小子想做大官想疯了。他觉得曹操莫名其妙，若想做大官，不必这样折腾啊，只要拿出足够的钱就是了。就在一年前，刘宏开始明码标价卖官，曹操的老爹曹嵩还花了一大笔钱买了个太尉，曹操难道不知道老爹的太尉之职是怎么来的?

刘宏对十常侍说："这个小曹啊，不识大体。"

十常侍暗暗叫好，说："干脆把他拿下吧，他总让您不舒服。"

刘宏懒洋洋地打了个哈欠，挥挥手说："算了，有些人想做大官想疯了。给他点时间，他会明白的。"

曹操当然明白，刘宏是中国历史上第一个明码标价卖官的皇帝，对于这样一个有突破性创新的皇帝，曹操给出的评价是：烂泥扶不上墙（不可匡正）。

但刘宏可不管自己是不是烂泥，只要有钱花，烂泥又如何!

随着帝国的加速腐败，帝国的百姓开始打这摊烂泥的主意。

牛刀小试，镇压黄巾军

东汉帝国到了刘宏时期，已是大厦将倾，纵然太上老君下凡，也难以挽救。在中央，外戚、太监、士大夫狗咬狗，不停地发生流血冲突事件；

在地方，各种官员贪赃枉法，民不聊生，以致农民造反此起彼伏。但这些对偌大的东汉帝国而言，都是小问题。撬开东汉帝国覆亡墓门的是持续了百年之久的羌族之乱。

羌民族聚居地在帝国西部，这是个一言不合就动刀的民族。东汉建立初期，帝国政治清明，他们是很好的顺民。但随着帝国政治逐渐腐败，羌民族在贪官污吏的压迫下开始反叛。开始时只是零星的暴动，很快，暴动演变成武装叛乱。随着时间的推移，羌民族把暴乱范围向东方中国本部推进一千余公里。曹操出生的公元155年左右，政府军和羌民族展开多次大兵团野战，双方伤亡数以十万计。

东汉政府为了平定羌民族暴乱，投入了帝国全部的物资和军队，最后终于在公元169年把羌民族彻底消灭。这个民族因为长时间反抗东汉帝国，几乎灭种。

羌民族付出的代价是惨痛的，东汉帝国也没有好到哪里去。在平定羌民族叛乱的过程中，东汉政府对中原地区强征税收，百姓被逼得走投无路，再加上频繁的水灾、旱灾和蝗灾，雪上加霜之下，出现了人吃人的惨剧。

于是，许多人自觉或者不自觉地集结在一个号称是“黄巾”（以黄巾扎头）的宗教组织之下。黄巾组织的领导人叫张角，对道教法术很在行，常常帮人治病驱邪，渐渐有了群众基础。其实很多人加入这个组织的初心，是想借宗教的力量来渡过人生难关。但很快，他们发现，能解救自己的只有自己，宗教那些神也这样认为。

张角对他的十万信徒说：“苍天已死，黄天当立，岁在甲子，天下大吉。”

十万信徒马上就相信了这个预言，盼望着在公元184年（正是甲子年）看到天下大吉，如果看不到，就自己创造。

公元184年初，张角组织中出现叛徒，向东汉政府密告张角的行为，张角只好慌慌张张地造反。也许是真有神仙相助，张角兵团很快就如滚雪球般发展壮大，全国各地全是黄巾军的身影。东汉政府大为震动，皇帝刘宏抱着十常侍的带头大哥张让，嗷嗷哭泣。

中央朝廷的外戚、士大夫和太监暂时放下了彼此的恩怨，一致对外。他们商讨来商讨去，最终制订出一个看似完美的剿杀黄巾军的计划：由外戚首脑何进统率大军拱卫京城洛阳，士大夫代表、北地太守皇甫嵩为第一机动兵团总司令，另一士大夫代表朱儁为第二机动兵团总司令，二人共同出兵镇压颍川（今河南禹州）黄巾军，以解除对京城洛阳的威胁。

两路兵马立即开动，皇甫嵩和朱儁智勇兼备，可运气不佳，和黄巾军一接触立即败退，最后被围。更不好的消息是，活跃在南阳的黄巾军大显神威，干掉了南阳太守，夺取了南阳。

刘宏此时魂飞魄散，他再也没有如皇甫嵩那样的人才可以派出。不过，一直为他排忧解难的十常侍此时向他推荐了一个人。如你所知，这个人就是曹操。

刘宏对曹操有印象，加上十常侍不怀好意的热烈推荐，就任命曹操为骑督尉（副将军），要他从何进那里抽一支兵马去解救被围困的皇甫嵩。

人人都看得出来，这是太监对曹操的报复。可曹操却认为这是千载难逢的建功立业的好机会。在此之前，他从未带过兵，只是在纸上谈兵。但人生中的许多事总有第一次，人必须在事上练，才能立得住。

曹操带兵快马加鞭，一昼夜就奔驰到皇甫嵩被围之地的外围。他不知是出于本能还是灵感，一抵达，就对围城的黄巾军展开骚扰式的游击模式。

骚扰式的进攻，进攻不是目的，骚扰对方，让对方无法专心围城才是目的。黄巾军在曹操多次的干扰下果然中招，掉头回来进攻曹操。

曹操摸着大脑袋，对被围在城中的皇甫嵩挥舞着双手，得意扬扬地喊起来：“啊哈，夹击啊！”

皇甫嵩在城上看到曹操这几天像黄鼠狼偷鸡一样对待黄巾军，至为感动。现在时机已到，他下令大开城门，率领全部兵力冲了出来。

曹操顶住了黄巾军的进攻，皇甫嵩的兵团从黄巾军屁股后发起进攻，黄巾军兵败如山倒。这是他们自起兵以来，最惨重的一次失败，而他们的对手居然是名不见经传、看上去根本不会打仗的肥头胖脸的曹操。

这次战役，政府军斩杀了数万黄巾军。当东汉帝国政府为此战狂欢时，曹操更是心花怒放。他读过兵书，认为打仗是特别难的事，可亲身实践后发现居然如此容易。他摇晃着硕大的头颅，飘飘然有澄清天下之志了。

这是曹操第一次上战场，战术已炉火纯青，仿佛是沙场老将。有些时候，人的努力固然重要，但更重要的还是天赋。

皇甫嵩和曹操再接再厉，扩大战果，将颍川黄巾军一股脑全部清除。东汉帝国开始好运连连，颍川黄巾军被消灭后，皇甫嵩和曹操移兵南阳，在一次决战中大败南阳黄巾军主力。紧接着，两人又抵达冀州，干掉了冀州的黄巾军。黄巾军大起义轰轰烈烈地起，又轰轰烈烈地覆灭了，只维持了十一个月。

黄巾军的快速被扑灭，让刘宏高兴得发狂，升了所有参与镇压黄巾军的人的官，当然包括曹操。十常侍提醒他："这家伙总喜欢捣乱，如果放在中央朝廷，不知道他以后会整出什么幺蛾子，不如把他弄到地方去。"

刘宏说："很好，那就让他去做济南相（济南国，治所在今山东省济南市历城区东）吧。"

曹操从洛阳城去济南国上任时，特意让人带了许多洛阳牡丹。那些花开得一点都不灿烂，可曹操的内心却很灿烂。

他灿烂的原因是，原来他不仅能文，还能武。

新的开始

公元184年，30岁的曹操到济南做封国宰相。这个职务相当于中央朝廷的太守，在封国内，权力很大，几乎是封国的一把手。属济南相管辖的有十个县，曹操一上任就发现这些县令全是些鱼肉百姓的混账，从前的济南相不敢管，因为这些人都和中央朝廷的太监有关系。

曹操可不管这个，上任第二天，他就开始做深入调查，十天后，他就把县令免了八九个。这种雷霆手腕，把当地的县令们吓住了。新上任的县令战战兢兢，从前做官是神仙，现在做官却成了高危行业。

这是曹操的第一步——整顿官场。第二步，就是整顿民间风气。济南地区，迷信盛行，几乎每一公里就有个祠堂，祠堂里供奉的都是历史人物。本来这是件好事，当人们缅怀伟大历史人物时，心有触动，就会在日常生活和工作中有意效仿英雄人物。可是，当地政府认为这是发财的好机会，就搞各种祭祀大会，招引人来捐钱捐物，而这些钱物最后都落入了官员的口袋。他们大鱼大肉，老百姓却省吃俭用，甚至饿着肚子供奉他们。

曹操下令：除了家中供奉祖宗的祠堂外，其他祠堂全部拆除，以后也不许搞祭祀大会。

那些从前靠搞祭祀大会骗取钱财的官员如丧考妣，他们纷纷通过中央的关系，控告曹操乱来。

中央朝廷对曹操进行申斥，认为他扰乱百姓的文化生活。曹操不管不顾，你越是申斥我，我越是来劲。

按照当时官场人的看法，曹操这种愣头青，在官场上连一天都活不下来，可曹操这么些年来，始终在官场上干着自己喜欢的事，没有人能奈何得了他。

一方面，恐怕是他老爹曹嵩的关系；另一方面，曹操和许多人不同，他不计名利，不顾后果，我行我素，只被心中的良知所牵引。人一旦不计较利害得失，这个人就成了天不怕地不怕的英雄。

对待英雄人物，那些卑污人物不能理解，总会把他看成疯子，而对待疯子，其实你真没有什么其他办法。唯一的办法就是，给他换地方。

公元187年，曹操在济南相这个职位上已工作了三年，任期已满，中央朝廷把他调任东郡太守。这也是个不错的职位，但曹操明白，如今是天下乌鸦一般黑，到处都和济南一样。

在济南相任上的三年时间里，他终于搞明白了一条真理：不但皇帝刘宏是烂泥，就是这个帝国也已经陷入了烂泥中。人一旦陷入烂泥坑，想要出来，那比登天还难。

他一想到这里，痛快地拒绝了中央朝廷的调令，回老家谯县修身养性去了。

在老家不到两年的时间里，曹操干了好几件大事。第一件大事就是和老婆卞氏生了个孩子叫曹丕。第二件大事就是筑室隐居，精研学问，继续为《孙子兵法》作注。第三件大事尤其重大，他拒绝了参加一场政治动乱。

曹操在老家的这段时期，黄巾军残余力量正在死灰复燃，中央朝廷已无力再派出中央军去剿灭，只能命令地方行政长官在管辖区内对付黄巾军。于是，地方行政长官开始掌管军事力量，并且逐渐壮大。

这是个非常不好的信号，王芬事件就是明证。

王芬是冀州行政长官（刺史），在剿灭黄巾军的过程中不停发展壮大自己，很快就成长为一个傲慢的小军阀。

王军阀有高尚的家国情怀，看到局势日益恶化，就在公元188年找了几个狗头军师，想要废掉刘宏，立另一个皇族子弟为帝。

那几个狗头军师认为自己无法办成此事，所以就把曹操推荐给王芬。王芬当然知道曹操，当初曹操来冀州剿过黄巾军，两人一起喝酒吃肉，很是快活。

三芬认为曹操始终对时局不满，应该会参与此事，可当他写信给曹操，要他来帮忙时，曹操断然拒绝。

曹操给他写了封信，这封信就是曹操后来有能力称帝却始终不称帝的自白书。他说：废立之事是不得已而为之的，是非常之人行非常之事，历史上，只有三代的伊尹和西汉的霍光那样的人才能做这件事。他们能做成这件事，除了他们自己的能力外，还有当时的客观条件，否则也是不能成。最后，曹操警告王芬，一定要衡量轻重，这种事不是能随意做的。

其实曹操的意思很明显：你王芬没有能力做成这事，即使有能力，现在的条件也不成熟，所以最终，你就是做不成。

王芬收到曹操的回信后，大为沮丧，不是为曹操说的话感到沮丧，而是沮丧于曹操竟然不参加这么光荣的行动。有人提醒他："曹操知道了这事，还是把他灭口吧。"

王芬说："曹操不是这种告密的小人。"

曹操的确不是，王芬开始大张旗鼓地政变，结局正如曹操所说的那样，他还没有政变，事情就已泄露，他最后选择了自杀。

曹操在感叹王芬之死的同时，审时度势地观察着天下局势，不知为什么，他观察不出来。他只是知道，帝国正向深渊加速度滑落。内地有黄巾军残余，不停地侵蚀帝国，各个地方行政长官慢慢变成了军阀，西部凉州地区，又出现了大规模兵变。派去平定的人，总是有去无回。

深宫中，刘宏躲在十常侍围成的圈子里，瑟瑟发抖，整个帝国到处都是烽烟和血腥。曹操看着谯县惨白的天空，说："这可真是大乱的前兆啊。"

人人都知道这是大乱的前兆，连皇帝刘宏都发现了。他决定用有限的生命，来一次震动天地的力挽狂澜。

公元188年末，刘宏设置了由八个长官领导的中央警卫团（西园八校尉）。西园是刘宏给自己建造的游乐场所，里面藏着无数如花似玉的美女还有刘宏搜集的金银财宝。曹操被征召为八校尉之一，这是新的开始，也是摧毁旧制度的开始。

天下本无事，蠢货自扰之

曹操在公元188年末，兴冲冲地跑到洛阳就职八校尉中的典军校尉（营长）。可当他得知上军校尉（团长）是老冤家蹇硕时，心里可就犯嘀咕了。不过，嘀咕很快就消散了，因为他的老友袁绍也在其中，担任仅次于蹇硕的中军校尉（副团长）。

他积极和袁绍沟通，回忆从前的友谊，袁绍虽然不把曹操当成真兄弟，但面子上至少过得去。曹操这才放下心来，可以在中央警卫团里站稳脚跟了。

他站稳了脚跟，东汉帝国却始终踉跄着。凉州兵变在本年进入高潮，叛军首领王国和韩遂围攻帝国西部军事重镇陈仓（今陕西宝鸡）。中央朝廷慌乱之下，又想起在黄巾民变中表现出色的皇甫嵩，于是任命他为讨伐军总司令，开赴陕西前线。

皇甫嵩再度大显神威，把王国打得落荒而逃，而韩遂军内部也发生叛乱，凉州兵变自此衰弱。可在平定凉州兵变过程中，有个军阀脱颖而出，他就是董卓。在之后的历史进程中，他成为无可替代的大反派。

曹操在中央警卫团，始终密切关注天下局势的发展。公元189年阴历四月，皇帝刘宏病情加重，御医们一致认为，皇上离驾崩只差一口气了。

于是，三股力量蠢蠢欲动，外戚大佬何进开始和士大夫代表袁绍以及袁绍的弟弟袁术商议皇帝驾崩后的事宜。两人都认为，必须要彻底解决多年来的太监专权问题。只要皇帝一崩，咱们就崩了太监。

他们低估了太监的耳目和能力，张让得到消息后，召集他的同党，跪在奄奄一息的刘宏床前，声泪俱下地要刘宏把何进赶出首都洛阳。

刘宏被这些人哭得肝肠寸断，只好让何进西征，去平定半死不活的韩遂。何进领旨，但知行不一，他以各种借口滞留洛阳。

太监屡次派人来催他上路，何进就是赖着不走。正当太监要对他使用武力手段时，刘宏驾崩了。

刘宏一崩，接班人问题立即成为重大问题。刘宏与何皇后有个儿子叫刘辩，但刘宏不喜欢这个孩子，而喜欢小老婆王女士所生的刘协。刘宏生前就和蹇硕谈论过这个问题，可惜他驾崩前居然没有把这件事情定下来。

按汉帝国政治传统，如果皇帝驾崩而没有指定接班人，则由他的皇后决定接班人人选；如果继承人尚未成年，则由皇后（其实是皇太后）

摄政。刘宏废掉宋皇后以后，将何进的妹妹何女士提升为皇后，现在很显然，何女士成了帝国的舵手，而她理所当然地要把自己的儿子刘辩扶上宝座。

刘辩的屁股刚坐上宝座，蹇硕就调动中央警卫团（西园校尉），决心帮刘宏实现遗愿，强扶刘协即位。

然而，何进的动作比太监要快，他下令让袁绍带兵入洛阳，却不采取行动，而只是静静观察，这就叫拥兵观变。十常侍此时面临艰难的选择，要么来个鱼死网破，要么就让刘辩坐稳皇位。

最后，十常侍找到何皇后谈判，他们同意刘辩即位，但何皇后也要永远保护他们，至少不能让何进宰了他们。

何皇后同意了他们的条件，刘辩顺利即位，何进也由此担任宰相，掌控帝国大权，成为货真价实的外戚。十几天后，何进以新皇帝的名义发布诏书，解散西园校尉，逮捕蹇硕，将之处死，其他太监噤若寒蝉。

何进权威达到顶峰，他意气风发，踌躇满志，他要青史留名，决心和祸害东汉多年的太监来一次决战。

何进和袁绍、袁术商量消灭太监的计划，曹操也被袁绍拉进来。大家都同意要对太监斩草除根。但何进想得太多，他认为此事重大，必须要经过他妹妹——皇太后的首肯。

何皇太后死都不同意，这位女士有自己的价值观。首先是，如果不是这些太监同意，儿子刘辩不可能如此顺利地坐上宝座，况且，太监里也有好人，为何要全部铲除；其次，张让势力遍布整个中央朝廷，一旦对他们采取行动，恐怕政局不稳；最后，何皇太后说："我对他们立下了誓言，绝对不会让我哥哥（何进）动他们一根汗毛。"

何进垂头丧气地回来了，和袁绍、曹操说了何皇太后的意思。最后说："这事不行，我那妹妹不同意啊。"

袁绍还没有说话，曹操插了句嘴："何大人，孟子早就说过，大人者，言不必信，行不必果，唯义所在。铲除太监是义举，怎么可以受妇人之承诺的束缚？”

何进不说话。袁绍琢磨了很久，慢悠悠地说道：“这件事要好好策划，我有一计，既可以让皇太后不失信，又可以干掉太监。”

何进催促他快说。曹操在一旁翻了下白眼，按他对袁绍多年来的了解，这个人的脑子是很有问题的。袁绍特别喜欢把简单问题复杂化，所以他出的主意，往往都很馊。

果然如曹操所料，袁绍自命不凡地说：“皇太后和太监约定的是，不让您动他们，没说不让别人动他们。咱们可以召外人进来，让这个外人干掉太监啊。”

何进几乎没过脑子，连连称妙。可他身边一直站着的秘书陈琳发声了，陈琳说：“这个计策一点深度都没有。”

陈琳被后人尊称为“建安七子”之一，足见其文学才能高超。他不但文学高超，头脑也灵活，很得何进的重用，不然，如此机密的事，何进也不会让他在场。

陈琳才叫完，袁绍就很不高兴，问他：“怎么就没有深度啊？”

陈琳不理袁绍，而是对何进说：“大人您大权在握，只要您速发雷霆之怒，行权立断，何事不可为？今反召外兵，授人兵柄，是否成功很难预料，恐怕会带来一场祸乱啊！”

袁绍鼻子直喷气，但他似乎不屑于和一个秘书较劲，他看着何进说：“您说怎么办吧。”

何进的智商根本就理解不了陈琳的话，所以当机立断对袁绍说：“按你的意思来，召外兵。”

陈琳只好暗自叹息。在场的曹操不禁对陈琳的分析大为钦佩，他勇敢地站出来，对何进和袁绍说：“两位大人，我有点不成熟的想法，不知该讲不该讲？”

袁绍警惕地看着他，何进表现出“海纳百川”的大人物胸怀来，说：“你讲你讲。”

曹操看了眼袁绍，袁绍正紧张地看着他。他可不管别人紧张不紧张，实话实说道："太监从古至今都是有的，只要皇上不宠用他们，何至于此。如今即使要治他们的罪，也该有个区别对待。依我看，杀掉几个为首的凶犯就可以了。要办这件事，一个法官足够了，何必大动干戈，召外兵做啥子嘛！真要想把宦官斩尽杀绝，必定走漏风声，恐怕事情还未做，人家就已听到风声了，成功与否很难说。"

袁绍跳了起来，指着曹操说："小曹，你这废话真多，咱们和太监可是势不两立的，不斩尽杀绝，春风吹又生！"

曹操故意气袁绍道："你看，我就知道你没有听明白。我的意思是别召外兵，干掉几个为首的，其他太监自然敛迹，之后再让皇上别宠用他们就是了。"

袁绍气得肚子都鼓起来，要和曹操玩命。何进阻拦说："你们别吵了，我意已决，召外兵，进洛阳，斩草除根。"

陈琳和曹操一看这架势，就是九头牛也拉不回何进的糨糊脑袋了，只好唉声叹气地走了。

何进见没人捣乱了，就和袁绍商量召哪支外兵进洛阳屠杀太监。

两人最后想到一块了：这支外兵就是刚被任命为并州（今山西太原）军政长官（并州牧）的董卓。

董卓是个传奇人物，出生在甘肃一个大地主家庭。后来他做了官，恰逢东汉帝国羌乱高潮，凭借出色的领兵才华，在羌乱中锻造自己和他的兵团，很快就成为东汉帝国西部的一根擎天巨柱。羌乱平定后，他那支在血腥中成长起来的兵团已少有人能敌，后来又在平定黄巾军过程中立下大功，最后在凉州兵乱中表现突出，就此名动天下。

董卓是个粗线条人物，肥胖如猪，大大咧咧，私欲过盛，性情残暴。他平生只对三件东西感兴趣：一是杀戮，二是美女，三是权力。士大夫都不喜欢他，但中央朝廷喜欢他，因为他能帮帝国排忧解难——干掉敌人，带来表面的和平。

刘宏在位的最后一年，太监发现了董卓这个快速崛起的不稳定因素，就让刘宏征召他进京，做没有实权的宫廷供应部长（少府），董卓根本不理中央朝廷这一套。

刘宏又退而求其次，任命他为并州牧，董卓刚要高兴，刘宏又让他把部队交给皇甫嵩，董卓合上咧开的大嘴，露出愤怒的神色。他拒绝交出兵权，也不回自己的治所太原，而是带领他的兵团进驻河东（今山西西南部），静观时变。

如果不是刘宏驾崩，何进和袁绍又长了两颗同量级的糨糊脑袋，董卓的前途无法预料，要么乖乖交出兵权，要么就是造反。

可是，他的人生由于何进和袁绍而发生巨变。

何进和袁绍联合写信给他，要他带兵入洛阳，对太监做斩草除根式的屠杀。董卓欣喜若狂，他的巨大私欲让他始终想参与中央朝廷事务，可一直没有机会。如今，机会就在眼前，而且唾手可得，岂能放过。

他立即整顿兵马，准备向洛阳进军。不过当他骑上快马，要扬鞭飞驰时，猛地停了下来。他脑海里突然闪过一个念头，他马上下令全军原地待命。

这个念头就是，何进和袁绍这两个家伙是不是诱敌之计？中央朝廷部队虽然很少，但有战斗力不比他的凉州兵团差的中央警卫团。一旦他带兵入洛阳，中央警卫团关门打狗，自己纵然不死，也会伤痕累累。

董卓这个胖子，心机深沉，他不动了。

董卓一不动，何进和袁绍着急了。他们接二连三地派出使者去催促董卓，董卓喝酒吃肉，不管不顾。

何进和袁绍的使者在路上络绎不绝，十常侍怀疑起来。他们急忙派出间谍调查，一调查之下，不禁大惊失色：何进这孙子居然想要干掉我们。

十常侍带头大哥张让马上决定先下手为强，他们趁何进进长乐宫见何皇太后之机，埋伏下武士，一等何进进入，就将何进团团围住，然后数落何进的罪过说："你这个不要脸的，先帝本来要立刘协为接班人，是我等帮助你的外甥（刘辩）坐上宝座，你居然恩将仇报要杀我们。像你这种人，死有余辜。”

何进对这番话，还真无法辩解，只好垂下头，张让就让人把他垂着的头砍下，扔出宫外。

袁绍得知同志何进被杀的消息后，仰天长哭。他也不管何皇太后和太监的誓言了，马上带着属于他自己的兵团，纵火焚烧宫门，攻入皇宫，对太监进行毫不客气的灭绝，无论老幼，无论平常干了什么，没干什么，全部杀掉。

十常侍带头大哥张让在袁绍进攻宫门时，就已展开行动，他挟持了皇帝刘辩向北逃走。袁绍兵团紧追不舍，最后张让逃到黄河南岸小平津渡口，追兵已到，张让叹息连连，一个人跳河自尽。

这是东汉帝国外戚和士大夫联合阵线与太监的最后一次决斗，祸害了东汉帝国百余年的太监时代宣告结束。表面上看，外戚和士大夫，尤其是士大夫阶层取得了决定性胜利。

但是，曹操早已看出，士大夫阶层的胜利是昙花一现，因为董卓的铡刀已经举起，正准备向士大夫乃至于东汉帝国，狠狠地铡下去。

当袁绍在对太监进行灭绝屠杀、整个洛阳城风云变幻时，董卓闻风而动。他带领他的凉州兵团，快速奔向洛阳。而就在黄河岸边，他拯救了皇帝刘辩，这是上天给他的礼物，他挟持着刘辩，几乎不费吹灰之力就进了洛阳。至此，东汉帝国的首都洛阳被董卓全面接管。

从董卓接管洛阳的事情上，我们可以得到如下的人生哲理：有时候锻造自己固然重要，可更重要的是机会。董卓如果不遇到那两个糨糊脑袋——何进和袁绍，他根本就没有资格成为洛阳的主人。人生在世，总要相信点运气，并且告诉自己，在艰难的人生路上，总会有些蠢材给自己修桥铺路。

第二章

董卓讨伐战——能臣梦的破灭

中牟杀人事件

董卓兵团进洛阳后，中央警卫团在这支骁勇善战的凉州兵团面前噤若寒蝉。警卫团的几个军官包括袁绍和曹操在内，眼睁睁看着董卓兵团在洛阳城内烧杀抢夺，敢怒不敢言。

董卓宣布他将接过何进的职务，并且将中央警卫团和首都卫戍部队整编，就此，所有东汉帝国的精锐都成了他的军队。

控制了军政大权的董胖子，开始更大胆的计划。他忽然发现，控制首都就等于控制了皇帝，控制了皇帝就等于控制了整个帝国。如今，他什么都不缺，只缺少威望。而威望不是别人给的，只能靠自己去建立。他的那些酒囊饭袋的幕僚团给他出主意说，建立威望最立竿见影的做法就是废立皇帝。

董卓连连称妙，于是计划让刘辩退位，扶持刘协上台。

董卓这么做，看似没有章法，只是为了建立威望，但其实董胖子是经过深思熟虑的。皇帝刘宏的母亲董太后姓董，董卓就认为她和自己是亲戚，而刘协曾被董太后收养过，刘协的母亲王女士和董太后又先后被何皇太后所杀。董卓的意思是，我立刘协就是为我董家立皇帝，也是为董家复仇。

他觉得自己的计划有理有据，于是召开百官大会。会上，他扯着嗓子把自己废刘辩立刘协的事情一说，袁绍就跳起来要和他单挑。他不和袁绍一般见识，因为袁绍脑袋里有糨糊。但宰相级别的官员卢植也站出来抗议，董卓就生气起来，把卢植赶出了中央朝廷。

董胖子最后终于发现，这些中央官员的脑子里都有糨糊。对于糨糊，道理是讲不通的，所以他干脆独断专行，废了刘辩，立刘协为皇帝。刘协就是汉献帝，他的一生注定将悲催到底。

在完成这件废立大事后，董卓很失望，因为他能感觉到，他的威望并没有建立起来。他想了想，又把旧势力的代表何皇太后毒死。本以为这回自己的威望该建立起来了，结果，仍然没有。不仅没建立威望，反而在洛阳城出现了反对他的军民联合游击队。

董卓下令，让他的兵团暴力镇压，洛阳城一片血腥。袁绍叹息连连，偷偷跑出洛阳城，去渤海挂职太守，准备找机会卷土重来，干掉董卓。

曹操也想跑，但被董卓留住了。在平定黄巾叛乱时，董卓和曹操结识，认为曹操是不可多得的人才。两人都又矮又胖，属于同类，所以难免多聊了几句。董卓因此认为自己和曹操已经成为好朋友了。

可曹操内心有杆秤，他不可能和董卓这种混账做朋友。而且依他的看法，董卓这种蛮干的行为不可能持久，绝没有好下场。所以他极力和董卓周旋，周旋了一段时间，他趁董卓放松了对他的监视，一溜烟跑出了洛阳城。

曹操这次逃跑，孤身一人，他在洛阳城的家人和心腹，一个没带。这说明，他对董卓很放心，他相信董卓不会为难他的家人。另外就是，他这次逃跑，不是担心董卓杀他，而是要出来找机会反董卓，把董卓赶出洛阳城。

要把董卓赶出洛阳城，就必须要有军队，曹操站在旷野的月光下，内心茫然。他不知该从何做起。就是在这种没有计划和目标的情况下，他走到了中牟（今河南中牟县东），厄运悄悄跟上了他。

曹操偷逃出洛阳城的第二天，董卓就发现了。他急忙让人画了曹操的画像，派人到各个关卡张贴，以皇帝刘协的名义发告示，捉拿叛贼曹操。

曹操进入中牟县时，感到饥饿难耐，就跑进一家酒馆吃了顿霸王餐。酒馆的小二在他要跑时缠住了他，恰好中牟县治安队巡逻到此，一听有人吃饭不给钱，就将他捉到了衙门。

县令出来准备审案，一看肥嘟嘟的曹操，“哇呀！”他惊叫起来，“这是朝廷要的通缉犯啊，赶紧给我捆了送京城。”

曹操鼓起勇气，就在大堂上和几个衙役搏斗起来。最后，由于寡不敌众，曹操被捆了个结结实实。他大喊大叫：“我乃曹操，捉拿我的人才是叛贼，你们这群瞎眼狗！”

中牟县令说：“我当然知道你是曹操，正因为如此才要捉你。”

曹操很快就冷静下来，心想：董卓捉我回去，肯定也不会杀我。这个愚笨的胖子必定会拿我来争取民心，既然不会死，我又有什么可着急的。

他被捆在地上这样想着，中牟县县令的一个文书就过来观望他，眼神有点古怪，好像曹操是一只会说人话的猪。

曹操正感到纳闷，那个文书突然把县令拉到一旁。曹操隐隐约约听到“天下雄俊”“匡时济时”这些皇皇大言。一会儿，县令就走过来，亲自为他松绑，而且还很客气地对他说：“我才疏学浅，所知不多，刚知道您在名士圈很有影响力。如今世道不好，朝廷又被奸贼占据，天下都希望像您这样的人能站出来，清除奸贼，还天下以太平。今日我放了你，希望你能完成你的使命。”

曹操知道，这是那个小文书的作用，他站起来，向县令和小文书深深鞠了一躬，扭头就走。

他一面走一面想，名声这东西有时候还真挺重要的啊。但转念又想，什么名声不名声，这次侥幸逃脱，是老天爷不让我死，因为我还有使命未完成。在我未完成使命前，我不会死的。

这当然是扯淡的话，但无形之中，这件事给曹操的自信加注了砝码，让他以后做任何事时都义无反顾。因为他认为，天命在他自己这里。

一路狂奔之下，曹操终于出了中牟县境，进入成皋（今河南荥阳市西北汜水镇）吕家庄。曹操这时才想起有个旧相识在此居住，此人叫吕伯奢，很久以前和他一起谈论过人生和理想。

他四处打听，终于摸到了老吕家。他轻轻敲门，门开了，探出一少年的脸。他忙询问道："这是吕伯奢家吗？"

那少年打量了一眼曹操，回答："正是家父。"

曹操大喜，说："太好了，我叫曹操，你爹是否跟你们提过我？"

少年摇头说："我没有听说过你的名字，不过我的四个哥哥也许知道。"

说完就把曹操领进院子，吕家其他四个兄弟都走出来，的确有人认识曹操，而且还知道，曹操现在正被中央朝廷通缉。曹操想和吕氏五兄弟解释自己为何被通缉，但五兄弟说："您不需要解释，我们老爹交的朋友绝不会错。"

曹操带着感激之情和五兄弟一一握手，然后说："我都快饿死了，有饭否？"

五兄弟齐声说："我们马上去准备。"

曹操在客厅里等，五个兄弟在厨房忙活，一面忙活一面商议。

老大说："逃亡之人过于敏感，所以咱们尽量少和他说话，一旦话语有不周到之处，他会恐惧的。"

老二说："大哥说得对，而且逃亡之人可能一连几天都吃不上饭，咱们必须多准备点荤菜。"

老三说："两位哥哥果然心思缜密，能想到这些，我等佩服。"

老四说："父亲曾多次提到这曹操，说是将来国家之栋梁，栋梁沦落到此地步，全是董卓那厮搞的。"

老五说："这个曹操值多少钱啊？"

他的四个哥哥顿时愣住了，鸦雀无声。过了好一会儿，四个人才一人揍他一拳，说：“闭嘴，怎么能说这种话！”

兄弟五个在厨房里忙碌着，杀鸡的杀鸡，宰猪的宰猪，曹操在客厅里等得不耐烦了，就想先去厨房要点点心充饥。

可当他来到厨房门口，忽然就听到了老五的那句话，而且这句话后，厨房里一片寂静。曹操大惊失色，急忙悄悄跑回客厅，思考对策。

这个时候，厨房的鸡叫声、磨刀声、猪喊声，混合成一曲交响乐，在曹操耳边刺耳地响起来。

他又跑到厨房门口去听，就听有人说：“在喉咙上来一刀（这是杀鸡）。”还有人说：“太肥了，杀起来会流很多血，你要帮我啊（这是杀猪）。”

曹操听到这里，扼腕长叹道：“老吕啊老吕，你为人正直坦荡，可你的五个儿子却不是好鸟。我今日就为你清理门户吧。”

一想到这，他跑进院子，在院子的武器架上，抽出一口刀，在手上掂量了一下，很是顺手。他咬牙切齿蹑手蹑脚地来到厨房门口，向里望去，发现吕家五兄弟都背对着门，撅着屁股不知在干什么。他发了声喊，一脚踢开门，左一刀，右一刀，前一刀，后一刀，再对着最后一人一个直刺。刀刀致命，转瞬之间，五个大活人就成了五具死尸。

曹操杀人，是预谋杀人，但杀人的过程却是激情杀人。俗话说，做贼心虚，他之所以做出这种非理性的举动，全在于他一直处在担惊受怕中，怕董卓把他捉回去。

可当杀完人、恐惧的心情暂时平复后，他后悔了。因为他看到厨房里根本没有阴谋，而是由鸡、鸭、鱼、猪组成的丰盛晚宴。他懊悔痛苦，滴血的刀“哐啷”掉在地上。

“呜呼！”他失魂落魄地嘶叫起来，“我错怪了这些孩子。”

这是一个人因为误会别人而做出极端行为后深刻痛苦的反省，有的人可能终生都困在这痛苦中，找不到离开的路，而有的人反省完毕，马上就踏上新的人生征程，这种人内心有志向，不会被错事捆绑，曹操就是这种人。

曹操只懊悔了一会儿，在厨房里胡乱找了些吃的，快速填饱肚子，然后擦了擦身上的血迹，就走了。一天后，他抵达曹家大本营陈留（郡治所在今河南开封市东南），在这里，他将和董卓作对到底。

曹操杀吕事件，是他人生中的污点，但这件事被后来的罗贯中添油加醋地写进他的小说里，还搞出了那句编出来的“宁可我负天下人，莫让天下人负我”的黑曹操的名言。

曹操被投资

曹操之所以回陈留，一方面是因为这是他们曹家（夏侯家）大本营，在家门口做事总是容易些；另一方面则是，他老爹曹嵩半年前被董卓免了官职，跑回陈留来清点财产，准备搬家到山东琅玡。用曹嵩的话说就是，董卓这样搞下去，中原迟早大乱，赶紧躲起来为好。

曹操拦住老爹说：“大丈夫遇到问题，不能只想着躲避，天下如果真的糜烂，谁都躲不过，不如直面问题，尽力把它解决。”

曹嵩认为儿子的话很成熟，就说：“你准备怎么办？”

曹操说：“我想组建一支军队，去讨伐董卓。”

曹嵩想了想就说：“组建军队要很多钱啊。”

曹操说：“咱曹家产业都在陈留，应该没有问题吧。”

曹嵩沉思了好久，说：“我给你一半家产，你自己折腾去吧。我也要留一半，我和你不同，我是曹氏家族大当家的，必须要为曹家人打算。”

曹操说：“这没有问题，咱父子俩使命不同，行为方式也不同，但做的事总归是正义的。”

于是，曹操就拿了老爹给的钱，开始招兵买马。他亲自到地方上去挑选精壮汉子，亲自和铁匠们锻造武器，又找各种关系去河北买马。总之，那段时间，曹操忙得是天昏地暗、四脚朝天。

就在曹操的准备工作如火如荼跑步前进时，有人来找曹操了。来的人是陈留太守张邈。张邈和曹家很熟，作为地方上有头有脸的大户，曹家始终是张邈积极交往的对象之一。

曹操回陈留后，董卓缉拿曹操的画像也到了陈留，张邈只看了一眼，就吩咐说："不要张挂，我自有主张。"

他密切观察曹操，发现曹操在招兵买马，于是就跑来找曹操了。曹操和他说了自己的想法，张邈不但没有责怪他擅自招兵买马，反而赞赏他有责任感。但他觉得还是要公事公办，于是请曹操到他衙门，签了几张文件。这些文件大体意思是说，曹操是在为陈留太守张邈招兵买马，而不是自己单干。

这之后，曹操只要稍有空闲，就去和张邈聊天，张邈又把兖州刺史刘岱（陈留属兖州管辖）介绍给曹操。刘岱也是正义之人，对董卓的所作所为深为厌恶，并且也在联合各种武装力量准备讨伐董卓，三人可谓志同道合，所以两人全力支持曹操的讨董事业。

但就在事情进展一帆风顺时，曹操被卡住了，卡住他的是资金。

曹操当时已有个幕僚团，不过和他后来的幕僚团不可同日而语，典型的草台班子。曹操和这幕僚草台班子商议资金的事，草台班子提不出任何有价值的建议来。

曹操很苦恼，跑去老爹那里唉声叹气。他老爹曹嵩急忙藏起账册，说："你不要来苦肉计，我答应给你的钱都给你了，除此之外，一分都没有。"

他又跑去张邈那里叹气唉声，张邈双手一摊，说："你也知道，地方政府根本就没钱。这些年，不是打羌人，就是打黄巾军，要不就是打凉州叛军，地方政府都被中央朝廷吸干了。"

曹操又要去找刘岱，张邈拦住他说："你别费那工夫了，刘刺史比我还穷呢。"

曹操无可奈何，回家喝起了闷酒。喝完闷酒，他又跑去张邈那里，非逼着张邈拿出民间缴税名册给他看。张邈被缠不过，就把缴税名册扔给了他。

曹操在上面找来找去，终于找到个纳税大户。此人叫卫兹，是陈留郡数一数二的大地主，原本家族产业就丰厚，后来又被举为孝廉郎，做了几年官，资产就更多了。

曹操大喜道："我去找这个人让他捐款。"

张邈撇了撇嘴说："这人是出了名的铁公鸡，政府和他额外要点捐赠都要不出来。"

曹操说："世上无难事，只怕有心人，你看我能否要得出来。"

他集结了幕僚团草台班子，让大家献言献策。幕僚们你一言我一语地说开了。有人说："去和他谈，他如果敢不给，咱们现在不是有一支军队了嘛，咱们去抢。"

曹操一脚踢开这个说话的幕僚，骂道："胡说什么，咱们讨伐董卓是正义的事，正义的事还没有做，就先做不正义的事，这不是大丈夫所为！"

幕僚全都闭了嘴，因为他们除了抢的主意以外，实在想不出别的了。

最后，曹操一咬牙，一跺脚说："我去和他谈，让他投资我。"

曹操去见卫兹。卫兹家的院子特别大，院子里有各种从深山老林移栽的古老树木。卫兹就在这"森林"里接见曹操。

卫兹一见曹操，就产生了好感。因为曹操相貌圆润，矮矮胖胖，很是可爱。相谈之下，卫兹更被曹操的气场和情怀所打动，最终居然和曹操成了好朋友。

既然是好朋友，卫兹也就无话不说了。他对曹操说："我曾经学过相术，你这个相貌几千年才出一个，你肯定是平天下的最佳人选。"

曹操也不客气了，说："我当然想平天下，无奈心有余而力不足。"

卫兹说："天下动乱已久，现在又多了个大祸患董卓，若想平天下，必须要用武力。"

曹操叹了口气："唉。"

卫兹问："你有什么难处吗？"

曹操说："我已经在组建军队了，但现在缺钱啊。"

卫兹又认真盯着曹操的脸看了许久，像是在看一个史前动物，最后他确信自己没有看错，斩钉截铁地说："我现在就投资你，我有钱。"

曹操大叫道："哎呀，这怎么好意思！"

卫兹说："没什么不好意思的，你既然来找我，就是相信我，我也相信你，你需要的资金，包在我身上。"

曹操虽然迫切希望得到资金，但他还是想让卫兹看看自己的项目计划书。但卫兹不需要他的项目计划书，卫财主说："我投资的不是你要干的事，而是你这个人。投资就是投人。投事，那是舍本逐末。"

卫兹说到做到，第二天，他的资金就到位了。曹操庆幸自己遇到了贵人，可卫兹却和别人偷偷说："曹操这小子是奇货，谁投谁赚，这买卖值！"

正是靠着卫兹这笔钱，曹操很快就建起了一支拥有五千人和五百匹马的军队。自从有了这支军队，曹操腰板硬了，说话的口气也大起来。

张邈也常常往他这里跑，并且经常给他带来各种有关天下局势的消息。很快，一条重要的信息来了：一大批在职的地方政府官员准备联合起来，讨伐董卓。

曹操兴奋地大叫起来，绕柱而走。

据张邈说，自从董卓接管洛阳后，地方政府全都不服他。他们准备在公元190年正月坐到一起共同商讨讨伐董卓的大计，而地点就在陈留郡的酸枣（今河南省新乡市延津县西南）。

曹操又要绕柱走，张邈很委婉地和他说："有件事啊，你可能要委屈一下。"

曹操根本没往心里去，说："你说你说。"

张邈就清了清嗓子，慢条斯理地说了起来。

他这一说，曹操可就有点不舒服了。

讨董联盟会议

据张邈说，这次参加讨伐董卓联盟会议的人都是大腕：渤海太守袁绍、长沙太守孙坚、右北平太守公孙瓒、北海太守孔融、徐州刺史陶谦、冀州牧韩馥、兖州刺史刘岱、豫州刺史孔伷、陈留太守张邈、广陵太守张超、河内太守王匡、山阳太守袁遗、东郡太守桥瑁，还有两个人，一个是袁绍的弟弟袁术，另外一个则是济北（国治卢县，今山东省济南市长清区西部和德州市齐河县西南部）相国鲍信。

曹操认真听了名单，没有听出什么有用信息来。张邈只好厚着脸皮解释说："你没有发现吗？参加会议的人都是太守级别以上的。只有两个不是，一个是袁术，他是跟袁绍一伙的；另外一个是鲍信，他是这次会议的书记员。"

张邈的话是正确的，可他没有说最重要的一点，那就是这些人都出身世家大族，这里没有任何一个人具备过硬的军事技能，把这些人捆一块，都不如董卓的十分之一。

曹操敏锐地发现了这一点，可他没有解决方案。而且他听明白了张邈说这些话的意思。他"噢"了一声："你的意思是，我不配参加这次会议？"

张邈急忙摆手说："你别误会，你必须要参加，你老朋友袁绍可是亲自点名要你去的。只不过不能以独立身份参加。你那支军队归到我名下，这样你就可以参加了。"

曹操怒了，心说：老子千辛万苦建立起的一支军队，怎么能说给别人就给别人。现在这世道，谁人马多谁就有话语权。一个人如果把兵权交出去，那不是傻子就是不想活了。

张邈一看曹操脸色变了，急忙说："你又误会了。我的意思是，你那支军队只是名义上归于我名下，你还是最高指挥官。”

曹操苦笑了一下，说：“这是什么事啊，还没有开始讨伐董卓，只是个商讨会议，就搞出了论资排辈。我看啊，这会议不参加也罢。”

张邈正色道：“不行，你必须参加。你即使不参加，也要把军队暂时交给我，否则咱们陈留郡没有多少人，会被人看不起的。”

曹操内心冷笑，勉强同意参加。晚上曹操去和卫兹喝酒，聊到这件事，还有些愤愤不平。卫兹劝他说：“咱先去看看，如果这群家伙还可以，就合作，不可以就算了。有些事，人多了还真不好做。”

曹操只好赞同卫兹的意见。

讨董联盟大会如期在酸枣举行，但人没有到齐。长沙太守孙坚、右北平太守公孙瓒、北海太守孔融、徐州刺史陶谦都没有来，各自派了个特使来请假。

长沙太守孙坚和右北平太守公孙瓒的特使给出的请假理由是，路途太远，腿脚不好，所以不能来，预祝酸枣大会圆满举行。

北海太守孔融、徐州刺史陶谦的特使则说：“我家大人是真想来，但被黄巾军余孽纠缠住，无法前来，预祝酸枣大会圆满闭幕。”

曹操听到这里，冷笑连连，心说：路途遥远就不来，这种一点责任心都没有的人，不来也罢。至于孔融和陶谦，黄巾军主力早被消灭多年，黄巾军余孽在各地只是零星叛乱，根本无关大局，想不到他们居然会被这样的事情缠得精疲力竭，可见是无能之辈，不来也罢。

四个特使说完他们主人的请假理由，现场顿时炸开了锅。大家议论纷纷，整个场面好不热闹。负责会议安保的人跑来跑去，让大家肃静，但大家就是不肯肃静。最后，还是袁绍跳出来，抽出宝剑敲打一面锣，才把众人都震住。

袁绍很威严地看着众人，高声说道：“大家都是来商讨讨伐董卓的，不是来聊谁请假、谁迟到的。为了会议能顺利举行，我先主持会议，你们可有意见？”

众人你看看我，我看看你，都说：“袁大人家四世五公（四代出了五个宰相级人物），当然有这个资格。”

袁绍说：“很好，咱们商议讨伐董卓，大家可畅所欲言，拿出可行的方案来。不可凌空蹈虚，一定要接地气。要有干货，明白吗？”

众人忙不迭点头，说：“明白。”

袁绍扫了一圈众人，看到了张邈，用手一指：“张大人，这是你的地盘，你先说。”

张邈很惶恐，站起来特别谦虚地道：“我呢，也没啥准备，我看还是让我的上司刘岱来说吧。”

刘岱也站起来，装腔作势地摆手说：“哎呀哎呀，在座诸位都是能人，我有什么资格先发言，我看还是袁大人先说吧。”

他和张邈正要坐下，袁绍伸出手指，指了指张邈：“给我站着，说！”

张邈只好进入角色，他慷慨陈词，诉说董卓的残暴，表示讨伐董卓、扶助皇室的决心。整篇发言，冠冕堂皇，听得人热血沸腾，但没有一句说到讨伐董卓的策略。

张邈发言完毕，袁绍轻轻鼓掌，众人跟随，然后就是众人陆续发言，所有人的发言都和张邈差不多。于是，这个原本是商量讨董战略的会议最后变成了学术讨论会议。

袁绍让坐在身边的鲍信详细记载，并且特意嘱咐众人，现场发言要尽快写成文字，编辑成册，刊发天下。

曹操早就听得不耐烦了，在那里坐着直伸懒腰。袁绍一直给他使眼色，他假装看不到，最后把腰伸得感到疼痛了，他才老实下来。

大家发言完毕，袁绍又提议说：“咱们应该选个讨董联盟盟主啊。”

众人又是你看看我，我看看你，众口一词道：“您袁大人家四世五公，就您来做这个盟主吧。”

袁绍说：“哎呀，这可不行，我就是来主持会议的。这个职位责任很重大，大家要慎重啊。”

众人又说：“再慎重不过了。除了您，没有人更适合了。”

袁绍犹如重担在肩般沉重地站起来说：“好，看来我是众望所归，那我就不客气了。”

众人疯狂鼓掌。当天晚上，所有成员参加袁绍主持的晚宴，每个人都喝得酩酊大醉，第二天带着宿醉离开。

就在众人都上马时，袁绍突然想起一件大事，他叫道：“糟糕，咱们没有讨论如何讨伐董卓的事啊！”

众人说：“下次再说吧，头痛。”

袁绍拿出盟主的威严说：“放屁，就这次说！你们都回原驻地，听我消息。”

众人齐声说：“得令，伟大的盟主。”

曹操在一旁看着这些小丑上演的戏剧，不禁哧哧而笑。

“你笑个毛呢？”曹操背后响起了一个沙哑的声音，他被吓了一跳，赶紧回头看，一张清瘦而惨白的脸正好对着他。

原来是济北相鲍信，他昨夜没有跟着喝酒，而是认真观察每一个参加会议的人，观察完毕，他就出去把会议记录撕碎，扔在空中，随风飘散。

曹操听过鲍信的大名，昨天就想找他聊的，此时见到鲍信，很是高兴，于是反问他：“你说我在笑什么？”

鲍信回答：“您一定是笑他们这群乌合之众吧。”

曹操一本正经地说道：“话不能这样说，我看还是很和谐的。咱们走到一起是为了讨伐董卓，千万不能先起内讧。”

鲍信笑起来，说：“就才略而论，能拨乱反正的人，非阁下莫属。袁绍是靠门第上位，这种人，虽然现在得意扬扬，但不久必败，不信咱们走着瞧。”

两人根本不用走着瞧，因为很快，这个联盟就出现了问题。

董卓搬家，曹操发怒

讨董联盟并不机密，在洛阳城中的董卓很快就知道了这群叛逆。一知道这群叛逆，董胖子就发起怒来，一发怒，他就让人把刘辩给宰了。宰了刘辩，根本不能平息他对叛逆们的恐惧。这时，他想到了干儿子吕布。

吕布是个能力无敌、品质却极为吊诡的传奇。他是今内蒙古包头人，年轻时神力无敌，能以一敌百，参军后屡立奇功。并州刺史丁原欣赏他的能力，先是当心腹用，后来就认了他做干儿子。董卓进洛阳城时，丁原和吕布也随董卓进了城。董卓很快发现了吕布的才能，就诱惑他，许以高官厚禄。吕布毫不犹豫，一转身把干爹丁原宰掉，投了董卓。

董卓发现吕布这家伙太能打，人类根本不是他的对手，所以就认他为干儿子，让他在洛阳郊区驻守。

如今，他听说袁绍搞出了个讨董联盟，要进攻洛阳，所以急忙把吕布叫来商议对策。

吕布的大脑是直线的，从来不会转弯，听了干爹董卓的担忧，拎起他的武器方天画戟就说："让孩儿去干掉他们。"

董卓很满意干儿子如此孝顺，但他隐约感到此事不能主动出击，还是要以防守为主。

吕布就说："袁绍这厮吃饱了撑的，他如此对待您，您要给他点颜色看看。"

董卓说："怎么给颜色？"

吕布说："他叔叔袁隗和他的兄弟袁基都还在朝中做着高官、拿着厚禄。把他全家都宰了，震慑他一下。"

董卓同意了吕布的这个主意。于是，袁绍的叔叔袁隗和兄弟袁基以及其家人全被杀掉。

这些人的血还未干，董卓就天天做起噩梦来。吕布就趁机说："干爹啊，这洛阳城虽是帝国首都，可首都不是天生的，哪里有天子，哪里就是首都。如今，袁绍他们在东方集结，两天内就能抵达洛阳城，不如咱们西迁长安，一是离他们远些；二是可以保持和根据地凉州的联系；三是您不做噩梦，生活质量提高，可谓一箭三雕。"

董卓听后，连连点头。除了吕布所说的那些理由外，洛阳对董卓而言始终是陌生之地，而他又对牡丹花过敏，总是喷嚏连连。于是，在他进入洛阳六个月后，他以皇帝刘协的名义下令，迁都长安。

董胖子迁都和别人迁都，大有不同。或许是为了给讨董联盟更大的颜色看，他临行前让吕布焚烧洛阳城，挖掘帝王陵墓，收其珍宝。同时又将洛阳地区几百万人口统统驱赶到长安。

从西周姬旦（周公）经营洛阳城到董卓毁坏洛阳，洛阳城已繁华盖世了一千四百年，如今却化为一片焦土，百公里内不见炊烟，不闻鸡鸣。这是洛阳这座当时世界上最壮丽的大城第一次遭受劫难，但绝不是最后一次。

董卓焚烧洛阳城时，烟火直冲云霄，几百公里外的人都能看到。袁绍不但看到了，还知道了自己的叔叔被杀。他当时怒火中烧，下令各路太守、刺史带兵集结，他要干番大事业了。

按照袁绍的部署，联军分为三部分，从北、东、南三面包围洛阳，同时向洛阳进攻。大家都同意，但谁都不愿意先动。袁绍大发雷霆，训斥各路军事统帅，骂他们胆小如鼠。他说："我恨不得拿着刀子逼迫你们上战场。"

但他做不到这点，各路军事统帅都有自己的小九九，他们恐惧董卓，董卓的凉州兵团更是让他们毛骨悚然。

袁绍联合王匡进驻河内（今河南武陟县西南），向各路军事统帅喊话："我几天后就向洛阳推进，让你们看看我这个盟主不是浪得虚名。"

众人就都起哄说："好啊好啊，让我们看看袁盟主你的本事，只要你一到洛阳郊区，我们马上进军。”

袁绍咒骂这些人是窝囊废，在一个狂风肆虐的日子，他宣布起兵，径直杀向洛阳。而就在这时，一个消息传来：董卓带着他的凉州兵团又回洛阳了。

这个消息，对袁绍而言无异于晴天霹雳，他慌忙以天气不好为由，解散部队，誓师大会成了一场闹剧。

各路军事统帅都哈哈大笑，曹操笑的声音最大，也最悲凉。

董卓为何又从长安回来了呢？

这个胖子迁都长安后，在长安待了些时日，却不见讨董联盟有任何动静，就气愤起来。他对吕布发牢骚说：“咱爷俩也太胆小了吧，那群乌合之众就是瞎咋呼，咱俩却吓得急忙迁都。”

吕布说：“是啊，我也没有想到这群人如此废物。”

董卓说：“咱们回洛阳去，和他们针锋相对，看他们能把咱们如何！”

吕布说：“干爹好样的。”

就这样，董卓又回到已成一堆瓦砾的洛阳城，他在这里吃着本不该是他吃的苦，就是想让那些讨董联盟的人知道，他董卓谁都不怕，尤其是你们这群废物。

袁绍再次召开会议，会议上他发了一通慷慨激昂的陈词，但随即就说道：“董卓这次可是有所准备，咱们必须要谨慎行事。”

大家都说：“没错，必须要考虑周全。”

曹操气得死去活来，他从张邈身后站到台前，说：“咱们好不容易举义兵以除暴乱，大家凑在一起不容易，既然已经凑在一起了就不要犹豫了。董卓把咱们的京城祸害成那样，任何有血性的人都会拔刀而起，何况是咱们这些朝廷命官。如果咱们现在还不行动，一旦董卓经营好长安城，东向以临天下，到那时再讨伐他，可就难上加难了。如今董卓焚烧京城，劫迁天子，海内震动，人心激愤，正是利用天下人心消灭他的大好时机，千万不能错过这个机会啊！”

曹操说得很激动，唾沫横飞，喷到几个太守的脸上。等他讲完，所有人都愣住了，你看看我，我看看你，可谁都不说话。

袁绍咳嗽了一声，问众人："大家有什么意见吗？"

曹操希望得到呼应，哪怕是一个人也好，但没有。

这些人像死了一样，整个会议室鸦雀无声。

忽然，袁绍站起来，向外看了看天，说："该吃饭啦。"

众人一哄而散，只留下曹操在那里孤独哀伤。

他气冲斗牛，一拳砸在桌子上，咬牙切齿道："你们不去，我去！"

袁绍独辟蹊径

曹操回到军营，马上召开紧急军事会议。参加会议的主要是曹家帮成员。会议上，曹操痛陈董卓之暴，立志要进军洛阳，除掉董卓，还帝国以清净。

大将夏侯惇拍着胸脯说："我愿意打头阵。"

另一大将夏侯渊也站起来抢道："我做先锋。"

曹操的两个晚辈曹仁和曹洪也纷纷叫嚷着："打董胖子，把他拍成肉饼！"

这四位是曹操建军初期就跑来跟随他的，四人各有千秋，都是曹操起兵前期的重要帮手。大家义愤填膺，越说越激动，恨不得现在就冲进洛阳城，捉住董卓，拍成肉饼。

曹操询问投资人卫兹的意见："大家现在是同心协力，此事必成，您有什么要嘱咐的吗？"

卫兹说："董卓兵强马壮，咱们现在满打满算不到六千兵马，这仗不好打。"

曹操点了点头，不过卫兹又说："不好打也要打，这是正义的事，人不做正义的事，那还做什么事。我看好你！”

曹操腾地站起来，说：“好，你们都回去准备，三天内出发。”

曹家班的人前脚刚走，袁绍的秘书就来了，他请曹操过去，袁绍有个天大的计划要和曹操商议。

曹操眼前一亮，难道袁绍要正式和董卓开战了？

他很欣喜，而且忽然就对这段时间总在心中骂袁绍是猪的事情惭愧起来，以小人之心度君子之腹，这可不是君子应该做的事。

然而，他这种欣喜的心情在见到袁绍后，就立马烟消云散了。

此时，袁绍和冀州刺史韩馥正在附耳交谈，像是在说见不得人的丑事，曹操一见这架势，就直觉地感到，袁绍叫他来，根本不是谈讨伐董卓的事，而是另有他事。

袁绍热情地把曹操让到他和韩馥中间，对韩馥说：“这个小曹啊，虽然比我小十几岁，但我俩可谓是忘年交，从小一起玩大的。小曹智勇兼备，又是咱小兄弟，咱们搞的这件事，必须要算他一份啊。”

韩馥礼节性地笑着，说：“袁兄你的兄弟就是我兄弟，这事肯定要算他一份。”

袁绍举起酒杯，也示意曹操举起来，对他说：“还不快谢谢韩刺史！”

曹操丈二和尚摸不着头脑，不肯举杯，他对袁绍说：“您先说是什么事，我总要先搞清楚再喝这酒啊。”

袁绍尴尬地笑了，放下酒杯，马上挤出几滴眼泪，悲戚地说道：“小曹啊，咱们大汉帝国从高祖（刘邦）到现在，中间虽有王莽篡权，又遇农民叛乱，但幸好光武皇帝（刘秀）力挽狂澜，接续大统。这期间，外戚专权，太监祸政，幸好有咱们（士大夫），帝国才能保持不坠。可现在，董卓那厮杀先皇，迁皇帝，其凉州兵团天下无敌，皇上（刘协）的帝国已是名存实亡了。与其补破屋，不如另修新居。”

曹操惊骇万分，问：“袁兄，你这是什么意思？”

袁绍看了看韩馥，韩馥知道自己的任务就是说最重要的地方。他说：

“刘虞（皇室成员、幽州最高军政长官）本性善良，我们立他为皇帝。如此就可破了董卓挟持皇帝要挟咱们的奸计，我们有了新皇帝后，就让新皇帝下令讨伐董卓，此事必成。”

曹操愕然，这种事他是从来没有想过的。不是他不想去想，而是不敢想。如今天下大乱，如果再立个皇帝，那岂不是更乱！

他坚决不同意，而且还问袁绍：“你这个计划，其他联盟成员知道吗？”

袁绍说：“知道啊，早就说好了。”

曹操叫苦不迭，这群王八蛋聚在一起，不想着讨伐董卓、解救皇帝刘协，却想着另起炉灶。

他拿出做忠臣的气概来，高声说道：“董卓之罪，暴于四海，我等合大众、兴义兵，远近莫不相应，此以义动故也。今上微弱，受制于奸臣，毫无过错，一旦另立新君，天下岂不更乱？咱们是皇上（刘协）的臣，非是他人之臣也。”

袁绍见曹操不识时务，就用利益来劝说他：“小曹啊，当今皇上知道咱们是谁啊？咱们即使解救了他，功劳再大，难道还比立君的功劳大？你怎么就不明白呢，咱们如果立了刘虞，刘虞必会感激涕零，将来的荣华富贵，你连做梦都想不到啊。”

曹操震怒，指着袁绍和韩馥训斥道：“你们做什么我管不着，但我该做什么，我自己知道！”

说完，曹操转身就走，袁绍在后面骂道：“不识好歹的猪，别忘了，你是张邈的手下，张邈已经同意了！”

曹操到了门口，听到这句话，转过身来，冷冷地看着两人，说道：“老子是皇上的手下，老子现在就去解救皇上。”

他走出门时，听到袁绍和韩馥发出像猪吃饱了一样的笑声。这笑声，更让曹操坚定了自己的信念：消灭乱臣贼子，扶助皇上以平天下。

兵败荥阳

公元190年阴历三月，北中国冰融雪消，曹操领兵从酸枣出征。临行前，袁绍劝告曹操："小曹，不可意气用事，大家还没有拿出完整的计划，你别擅自行动。"

曹操马上对他说："我本属张邈，如果此战顺利，功劳全归张邈和你；如果失败，我一个人扛。"

袁绍可不是那个意思，他把曹操拉到僻静处，说："这些人的人马都比你多，他们连个表示都没有，你为何要妄动？"

曹操悲叹道："纵然此去是死，也比在这里窝囊地活着好。"

袁绍劝阻不了，就让张邈来劝。张邈更劝不了曹操，但曹操名义上毕竟是他的人，所以他把自己的三千兵马交给曹操，并且叮嘱曹操："董胖子的凉州兵团可不是吃素的，你千万要慎重行事。"

曹操说："富贵险中求，不冒险怎么能成大事？"

按照计划，他的第一个目标是成皋。在快速拿下成皋后，曹操迅速抵达荥阳（今河南荥阳市东北）汴水。在这里，他和董卓的大将徐荣迎头相撞。

徐荣早就被董卓派出洛阳城，在颍川、汝南一带巡逻。他巡逻了很多天，也不见什么讨董联盟的影子，就慢慢松懈下来。

曹操兵团抵达荥阳附近时，他恰好巡逻至此，探子回报有支军队正在向南移动，他吃了一惊，以为是讨董联盟的十万大军过来了。可探子告诉他，只有八千余人。

徐荣大叫起来："啊哈，老子成名的机会来了！"

他立即下令，五万人马全线出击，双方就在汴水边上展开了殊死搏斗。

这是曹操有生以来第一次以最高指挥官的身份上战场，见到敌人如此众多，他居然毫不害怕。他摆开阵势，让卫兹在左路，非要跟他来的鲍信在右路，他负责中路，主动向徐荣发起进攻。

徐荣跟随董卓南征北战多年，什么样的敌人都遇到过，偏偏没有遇到过曹操这种对手。本来就兵少，却主动进攻，只有迷了心窍的人才敢如此。

他果断下令迎战，幕僚提醒他："据说曹操这人诡计多端，小心他要诈。"

徐荣笑得肠子都抽筋了，说："我就怕他不耍诈，给我冲。"

曹操的确没有耍诈，汴水边一马平川，打野战，拼的就是实力。而曹操的实力实在太弱了。他的左路军卫兹最先崩溃，卫兹本人落马，被乱兵踩死，可怜这位投资人，还没有从曹操那儿得到任何利润，就撒手人寰了。

卫兹一死，曹操的中路受到泰山压顶般的重击，他不得不后退，在后退过程中，一支流矢射中曹操的肩膀，曹操跌下马来，幸好曹洪始终在关注他，趁着大乱，把他从乱兵中解救出来。

中路和左路一退，右路军的鲍信也独木难支，被迫撤退，撤退过程中鲍信也受了轻伤。

双方交战不足一个时辰，曹操以绝对的劣势惨败。他当机立断，带着剩下的几百人狼狈地撤出战场。

徐荣兵团紧追不舍，大家都在狂喊："捉住曹操，徐将军赏吃红烧肉！"

曹操一边跑，一边愤愤不平道："老子就值一顿红烧肉吗？"

曹家班的几个人全都跟了上来，发现要想逃跑，只有一条路可走，那就是渡过汴水。可他们准备不充分，没有船。曹家班就拆了辎重车的木板，手忙脚乱地临时组装了一艘小船，曹操跳上船，船到河心，已沉了一半。曹操喝了好几大口肮脏的河水，才跑到岸的另一边。

这次战役是曹操军事生涯中最糟糕的一战，他浑身湿透，成了落汤鸡。

他望着对岸向他狂笑的徐荣的士兵，牙关紧咬，说："老子非报此仇不可！"

曹家班的人此时才有机会问他："大人，咱们去哪儿？"

曹操败得太惨了，他如果回酸枣，肯定会被那些人笑死，所以他说："先回老家谯县。"

鲍信正蹲在地上吐刚才喝下的河水，呕吐完毕，说："老曹，我要回酸枣，把你的英雄事迹说给他们听，震撼他们一下。"

曹操现在也管不了那么多，他本来对名声就不太重视，所以同意鲍信回酸枣，而他带着曹家班颓唐地回了老家。

回到老家，曹操精神萎靡，这次打击对他而言，不可谓不重。他变得懒散起来，对任何事都没有兴趣。曹家班的其他成员全在忙碌着招兵买马，只有他每日借酒浇愁。

后来他又愤怒起来，认为酸枣那群王八蛋拥兵十万，却作壁上观，他曹操只有几千人，却敢去摸老虎屁股，这真是天理难容。

人愤怒是好事，愤怒是激发个人成长的灵丹妙药。曹操在喝了十几天酒后，曹家班的曹洪跑来告诉他："咱们现在又有一千人马啦。"

曹操精神一振，但马上又萎靡了。他说："当初八千人马，被人干得那么惨，现在这一千又有何用。"

夏侯惇站出来说："大人啊，胜败乃兵家常事，况且这次败得也不寒碜，八千对五万，徐荣都快吓死了。"

夏侯渊也安慰曹操："如今董卓未平，您在精神上就先败了，这可不是您的初心啊！振作起来，咱们去报仇。"

曹操眼睛亮起来，曹休和曹洪也过来安慰他。无非是，咱们以后要做一番惊天动地的事业，败仗肯定少不了，何必在乎这一场。

曹操终于被曹家班的人说服，站起来，扔了酒缸，穿戴整齐，向曹家班下令："回酸枣。"

众人就叫了声好，说："回去，咱们虽败犹荣，不怕被人耻笑。"

无论怕不怕被人耻笑，耻笑该有还是有的。曹操带着他的一千多士兵抵达酸枣后，在场的人就都笑起来。他们说："曹操，带了那么多人走，怎么就回来这么点。”

曹操昂首挺胸说：“因为都战死了，不像你们，缩头乌龟般待在这儿，他们至少死得壮烈。”

有的太守听曹操这么一说，面子上还真有点挂不住，就夸张地伸出拇指，称赞曹操：“曹兄，真有你的，虽然败了，但不磕碜。”

曹操冷哼一声，所有的太守就都跑来向他嘘寒问暖，曹操都来不及回答。

袁绍分外热情地把曹操迎到自己的军营，摆上丰盛的饭菜，给曹操压惊。袁绍开始悔过自新，他说：“当初我和这群家伙商议另立刘虞，想不到刘虞死都不肯。现在我想明白了，你说得对，咱们必须要同心协力干掉董卓，解救皇上。”

曹操对袁绍才几天时间就发生如此巨大的转变感到吃惊。按他对袁绍的了解，此人不可能转变如此快。他就说：“老袁，你有话就直说吧。”

袁绍看看四下无人，就低声说道：“我虽然是盟主，但这些家伙都不听我的。我想把盟主的位置让给你，然后回老家去。”

曹操叫起来：“你这是什么话，盟主这个位置是可以随便让出去的吗？况且，你都说了，他们已经不听你的了，你说把盟主之位给我，他们肯服？！”

袁绍示意他小点声，然后吃了块肘子，才说：“等会儿开会，你先说，说得好一点，我看他们的表情，如果可以，那我就把盟主之位给你，很多人都说，你做盟主最合适。”

曹操知道，肯定是鲍信说的，而且恐怕也只有鲍信会这样说。

他虽然不同意袁绍的让盟主行为，不过他倒真想和这些人再认真聊一次。所以那天下午的会议，曹操第一个发言。

他说：“咱们在酸枣待的时间已够长了，酸枣都快成咱们第二故乡了。大家请听我一计，如果执行此计，必能干掉董卓，迎回皇上。那时，在座的诸位对皇上可是有再造之恩，皇上会亏待在座诸位吗？”

众人认为曹操说得有点道理，不过有人提出：“老曹，你的计划需要和董卓作战吗？”

曹操心里冷笑，暗道：就知道你们这群胆小如鼠的废物怕和董卓作战，所以我这个计划不会和董卓作战。

他说：“大家放心，不会和董卓作战。”

众人叫起好来，催促曹操快说。

曹操的方案是这样的：一支兵马驻扎孟津（关名，今河南孟县南），一支兵马守住刚打下的成皋，占据敖仓（今河南荥阳市西北山上），堵住轩辕、太谷（关名，一在河南偃师县东南，一在洛阳市东南），把险要的地方全部控制起来。再派一支部队向丹、析（今河南淅川县北的丹水县和河南西峡县的析水县），入武关（今陕西商县东），以威胁三辅。全都深沟高垒，不要与董卓战斗，只是坚守。董卓一看，就会惶惶不可终日，认为自己已经被全天下的军队包围。不久他就会内部叛乱，大局可定了。

众人听完，好像没有听明白，而且认为这根本不可能实现，所以都摇头叹气，议论纷纷。很快，房间里就好像飞进了百万只苍蝇一样，发出一阵阵“嗡嗡”的声音。

曹操看了袁绍一眼，袁绍耸耸肩膀，意思是，我也没有办法啊。

曹操抽出宝剑，一剑砍入桌子，众人被吓得六神无主，全都静下来。曹操提高声音吼道：“你们这群废物，犹豫不前，只会在这里吃吃喝喝，我真为你们感到羞耻！”

鲍信倚在门口，身上缠着破衣做的绷带，哈哈大笑。袁绍则站起来，假装向曹操发火道：“小曹，说话注意点！”

袁绍这句话，再度把这些人的话匣子打开。他们又乱哄哄地议论起来。有的说：“这计策根本不成，咱们不动，万一董卓来攻咱们怎么办？他的凉州兵团杀人如麻啊！”还有的人说：“曹操几千人，被人家半天就干掉了，咱们根本打不过人家嘛。”更有人说：“老曹啊，你这计划哪里是计划，纯粹是满嘴跑火车，我们都不知道你要干什么。”

曹操被这群苍蝇吵得头痛欲裂，他后来的头痛病大概就是这个时候落下的。此时此刻，他最想做的一件事，就是离这些苍蝇远些，越远越好。

第二天一早，他就带着人马离开，袁绍起了个大早来为他送行。

曹操对袁绍说："你出自四世五公之家，跟这些人混，迟早辱没先祖，还是跟我走吧。"

袁绍说："你以为我想这样啊，我这不是没办法吗？但我也不能跟你混啊，那算什么事。你等着吧，我很快就会发达，到时候肯定带你玩。"

曹操叹了口气，快马加鞭，很快就消失在讨董胖子的征程中。袁绍看着曹操的背影，那背影虽然矮小却很厚重，在初升的太阳中，渐渐和太阳融为一体，仿佛成了太阳本身。

艰难路

曹操离开酸枣后，放眼四望，不知下一步该如何走。经书上说，如果明天的路不知该往哪里走，那就关注当下，做好眼前的事。

曹操眼前的事只有一件，那就是招兵买马。

在讨董联盟待了这么长时间，又和董卓大将徐荣打了一架，种种令人不悦的经历让曹操更加坚信一点，这种乱世，什么都可以没有，但必须要有兵。若干年后的五代十国时期，一位军阀就道破了天机。他说："帝王将相，兵强马壮者为之。"

曹操让曹洪去扬州（治所在今安徽寿县）和丹杨（郡治宛陵，今安徽宣城）招兵买马，他自己则跑到丹杨太守周昕那里，希望能得到周昕的赞助。

周昕是个典型的官僚，他深知在官场生存的秘诀，那就是老子的"不敢为天下先"。但曹操对他进行了一场言语轰炸，诉说董卓的残暴和天下的不易，认为大丈夫此时若不站出来，那就是助纣为虐。周昕此时发现如果自己不做点什么，就不是个人。在两人讨价还价多日后，周昕极不情愿地给了曹操四千兵马。

曹操乐得鼻涕泡都出来了，他让夏侯惇去接管、整顿军队。夏侯惇才去了一会儿，就跑回来对曹操说："完蛋了！"

曹操问："怎么回事？"

夏侯惇说："周太守给的这些兵全是老弱病残，咱们要想让他们上战场，可能要给他们准备拐杖轮椅。"

曹操跑出去看，发现那些士兵根本不是老弱病残，而是表现得特别老弱病残。他痛心疾首，向士兵们训话。训话内容无非是皇皇大言，这些士兵听了不耐烦了，就鼓噪起来说："别废话了，我们跟你走！"

曹操很高兴，带着这支四千人的"老弱病残"就走上了讨伐董卓的路。可当走到龙亢（今安徽怀远县西）时，这支队伍死活都不走了。理由是，又累又困，必须要休息。

曹操一计算路程，才走了十几里地。他没有控制住自己，咆哮起来，而且还要宰几个带头闹的士兵。

夏侯惇劝他说："老大，息怒吧，这些人能跟着咱们走到这里，就已是他们的极限了。休息吧。"

曹操知道夏侯惇说的是实情，他也只是装装样子。当天晚上，他和夏侯惇商量如何管理这支部队的重大问题。巧的是，那支部队的几个头目也在商量重大问题。

大头目说："咱们本来在丹杨过着太平日子，曹操这厮非要出风头讨伐什么董卓，可把咱们折腾坏了。"

二头目说："曹操这厮诡计多端，咱们以后肯定没有好果子吃。"

三头目很伶俐，问："你说是曹操力量大，还是董卓力量大？"

四头目说："当然是董卓啊。"

大头目一拍脑门说："干脆这样，咱们割了曹操的人头，送给董卓。董卓一高兴，咱们就有福了。"

其他头目激动地叫起来说："好啊，好啊！"

流氓军人，向来是说干就干的。就在当晚，这支四千人的部队在几个头目的领导下，忽然向曹操帐篷发起火攻。曹操由于有心事，根本没有睡熟，看到火光，马上跳起来，召集他的嫡系部队，与对方展开互攻。

曹操气得七窍生烟，冲杀在前，砍翻了好几个叛兵，这才稳住局势。叛兵见宰不了曹操，只好一哄而散，只有五百多人留了下来。

曹操当时望着满天星斗，仰天长叹，说：“人要做一番事业，真是不易。想我曹操，乃社会上层人士，做点事还如此之难。那些底层人，若想有所成就，岂不是难上加难？！”

夏侯惇这时跑过来说：“老大，现在不是悲天悯人的时候，咱们还是想想怎么料理剩下的这五百人吧。”

夏侯渊说：“我看这五百人也不是好鸟，干脆坑了。”

曹操说：“胡说，这不是自折羽翼吗，先不想别的，睡一觉，明天一早咱们赶紧回老家，再做商议。”

即将天明的那段时间，曹操根本睡不着，头痛耳鸣，总能听到刀兵相击的声音。显然，这是恐惧心理作祟，人能在无事时还感觉到恐惧，这说明此人还没有麻木，还有责任心。

第二天，太阳升起，曹操浑身疲惫地走出被烧的营帐，集合起部队，正准备训话，忽然哨兵惊恐万分地跑来报告：“西北方有支部队，正朝这边杀来！”

曹操只觉一声晴天霹雳，这真是屋漏偏遭连夜雨，祸不单行啊。

他颤抖着声音问：“具体多少人？”

哨兵说：“烟尘飞舞，人数不可能少。”

曹操稳住恐惧的情绪，向士兵们喊话道：“弟兄们，你们能留下来，说明你们有良知，如今正是考验你们的时候，咱们一起迎敌，为了帝国，战斗！”

那留下来的五百多士兵，一听此话，你看我，我看你，最后用眼神达成一致：扔了兵器，作鸟兽散。

夏侯渊立即让曹操卫队阻拦，曹操阻止他，黯然道：“天要下雨，娘要嫁人，随他们去吧。”

他骑上战马，对一百多人的卫队慷慨激昂地说：“不管敌人是谁，咱们这次不成功便成仁。”

这一百多人可是死心塌地忠于曹操的，听了曹操的话，他们全部跳上战马，准备去迎接死神。

西北方的那支部队越来越近，烟尘都扑到曹操的脸上了，可当能看清对方的面孔时，曹操不禁大笑起来，之前的恐惧顿时消失。

来的不是别人，正是去扬州招兵的曹洪。曹洪这次带回了五千人马，曹操又有了本钱，立即转忧为喜。

大家开始商议下一步，曹操琢磨来琢磨去，决定不回酸枣了，而是去河内找袁绍。袁绍虽然也很窝囊，但总比酸枣诸公要好些。

他要和袁绍合作，共同讨伐董卓。

和袁绍分手

袁绍的临时根据地在河内，但他经常跑去酸枣和那些人大吃大喝，后来吃喝得也没啥意思了，就跑回自己的根据地，独吃独喝。

曹操来找他时，他正和几个美女谈论古圣先贤，听说曹操又招来了五千人马，顿时钦佩得五体投地。他对曹操说：“我是看着你长大的，知道你的本事，咱们联手做出一番事业来。”

曹操说：“现在就有份天大的事业在眼前。”

袁绍知道他说的是什么，就说：“你还不知道吧，讨董联盟散伙啦。”

曹操大惊。

当曹操在丹杨和周昕要赞助时，讨董联盟发生了巨变。袁绍一离开，没有做东的人了，大家吃喝玩乐成了负担，所以宣布解散。不但解散，而且互相攻杀起来。

兖州刺史刘岱最先发疯，宰了东郡太守桥瑁。其他的太守和刺史也集结兵力，准备和看不顺眼的人开战。各个势力之间小冲突不断，大家都忘了他们最大的敌人是董卓。董卓在洛阳城里看到这些人开始互相残杀，乐开了花。

曹操气急败坏地对袁绍说：“你是盟主，怎么能允许这种事情发生呢？”

袁绍双手一摊：“我怎么能管得了啊！”

曹操急火攻心，好不容易建立起来的讨董联盟，就这样不明不白地散了。袁绍却一点都不感到遗憾，他仍然对曹操提起另立新帝的事，曹操对这个根本不感兴趣，而且觉得袁绍脑子太有问题。

他不停地和袁绍谈联合讨董的问题，可袁绍永远是顾左右而言他，一会儿说力量不够，一会儿说还没有准备好，一会儿又说董卓是恶人自有恶人磨，天会收拾他。

曹操对袁绍渐渐失去信心。可是，他此时也发现，自己的力量根本不足以讨伐董卓。他在河内和袁绍相处的这段时间，内心是痛苦的。这种痛苦只有在孙坚攻破洛阳，把董卓赶到长安后，才稍稍得到缓解。

公元191年初，继曹操之后又有人向洛阳城中的董卓发起进攻。此人就是袁术的合伙人孙坚。孙坚是今浙江杭州人，作战异常骁勇。在镇压黄巾军叛乱中，表现突出，袁术向中央朝廷举荐他为豫州刺史，二人就此结下深厚友谊。

袁术后来和兄弟袁绍闹掰后（两兄弟闹掰，缘于袁绍要另立新帝，袁术不同意。袁术不同意，非是因其忠君爱国，而是他自己想做皇帝，他痛恨老哥袁绍不立自己，于是闹掰，势如水火），袁术和孙坚联手，从南向北进军，意图趁乱扩展地盘。而洛阳城非但是不错的地盘，还是个天下风向标。

袁术为孙坚提供粮草，孙坚带领军队向洛阳进发。他的运气比曹操要好，居然攻破了洛阳，董卓不得不西奔回长安。这样一件东汉帝国震动天地的大事，居然没有引起东方各太守和刺史的欢呼。相反，孙坚攻破洛阳后，所有军阀包括袁绍在内，都认为自己受到了威胁。

袁绍最先发力，他知道就算自己去洛阳，孙坚也不会认他这个讨董联盟盟主，于是他对冀州的韩馥发起进攻，韩馥不能抵抗，袁绍就取得了华北平原的控制权。东汉帝国第一个大割据势力就此出现。

袁绍是个半瓶子醋，但也有自己的主意。他开始要另立新皇帝，现在又割据冀州，就是明证。

曹操看透了这个浑蛋，却又无计可施，此时的他正寄人篱下。

有一次，袁绍踌躇满志地问曹操："如果我们讨董卓不成功，你看何处可以作为我们发展力量的根据地呢？"

曹操暗自"呸"了袁绍一百下，然后不动声色地反问："你的意思是？"

袁绍大手一挥道："我南据大河（黄河），北占燕、代（今河北北部以及山西东北部一带），兼领戎狄（乌桓）之众，南向以争天下，总有望成功了吧。"

曹操内心冷笑，对袁绍说："我如果是你，就不会这样想。我的想法是，任用天下的英才，以正道驾驭他们，让他们充分发挥作用，这样在哪里不能成就一番事业呢？"

袁绍茫然，他没有听明白。

曹操就给他这个糨糊脑袋解释说："成汤起事于亳，周武兴起于岐，其所以能成就王业，岂是因同样优越的地理环境？若单纯倚仗险固的地势，则不能适应变化多端的客观形势。任何形势，如果没有人才的辅助，则不堪一击。"

袁绍好像听明白了，他反驳曹操说："人才也要有平台啊，没有平台，人才也不能尽显其才。"

曹操说："人能弘道，非道弘人。人创造一切。"

这就涉及哲学问题了，袁绍不懂，也不想懂。他和曹操谈这些，其实只有一个目的，就是希望曹操帮他成就一番霸业。

曹操对袁绍这种心理恨得牙根直痒，如果那时他的力量足够大，他第一个讨伐的肯定不是董卓，而是袁绍。

曹操继续郁闷着，不知该何去何从，直到鲍信到来。

鲍信在讨董联盟解散后，到处张罗讨董。可惜，他比曹操受到的冷遇还要大，后来他听说曹操在袁绍这里，就跑到这里来。

曹操对鲍信的到来大为高兴。鲍信对曹操说："袁绍不讨董卓，想要自己称王，这样下去，肯定会出乱子。说实在的，袁绍的所作所为和董卓没有两样，你现在若要制约他，力量不够。不如回到黄河以南去，静观时变，等条件成熟了，再来收拾他。"

曹操想不到别的办法，只能同意鲍信的意见。问题是，现在他那点兵马已经不完全属于自己了，自从他来到袁绍根据地后，袁绍就养起了他的部队，他若把这支部队擅自拉走，于情于理，都不好。

正当他烦闷时，机会敲开了他的门。

机会是乱世创造的。兖州刺史刘岱干掉东郡太守桥瑁后，派了自己的心腹王肱担任东郡太守。王肱倒霉透顶，上任不久，其辖区内就爆发了以白绕为首的黑山军武装叛乱，王肱无法处理如此复杂的问题，临阵脱逃，弃城而去。

袁绍惊喜地发现这是把势力触角伸入兖州的大好时机，所以和曹操商量，让曹操去平叛，顺便占据兖州。

曹操兴奋得跳起来，立即带着他的曹家班抵达东郡。他废寝忘食地在东郡追赶白绕的主力，终于在濮阳和白绕相遇。双方决战，经过一场恶战，白绕惨败，曹操顺利地占领濮阳。

袁绍得知后，当即任命曹操为东郡太守。这时，东郡还没有完全收复，白绕兵团仍然占据着东郡大部分地盘。不过，曹操已经很满意了，他把郡治设在东武阳（今山东莘县南），决心靠袁绍的力量，彻底恢复东郡秩序。

公元192年，在补充了兵力后，曹操开始采取大规模的军事行动扫除东郡境内的黑山军，他的目的很明确：要做，就做一个名副其实的东郡太守。

远在长安城里的董卓，也准备来场大规模的军事行动，彻底扫除帝国内的反抗力量。

很多人都认为，孙坚能攻下洛阳，证明了董卓的军事才能低劣，但这显然是低估了董卓。董胖子把大半生都奉献给了战场，他不是个好对付的人。孙坚能攻下洛阳，主要原因是董卓对洛阳并不重视。他原先之所以待在洛阳，就是怕那些反抗力量联合到一起。

后来他发现，这些人是乌合之众，而且互相又打了起来，就觉得待在洛阳没什么意义。恰好孙坚来攻，他不想把部队浪费在洛阳，于是就撤出洛阳，回到长安。

当时东方的各路军阀已开始自力更生，准备在乱世分一杯羹。董卓对皇帝刘协说："你看你们刘家养的这些奴才，关键时刻，谁都不搭理你。还是我对你好，给你吃给你喝的。"

刘协咬牙切齿道："是啊，还是你好。"

得知东方大乱后，董卓派出大将牛辅统兵东出，再派遣几个将军李傕、郭汜、张济各率兵团，分三路出击，攻向正在中牟集结的讨董联盟。

董卓的力量开始从长安不停地输出，蚕食着并不团结的东方军阀。

等于说，现在几乎没有人直接面对董卓，所有太守、刺史都在考虑这样一个问题：如何保住自己的管辖区，并且不受任何人控制。从前的讨董联盟成员，现在和董卓成了一路货色，开始不停地扩张巩固自己的势力范围。

曹操也不例外，不过他和别人不同的是，他扩张巩固自己的权势，是为了东汉帝国。这是正念，念头对了，事情也就差不多对了。

谚语说，做对的事，一般不会错。

表面上，他虽然还和袁绍保持着友好的关系，而且甘心做袁绍的下级盟友。但在心里，他已打定主意，必须和袁绍彻底决裂。公元191年最后的两个月，一个人的到来，让他这种想法更加坚定了。

这个人，就是后来曹操的谋主荀彧。曹操之后之所以能宏图大展，荀彧居功至伟。

荀彧是颍川颍阴（今河南许昌）人，年轻时就被名士圈评点为“王佐之才”，也就是帝王师级别的人物。他相貌严肃，永远给人一种苦大仇深的印象。他和曹操一样，也曾被推举为孝廉郎，做过小县城的行政长官。董卓进洛阳后，荀彧干脆辞职回家。董卓大乱天下时，他去投奔袁绍，袁绍虽然待他很好，但他却找不到归属感。因为在他眼中，袁绍不是个帝王才，所以他这位帝王师也就无用武之地。

后来曹操来河内投靠袁绍，荀彧暗中观察他，发现这个矮胖的家伙是潜力股。曹操之后去了东郡，很快他击败黑山军，又被袁绍任命为东郡太守的消息传来，荀彧就迫不及待地跑去了曹操那儿。

曹操对荀彧并未深刻了解过，但两人一谈之下，曹操大喜过望，说：“你真是我的张良啊！”

这说明，曹操当时潜意识地就把自己当成刘邦了。

乱世之下，各种声音都是要称王称霸，曹操自然也不能免俗。荀彧对他说：“此时最要紧的不是什么刘邦张良，而是要站稳脚跟。”

曹操问：“如何站稳脚跟呢？”

荀彧说：“先彻底控制东郡。”

曹操说：“我早就准备好啦。”

第三章

屡败屡战，光复兖州

全面接管东郡

公元192年，三十八岁的东郡太守曹操踌躇满志，他第一个计划就是做真正的东郡太守。要做真正的东郡太守，必须要把郡内的绊脚石——黑山军彻底铲除。

进入东郡的黑山军分三支，一支是白绕兵团，已被曹操平定，另外两支则是比白绕还要凶狠的于毒兵团和眭固兵团。

这一年春天，曹操带领精锐兵团离开东武阳，去捕捉于毒和眭固的主力。当他抵达顿丘时，忽然东武阳送来急讯：于毒和眭固把东武阳围了个水泄不通！

曹家班成员都跳起来说："赶紧回救啊，否则咱们又要像从前一样到处流浪啦！"

曹操问荀彧意见。

荀彧说："谁还没有个老巢啊。"

曹操迅速领会，对那些焦急的曹家班说："他们打咱们老巢，咱们就去打他们老巢。”

众人全都蒙了，这是什么套路，难道要互相换老巢！

曹操得意扬扬地解释说：“东周时期，魏国进攻赵国，齐国孙膑不直接救赵，而是攻魏，这就叫围魏救赵，声东击西。我们现在去进攻他们老巢，他们肯定撤兵回救，东武阳之围不救而自解。”

曹洪问：“万一于毒不回救呢？”

曹操回答：“东武阳驻军虽不是精锐，但黑山军不善攻城战，等我拿下他的老巢，他们也绝对来不及攻陷东武阳，到那时咱们再回救也来得及，诸位放心。”

众人半信半疑，曹操下令向于毒和眭固的老巢进发。于毒和眭固得知曹操去端他们的老窝，马上从东武阳城下撤军回救。

就在半路上，他们掉进了曹操的埋伏圈，曹操把他们一举歼灭，于毒和眭固侥幸不死，落荒而逃，曹操紧追不舍。

两人一路拼命地逃，终于逃出了东郡。曹操也玩命地追，一直追到内黄县（属魏郡，在今河南内黄县西北），他追不下去了。因为他遇到了于扶罗。

于扶罗是南匈奴单于羌渠的儿子。公元187年，南匈奴发生政变，羌渠被杀，但于扶罗却没有被立为单于，所以他到东汉帝国来告状。当时东汉帝国内乱频仍，没有力量帮他当上单于，所以就把他留在中国。之后，于扶罗参加了东汉帝国对黄巾军的镇压，逐渐崭露头角，拥有了一支强劲的武装力量。曹操追击黑山军时，于扶罗正在内黄占县为王。

曹操希望于扶罗借条路给他，于扶罗对曹操说：“世上本没有路，路是人走出来的。你来走就是了。”

这意思很明显，他不借。曹操只好自己走路。双方开战，于扶罗大败，只得退出内黄县。曹操凭借这两战，奠定了威望，在东郡彻底站稳脚跟，成了真正的东郡太守。

做了货真价实的东郡太守后，曹操问荀彧：“此时可以讨伐董卓了吗？”

荀彧说：“我方实力还不足以和他抗衡。但是董卓暴虐已到极限，必以乱终，一定没有好下场。”

曹操问：“那是什么时候？”

荀彧想了想，说：“很快。”

荀彧真蒙对了，董卓的生命已到终点。

董卓进洛阳后，由于对政治一窍不通，所以不得不任用东汉帝国的官员来协助他，司徒兼尚书令王允成为最佳人选。

王允出身官宦世家，十九岁就进入政府做官，而且官做得很大，后来和张让争权失败，就辞官回家。何进掌控政府权力后请他出山，让他担任副手。何进死后，他顺理成章代替何进成为政府首脑。

董卓请王允帮助自己主管政府，王允想都没想就答应了。后来董卓把政府搬到长安，王允就在长安城主政，表面上他是在帮董卓，背地里却一直想干掉董卓。

孙坚攻破洛阳，董卓逃回长安，心神俱疲，王允认为时机已到。不过，杀董卓很困难。董卓虽然外表大大咧咧，心却很细，他的安保工作非常严密，没有他的允许，纵然是吕布都不能近身。而且董卓本人力大无穷，能轻而易举地徒手干掉十几个大汉。

有幕僚就给王允出主意说：“董卓最信任的就是吕布，只要策反吕布，此事就成了。”

王允说：“吕布可是董卓的干儿子，哪有理由反董卓。”

幕僚说：“吕布还是丁原的干儿子呢，不也把丁原干掉了？”

王允还是觉得策反吕布没戏，他说：“我用什么方法去说服吕布干掉董卓呢？”

幕僚说：“吕布这种连干爹都说杀就杀的人，何必去说服，只需要给他喜欢的东西就好了。”

王允说：“他喜欢什么？”

幕僚说："美女啊。"

王允说："这简单，找几个美女给他送去。"

幕僚说："普通美女吕布肯定看不上，必须要国色天香。"

王允想了想，说："我倒真有人选，那就是我干女儿貂蝉。"

只有鬼知道王允是如何说服貂蝉去伺候吕布的。总之，吕布一见到貂蝉，魂都没有了。两人很快就睡在了一起。

王允就在吕布销魂之后休息时，对吕布说："你想和貂蝉在一起，就必须要干掉董卓。"

吕布说："不行，他是我爹。"

王允说："是干爹，他姓董，你姓吕。他是逆贼，你是铮铮男儿，你不能认贼作父。"

吕布说："我已经干掉过一个干爹，再干掉一个，恐怕不妥吧。"

王允见说服不了吕布，担心吕布将此事告诉董卓，就想先宰了吕布。他幕僚劝他说："杀了吕布，咱们就永远干不掉董卓了。不如再让你干女儿牺牲一下，你把她献给董卓。董卓一喜欢上她，你就告诉吕布，我相信吕布一定会像爆竹一样爆炸。"

只有鬼知道王允是如何说服貂蝉再去伺候董卓的。总之，董卓一见到貂蝉，立即喜欢上了她，两人很快就共度春宵。

吕布好多天不见貂蝉来，就去王允家寻找貂蝉。王允老泪纵横道："小吕啊，你爹把你女友给睡了。"

吕布气得死去活来，他当即下定决心，要和王允一起干掉老畜生董卓。

公元192年阴历四月，王允和吕布联合，在未央宫殿前干掉了董卓。董卓虽然力大无穷，但吕布比他还要厉害。董卓临死前，对吕布说："你干掉我，就成了杀爹专业户了。"

吕布举起他的方天画戟，刺穿了董卓的肚子，回答说："那又如何。"

王允干掉逆贼董卓，对东汉帝国而言，是天大的功劳。但王允谋略有余，处理起政治问题来却大大不足。董卓死后，王允用皇帝刘协的名义下令大赦，全国似乎眼看要恢复太平。不过，在派人接管驻防在陕县（今河南三门峡）的董卓女婿牛辅部队时，牛辅击败了政府军。但不久后，牛辅就死于军营中的一次夜惊。他属下的三个军官李傕、郭汜、张济准备投降，但他们曾经在大赦令之后反抗过政府，所以要求政府再下一次大赦令。

王允断然拒绝，他正义凛然地指出，刚大赦过，怎么能再大赦？

李傕等三人发现，如果不继续反抗政府，那就没有活路。所以他们整顿兵马从陕县直杀入长安城，捉住王允，宣布王允是帝国叛徒，斩首示众。然后李傕等三个叛徒分别担任宰相元帅，用他们低级的智商，在长安城中诛杀大臣，清除异己，把长安城搞得乌烟瘴气、昏天黑地，天下更加大乱。

曹操管不了长安城的事，他现在只能处理好眼前事。这眼前事就是，肃清东郡乃至兖州的反政府武装。

再遇黄巾军

十年前的黄巾军主力虽然被消灭，但黄巾军仍然如星星之火般死而不僵。东汉帝国唯一彻底消灭黄巾军的办法就是让政治恢复清明，但显然，它做不到这一点。李傕等人在长安城中乱来，各地军阀互相攻伐，民不聊生，黄巾军趁机死灰复燃。

公元192年阴历五月，青州的一支黄巾军如滚雪球般发展壮大，进入兖州境时，已达百万人，这是个极其可怕的数字，兖州最高军政长官刘岱没有力量镇压，兖州局势顿时恶化。

黄巾军轻而易举拿下了兖州战略要地任城（今山东济宁），随后进军东平（今山东东平县东），刘岱这回就是不想镇压，也必须要镇压了。他集结部队，决定和黄巾军来一场决定性的大战。

那个始终看好曹操，并且和曹操并肩作战过的鲍信劝阻刘岱说：“黄巾军人数百万，咱们力量不足以和他们正面搏斗。最重要的是，他们有兵源，那就是天下的老百姓。据我观察，这么多人聚合在一起，缺粮少吃，很难维持下去。我们不如固守城池，养精蓄锐，这样使敌人战不能战，攻不能克，日子一久，势必哄散。然后咱们再选一支精锐，占据险要，乘机出击，一战就能成功。”

鲍信的方案看上去很正确，不过正确与否不是我们和鲍信做主，而是接受方刘岱做主。

刘岱有他自己的看法，这种看法是他所处的位置决定的。当初，黑山军赶跑了他的东郡太守王肱，他也是如鲍信这种看法，认为以逸待劳，必能出奇制胜。可结果却是，袁绍趁机派曹操插手平叛黑山军，而且还把东郡太守这个职位搞到手了。

这件事给刘岱的教训是，自己的地盘必须自己做主，下手要快。如果这次还如鲍信所说以逸待劳，那还会有力量再插入兖州，他这个兖州刺史就名不副实了。

刘岱的思路完全正确，可惜他的能力不能支持这一思路。当他和黄巾军展开决战后，黄巾军采用人海战术，从四面八方向他发起进攻，刘岱就这样窝囊地死在乱军之中。

刘岱一死，鲍信就跑去濮阳见曹操。曹操大喜过望，他大喜的不是鲍信来了，而是刘岱死了。

自大批黄巾军进入兖州后，曹操就始终密切关注局势。他本来的想法是，和刘岱联合，共同对抗黄巾军。可荀彧提醒他：“你来东郡做了太守，刘岱一直愤恨不平，如今去找他，刘岱不但不会感激，反而会认为你是来分蛋糕的。”

曹操说：“那也不能见死不救啊！”

荀彧幽默地说：“谁的福谁享，谁的罪谁受。咱们只需静观其变，刘岱和黄巾军无论谁赢，对咱们都有利。刘岱赢了，兖州太平，我们在太平环境下发展壮大自己，如果刘岱输了，那我们就趁机平定黄巾，接管兖州。”

荀彧的乐观精神让曹操大为叹服。刘岱一死，兖州大乱，曹操立刻召开幕僚会议，商讨下一步该如何行事。

其中一个兖州本地人叫陈宫的对曹操说：“现在再明显不过了，刘岱死了，兖州无主，和中央朝廷（长安）也失去了联系，我现在就去和州中的官员们商议，共同拥戴您主持州事，先平黄巾，再收复天下，以此成就霸业，您认为如何？”

曹操内心欢喜，但有疑虑。荀彧偷偷对他说：“陈宫在兖州可不是一般人，是士大夫阶层的灵魂人物，他如果出面帮咱们，事情必成。”

曹操担心道：“他有何企图？”

荀彧说：“你太多疑。天下读书人凡有良知者，都希望太平，陈宫认为你能做到让兖州太平，所以帮你，如果说有企图，这就是企图。”

曹操欣喜道：“那就让他去干吧！”

陈宫执行力极强，几天后，他兴奋地跑回来对曹操说：“那些刘岱的官员全部同意由您担任兖州最高军政长官，他们希望您能扫灭黄巾军，为刘岱报仇！”

曹操握住陈宫的手说：“您可真是上天赐予我的吉祥物啊，您有什么需要我做的吗？”

陈宫严肃地说道：“只求您不要冷了兖州知识分子的心。”

曹操说：“这容易！”

在天意人心的合力下，曹操只用了几个月时间，就从东郡太守升级为兖州牧。三十八岁的他此时名义上掌管了包括今天的山东中部和西部，以及河南北部一带的地区。

兖州牧是曹操人生中一个关键点，更是他人生中最大的一次挑战。

他的任务异常艰巨，若想在兖州站稳脚跟，就必须把百万青州黄巾军镇压下去，让兖州局势尽快安定下来。

青州黄巾军和当初张角那支黄巾军大大不同。张角黄巾军未经太多战阵，所以作战经验不足，因此很快就被镇压。青州黄巾军作战经验丰富，在血泊中摸爬滚打，把自己塑造成了一支劲旅。

不过青州黄巾军也有弱点，百万之众，没有高度智慧的统帅，全部各自为战。用曹操的说法就是，一盘散沙，军纪涣散，尤其不知谋划，像江湖混混，只知好勇斗狠。所以，曹操有信心在短时间内将其平定。

荀彧和陈宫则有另外的看法，固然，青州黄巾军一盘散沙，可在好勇斗狠方面，曹操兵团显然不如他们。荀彧让曹操小心行事，曹操心不在焉地答应着，和鲍信带着兵团出征，去捕捉黄巾军的主力。

经过几天的行军后，曹操终于在寿张东和青州黄巾军迎头相撞。双方立即展开决战，决战才刚开始，曹操就暗叫不好，这些青州黄巾军果然勇猛善战，打得曹操兵团抱头鼠窜。在逃亡路上，鲍信阵亡，士兵损失大半。

曹操狼狈不堪地逃回总部，身心疲惫地休整部队。

鲍信之死对曹操兵团是个重大打击，曹操为了安抚军心，特意派机动部队去战场寻找鲍信的尸体，送回来厚葬。但是，鲍信的尸体被踩烂了，根本找不到。

士兵们更加沮丧，曹操就让人按照鲍信的模样，雕刻了一个木头人，然后为这个木头鲍信举行隆重的葬礼。在葬礼上，曹操号啕大哭，哭得上气不接下气。士兵们看到这画面，忽然就被激起了斗志，军队士气马上恢复。

人，有时候往往会被看似负面的情绪（比如悲伤）感染，所以善于利用负面情绪，是一个领导者的撒手锏。曹操是这方面的顶级高手，但和他后来的对手刘备相比，还差得太远。

在重新提起军队的士气后，曹操和荀彧、夏侯惇等人重新制订计划。他的计划就是，不能像上次那样硬来，而是要智取。针对黄巾军作战没有章法的特点，他挑选出一支超级精锐部队，对黄巾军采取斩首行动。只要在战场上干掉对方的头目，黄巾军就会一哄而散。

同时，荀彧出主意说：“黄巾军人数众多，吃了上顿没下顿，所以在发动军事进攻前，用食物招降，双管齐下。”

这计策果然奏效。一个月后，曹操亲自带领那支精锐部队去找黄巾军再战。他先发馒头，招降。黄巾军虽然拿到了馒头，却拒绝投降。不过，对曹军的仇恨已经减半。

战斗一开始，曹操冲在最前面，避开黄巾军的人海战术，直奔战场上黄巾军头目。夏侯惇紧随其后，挥舞大砍刀，取了黄巾军头目的首级，黄巾军一哄而散。有的顺势投降了曹操，有的则跑到穷乡僻壤躲了起来。

但青州黄巾军主力还在。

曹操正准备下一步对付他们的计划时，青州黄巾军居然出其不意地给曹操来了封信。信中说：你曹操当初在济南担任相国时，毁坏神坛，这是对迷信开刀，而我们也是如此，咱们在意识形态上是一致的。所以，咱们应该联合，而不是对抗。况且，上天已有启示，汉行已尽，黄家当立，这是天之运，不是人力（曹操）所能挽救的，希望你曹操弃暗投明，顺天而行。

曹操大喜不已，回信说：你们说得对，我正准备和你们讲和呢。

青州黄巾军真就相信了，戒备松懈下来。曹操趁机向他们发动奇袭，攻破了他们的老巢。青州黄巾军果然不愧是战场上锻造出来的部队，纵然败退，主力依然还在。

公元192年末，曹操追击青州黄巾军主力到兖州边境。青州黄巾军列阵迎战曹操，荀彧向曹操指出，战不如和，即使我们赢了，也是伤人一万，自损八千。黄巾军造反，是因为吃不上饭，我们想办法给他们解决饿肚子的问题，他们自然会为我们效力。

曹操同意荀彧的看法。不过，如果就此招降，会被青州黄巾军轻视，所以他准备以一场胜利，让黄巾军心甘情愿地投降。双方于是展开决战，在曹军玩命的进攻下，青州黄巾军大败，但主力依然尚在。

曹操多次击败青州黄巾军，可仍然无法击溃其主力，这说明两点：一方面，青州黄巾军的战力绝对强大；另一方面，曹操的部队太少，无法歼灭对方主力。

他和黄巾军谈判，黄巾军也同意谈判。最后的谈判结果是，青州黄巾军可以在兖州继续待下去。不过，不能再闹事，要从事生产。曹操许诺提供给他们从事生产的太平环境。

同时，曹操挑选青州黄巾军中骁勇善战之人组成自己的兵团，号称青州兵。

对于曹操和青州黄巾军的谈判，长安方面的中央朝廷很快就得悉了。他们（关键是李傕等三人）认为，曹操这是要做大的节奏，必须制止。

于是，在曹操真正接管兖州后不久，中央朝廷就派了人来，要接管曹操手中的权力。

曹操可不是孝子贤孙类的人物，矛盾自然爆发。

收拾袁术和陶谦

中央朝廷派出的人叫金尚，来兖州是做官的，官职是兖州刺史。其实，李傕等人的政治智慧几乎为零。

东汉帝国的刺史固然是一州的负责人，但法律规定的刺史权力很低，他只有向皇上检举不法的权力，不能对高官们直接采取行动。黄巾叛乱之后，中央朝廷又搞了新的官职——州牧，担任州牧之职的人在自己统治区域内拥有所有的行政权力，当中央朝廷无法控制局面时，人人都开始自命州牧，不但掌握行政权力，还掌握军事权力。

李傕派金尚来兖州做刺史，本身就是白费工夫。纵然这样，曹操也不允许所辖区域内有这样一个人存在。

所以金尚刚进兖州地界，曹操就命令安排在那里的部队向他劈头盖脸地发起进攻，金尚不能抵抗，迅速退出兖州地界。因不能完成中央朝廷交代的任务，所以金尚不敢回长安，而是直接投奔南阳的袁术去了。

曹操打跑金尚后，就绕过了自己名义上的领导袁绍，直接派人前往中央朝廷所在地长安寻求中央朝廷的认可。

曹操的使者途经河内时，割据河内的太守张扬将其扣押，张扬自己都不知道为何要扣押曹操使者。他的谋士董昭有着深远的眼光，劝他释放曹操使者，理由是，曹操大有可为，应该和他建立良好关系。

张扬释放了曹操使者，曹操使者抵达中央朝廷后，发现皇帝刘协只是个摆设，权力都在李傕、郭汜二人手中。李傕对曹操驱赶了他派去的金尚，大为恼怒，要斩杀使者。

幸好中央朝廷还有明白人，他们劝说李傕，曹操乃不世出之人才，倘若给他个刺史当，他会感激我们，我们没必要和他为敌。况且，兖州已不受中央控制，咱们干脆做个顺水人情，让他担任兖州刺史。

李傕听从了这一意见，任命曹操为兖州刺史，却没有任命他为兖州牧，不过对当时的情状而言，大家都靠实力说话。有实力，刺史就是州牧，没有实力，州牧连刺史都不如。

曹操擅自越过袁绍和中央朝廷直接沟通，第一个发怒的不是袁绍，而是袁术。

袁术虽然和袁绍是兄弟，可两人势如水火。当初袁绍主持讨董联盟时，最早退出联盟的就是袁术。

曹操控制兖州后，袁术大为恐慌，恼怒异常。在他看来，曹操是袁绍的下属，曹操在扩张，就等于袁绍在扩张。

他不能让袁绍的扩张影响到自己，就和军阀公孙瓒、陶谦组成联盟，向袁绍和曹操进攻。公孙瓒和陶谦乐于组建联盟，因为他二人的地盘也在受袁绍和曹操的蚕食。面对共同的威胁，曹操和袁绍也暂时组建联盟，对付这三个敌人。

公元193年初，袁绍在龙凑（今山东平原县附近）击败公孙瓒。然后又和曹操联手在发干（今山东旧堂邑县西南）把陶谦打得狼狈而逃。

袁术还没有出手，就被袁绍和曹操的反击吓得浑身发抖。

袁术盘踞南阳很久，可惜因智慧所限，把南阳治理得一塌糊涂。他没有得力的助手，虽有远大的做皇帝的理想，却心有余而力不足。

为了争点面子回来，公元193年春天，他向袁绍发动进攻。军队抵达陈留时，由于陈留在兖州境内，所以曹操立即反应过来。他调遣青州兵团迎击袁术，在匡亭（今河南长垣县西南）和袁术兵团迎头相撞，双方展开互攻，袁术根本就不是曹操兵团的对手，一战而败。他溃退，曹操的青州兵团紧追不舍，袁术再战又败，两场战役下来，袁术的主力几乎被全歼。

袁术想要逃回根据地南阳，但却被趁火打劫的荆州牧刘表切断了后路，他只能仓皇南逃到九江（今安徽寿县）。

刘表是货真价实的刘氏皇族后裔，曾取得帝国名士圈的鉴定。公元190年，在中央朝廷做官的刘表被派到荆州担任荆州长官，他靠着多年积累下来的名士声誉和阴谋诡计，在荆州站稳了脚跟，成为荆州的主人。第二年，袁术向他发起进攻，虽然袁术没有占到任何便宜，但刘表却把袁术恨入骨髓。

这回刘表切断袁术后路，是为了报复当年袁术的进攻。而也正是他的背后插刀，导致袁术永远退出了北中国争霸的舞台。

曹操收拾完袁术后稳稳控制住了兖州。硝烟散去，他把精力从战场转到政治上。

当时天下分崩离析，中央朝廷所能控制的地盘少之又少，百姓流离失所，中央朝廷连一年的储备粮都没有。老百姓得不到救济，自然不可能安定下来。所以曹操的第一个举措就是奉天子以令叛逆，直白而言，就是春秋时期霸主们常用的“尊王攘夷”。不过现在的“夷”却成了那些军阀。第二个举措则是在兖州发展农业、储备粮食，每年给长安城中的皇帝刘协送一些。

这两个举措，是后来使得曹操能统一北方的两条根本大计。

曹操能干掉北方的那些军阀，追究其因，这两项举措只是术，术的背后则是道。曹操有他的道，这个道就是，平定天下的理想，而不是割据，做一方霸主，吃喝玩乐。

人的念头要正，正念才能走得更远；邪念，要么走不远，要么被人灭。

在收拾完袁术、把两个举措作为兖州的政治大事后，曹操又把目光瞄向战场。这回，他的目标是陶谦。

曹操对公孙瓒、陶谦印象不深，当初讨董联盟第一次会议时，这两人就没有到场。后来天下失控，公孙瓒和陶谦都各行其是，陶谦还主动把自己从徐州刺史升级为徐州牧。在曹操看来，两人没有一个好东西，他们能和袁术结盟就是证明。

曹操之所以把目标选为陶谦，有两个原因：其一，兖州南边的袁术已被他解决，陶谦则在他东边，是个大威胁；其二，陶谦进攻过他，有仇不报非君子。

但为了安全起见，他在对陶谦动手前，先派人到陶谦地界——徐州琅琊（郡治开阳，今山东临沂县北）接他老爹来兖州。这是件小事，可小事却变成了大事。

曹操老爹曹嵩当年把整个家族都迁到琅琊，可也正如曹操所说的，天下大乱后，哪里都一样。曹嵩听说儿子占据了兖州，很是高兴，就收拾了家产（家产装满了一百余辆车），跟随曹操派出的护送部队回兖州。

可是，在马上要出徐州地界时，陶谦的一名军官抢劫了曹嵩。不但抢劫，而且还杀了人，曹嵩和曹操的弟弟曹德一行人全被杀掉。

曹操气炸了肺，原本他的计划是把陶谦驱赶出徐州。现在，计划已变，他要把陶谦和他的部队乃至徐州的百姓，全部从地球上抹去。

公元193年秋天，曹操带兵直扑陶谦的徐州。青州兵团的战力果然让人恐惧，暴风般席卷了陶谦数十座城池，然后避开所有战略城市，穿过原野直攻彭城（今江苏徐州）。

陶谦先是固守彭城，但很快他就见识了被曹操整顿后的青州兵团的攻城能力。彭城受到重创，陶谦只好放弃彭城，带着残兵败将退保郯城（今山东郯城县西南），龟缩在城内，无论曹操怎么骂战，陶谦就是不出城。

郯城城墙坚固，曹操久攻不下。同时，陶谦下令，让没有陷落的徐州各城，坚壁清野，想把曹操耗死。

曹操对陶谦没有办法，却对陶谦统治下的徐州老百姓有办法。本来，徐州是当时中国最太平之地，许多人都跑到这里来躲避兵难。可曹操纵兵扫荡，在徐州境内进行惨无人道的大屠杀，徐州几乎成为废墟，百里没有人影，千里不闻鸡鸣。

从公元193年秋天开始扫荡屠杀，一直到第二年春节，曹操才收兵回兖州。但他仍然怒气难消，公元194年夏天，他集结更多兵力，再次攻入徐州。

陶谦上次就已被曹操打残，这次更不可能支撑得住，所以他邀请公孙瓒来帮忙，并且同意公孙瓒的要求，击退曹操后，徐州的一半归公孙瓒所有。

公孙瓒写信给陶谦说："对付个曹操，根本不必我出马，我派个人过去，保你徐州无事。"

陶谦就回信问："是谁？"

公孙瓒回信说："刘备。"

陶谦大叫起来："就是那个喜欢哭的大耳朵刘备？"

公孙瓒说："正是。"

陶谦又叫起来："你不想帮忙就直接说，为何派个废物来帮我，我命休矣！"

刘备：我乃中山靖王之后

陶谦说刘备是废物，恰好证明了陶谦自己才是废物。刘备只是看上去像废物，其实是顶级的蔫坏分子。

据刘备自己说，他本是西汉皇帝刘启（景帝）的儿子刘胜（中山靖王）的后代，属于皇族。可惜到他这一代时，不知什么原因，居然穷困潦倒了。刘备只好靠编织草鞋为生。

他每天做的事就是一边编着草鞋，一边和人絮叨："俺可是皇族。"大家因为他的草鞋便宜，所以就都装作相信了他的鬼话。后来，他遇到两个社会底层人士，一个叫关羽，一个叫张飞，三人结为兄弟，开始到处寻找机会发家致富。机会很快来临，黄巾军暴乱，三人商议说，此时正是做抉择时，要么跟黄巾军干，要么帮政府干黄巾军。

刘备最终选择帮政府干黄巾军，这不是他有多么高明的眼光，而是因为一旦选择跟黄巾军干，那他就没法再以皇族身份自称了。

刘备选择帮助政府打黄巾军，走对了人生第一步棋。之后，他因讨伐黄巾军有功，被任命为一个小县城的公安局局长。后来董卓进洛阳，袁绍组织讨董联盟，刘备就跑去投奔了公孙瓒，成为公孙瓒的马仔。

公孙瓒这人没有多少头脑，天天被刘备"我乃中山靖王之后"的言论洗脑，后来真就相信刘备是皇族之后。可渐渐地他发现，刘备这孙子好像和皇族没多大关系。

刘备不爱读书，喜欢声色犬马，爱臭美，即使穷得吃不上饭，也必须每天都换身不同的衣服。爱臭美这个特质，大概是他编织的草鞋为什么受市场欢迎的原因。据说刘备编织的草鞋，做工精细，设计一流，想象力丰富，别人只要一穿上，立刻会成为焦点。即使在21世纪，刘备编的草鞋也是很多大品牌鞋业设计师所望尘莫及的。

公孙瓒对刘备的这些行为难以理解，更让他觉得古怪的是刘备的相貌。刘备两手下垂能到膝盖，就像一只大马猴。同时，刘备的耳朵特别大，垂到肩膀，他的两只眼睛几乎就长在太阳穴上，所以能看到自己的耳朵。

虽然公孙瓒觉得刘备的行为和相貌十分古怪，不过他能理解刘备为什么广受欢迎。第一，刘备开口闭口就是，"我乃中山靖王之后"；第二，在没有冲突时，他对别人永远都饱含善意，像个慈悲的老和尚；第三，刘备和他的两个兄弟关羽、张飞形成一种奇异的搭配，三人相貌都非常奇怪，关羽的脸永远是紫红色，张飞的体毛重，胡子长满了脸，加上刘备的相貌，只要他们三人往人群里一站，马上就会被人注意到。那些被吸引的人上来攀谈，刘备就会先说，我乃中山靖王之后，关羽像喝多了一样摇晃身子，张飞睁着铜铃大的眼睛，一个微型马戏团就诞生了。

正是这奇异的三人组合，让刘备很快就在当时的各个军阀那里获取了名气。刘备的故事告诉我们，有些时候，无论有没有本事，都必须自我包装，否则，大事与你注定无缘。

公元194年，曹操再次进攻陶谦，陶谦向公孙瓒求救，公孙瓒马上就想到了刘备。他恭喜刘备说："兄弟，你大展拳脚的机会来了，陶谦那笨蛋被曹操打得屁滚尿流，现在希望我帮忙，你去帮陶谦对付曹操吧。"

刘备正用筷子夹肉，闻听此言，惊恐万分，筷子掉在地上，脸色发青。他听说过曹操，知道曹操不是善茬。

所以他支支吾吾起来，站在他后面的张飞捅了他后背一下。刘备不用回头，因为他眼睛在太阳穴上，身后没有盲区。他看到张飞在给他使眼色，意思是赶紧答应下来。

关羽也在向他挤眉弄眼，刘备见两兄弟的意见都一致了，自己也没有推托的理由，就顺水推舟答应了公孙瓒。

三人回到自己的驻地，刘备责备两兄弟："你俩为啥要接这个活，曹操可不像黄巾军，不好对付。"

关羽、张飞对刘备说："大哥，咱们别天天吹牛，扯什么中山靖王之后了，还是要干点实事。你看从开始创业到现在，咱连个老窝都没有，到处寄人篱下，要是只吹牛不干事，将来咱们迟早还是要回家编草鞋。"

刘备终于被兄弟二人说服了。第二天，就带领着公孙瓒给他的几千兵马，奔赴徐州。

陶谦不看好刘备，因为刘备根本就没有打过像样的仗，所以才说刘备是废物。可刘备一到他的临时根据地郯城，几番话过后，陶谦就改变了主意，认为刘备是个不世出的人才。这正是刘备的长项，他和别人聊天，永远都是语重心长、情感丰富，说上几句话就泪流满面，让人忘记了他在说什么，只记得他是个忧国忧民的正义人士。

陶谦后来对刘备的评价只有四个字：好人，爱哭。

好人这个评价值得商榷，但爱哭却是刘备的人生标签。曹操可不管你是否爱哭，英雄向来是流血不流泪的。公元194年夏天，曹操集结他的全部兵团，向徐州进发。这一次，他改变策略，在暴风般席卷了陶谦的五个城池后，他绕过郯城，兵锋直指东海和琅琊。

陶谦让刘备去阻击曹操，刘备带着他的两个兄弟和几千士兵，哭了一回，上了战场。

很快，磨磨蹭蹭的刘备就遇到了正向东海急速开进的曹操兵团。阻击战这下变成了遭遇战，双方没有废话，即刻开战。曹操的青州兵团如虎狼般杀了过来，刘备根本无力阻挡，关羽的青龙偃月刀、张飞的丈八蛇矛在传说中神挡杀神、佛挡杀佛，现在也只能随着他们的主人仓皇而逃。

曹操一战就击溃了刘备，陶谦痛不欲生。

他觉得这回肯定要被曹操吃掉了。他给曹操写信说：自天下大乱以来，我从没有遇到过像你一样动辄斩草除根的人。你这是什么意思嘛，给人留条活路啊。

曹操回信说：我要让天下人知道，凡是对我亲人（我爹、我弟）不好的人，我都要诛杀他。

陶谦叹息连连地说："想不到我碰上这么个玩意儿，真是老天要灭我。"

不过，老天并没有灭他，就在曹操势如破竹、马上就要攻陷郯城时，他的大本营兖州传来噩耗：张邈和陈宫造反了，迎接吕布进了兖州，还让吕布做了兖州牧。

曹操大叫一声："浑蛋，这三个孙子！"

反曹三人组

曹操从徐州回兖州的路上，把脑仁想得直疼也想不出来，为什么张邈、陈宫和吕布三人会走到一起，而且还造了他的反。

对曹操而言，这是个世纪难题。他始终自信地认为，张邈和陈宫不可能反他。可这只是他的一厢情愿，当事人做出别人摸不着头脑的事时，必有他自己的理由。

张邈有充足的理由反曹操。本来，张邈和曹操是好友，当初讨董联盟时，张邈还是曹操的上级。曹操曾对曹家班的人说过，如果我哪天不幸战死，你们就去投奔张邈，他值得信赖。

张邈对曹操不赖，虽然是他的直属上级，却让他独立发展。曹操对张邈也不赖，张邈对袁绍毫无敬意，而且还指责他不讨董卓，所以小心眼的袁绍多次以上级的身份要曹操宰掉张邈，但曹操就是以各种理由搪塞拒不执行。

而且他还对张邈说："袁绍让我杀谁我都杀，但我绝对不会杀你。"

曹操说完这句话，就笑了一下。

张邈对曹操的笑印象深刻。他对曹操了解至深，这家伙什么事都干得出来。现在不杀他，恐怕只是时机没有到。于是，自此后，张邈开始神经衰弱，总做噩梦，一直处于惴惴不安中。

迫使张邈反曹操的理由不只这一条，还有更重要的。张邈本来是曹操的上级——陈留太守，可阴差阳错之下，曹操先是混了个东郡太守，后来就直接当了兖州刺史，成为他的上级。张邈可不是圣贤，马上就有了心理落差。

最后一条就是吕布。

吕布在长安城干掉董卓后，董卓部将李傕、郭汜攻入长安，干掉了王允，吕布逃跑。他先是去投靠袁术，袁术被曹操打成残废后，他又去投袁绍。袁绍对吕布干掉两个干爹（丁原和董卓）的行为极端痛恨，吕布察觉了袁绍的杀机，就从袁绍处逃跑。他放眼四望，发现张邈和袁绍是对头，于是就来投奔张邈。

张邈似乎和吕布很有缘，所以两人相处愉快，吕布当时就对张邈谈到这样的问题："袁绍和曹操是穿一条裤子的，袁绍一直对你张邈有意见，你要小心曹操。"

听了吕布的话，张邈的神经更加衰弱了。之后，吕布发现张邈不是自己投靠的理想人选，于是一走了之，可他和张邈却建立起了深厚的友谊。吕布走后，张邈总是恍恍惚惚，似乎知道自己要做什么，却又找不到做的方法。他每天都盼望上天给他点启示。很快，上天就给了他启示——陈宫来了。

在曹操看来，张邈反他还情有可原，但陈宫反他，简直没有天理。在公元194年夏天的酷暑中，曹操仍能回想起两年前陈宫来投奔他的情景。当时正是陈宫的努力，曹操才当上了兖州的一把手。自这件事后，曹操对陈宫极度信任，让他主管兖州大部分地区的行政事务，而且还给了他一部分兵权。

曹操想不明白陈宫为何忘恩负义，陈宫却认为自己造反有理。他的理由是，曹操占据兖州后对兖州知识分子的态度让人失望。曾有兖州本地的一个知识分子边让，也是陈宫的好友，写文章抨击曹操，曹操立即将他处死，并且在兖州境内大搞思想统一，这就让以陈宫为首的兖州知识分子阶层对曹操很不满。

后来曹操进攻徐州，对徐州百姓进行屠杀，陈宫的玻璃心顿时粉碎，他懊悔自己选择了曹操这样一个残忍的统治者来掌管兖州。人非圣贤，孰能无过，过而能改，还是圣人。陈宫决定改过，他找到张邈，两人此时对曹操的心境恰好相同，于是一拍即合，趁曹操第二次对徐州用兵的大好时机，他们迎接了吕布来兖州替代曹操。

陈宫是典型的兖州地头蛇般的人物，所谓强龙不压地头蛇，因为地头蛇在本地的关系网和威望特别强。陈宫造曹操的反，参与的可不仅有他和张邈、吕布，还有兖州地区大部分的官员。等于说，公元194年夏天的兖州，已经不属于曹操了。

反曹三人组像添加了黏合剂一样，紧紧粘在一起，宣称要把回师的曹操打入地狱。曹操从徐州回兖州，必须要经过泰山南部的山地，按陈宫的建议，只要在此埋伏下大队人马，就可以将曹操一举歼灭。张邈也认可这个建议，只有吕布晃着大脑袋说："大丈夫做事何必如此偷偷摸摸，把曹操放进兖州，让他死个明白。"

两人说服不了吕布，只好重新布局。张邈仍守陈留，吕布进入东郡的濮阳，陈宫则作为机动部队，在兖州穿插，说服或者用武力解决那些不多的拥护曹操的城池。陈宫的工作很顺利，当曹操进入兖州界时，这位几个月前还光芒万丈的兖州刺史此时只剩下了几块弹丸之地（济阴的甄城、东郡的范县、东阿县）。

曹操真想如刘备一样，大哭一场，泪水横流，让老天看到他的不易。他只不过是出了趟差，回家后却发现家没了，而拆他家的居然是他最信任的人。好友的背叛最让人悲痛，曹操化悲痛为力量，以迅雷不及掩耳之势向吕布占据的濮阳发起进攻。

两战濮阳

曹操对吕布的人品很了解。在曹操眼中，吕布就是个杀爹专业户。至于吕布有什么本事，曹操就不甚了了。但很快，他就对吕布的本事印象深刻。

吕布的战力相当强悍，他从袁术处投奔袁绍时，正值袁绍被黑山军纠缠。吕布为了纳个投名状，常常骑着他的赤兔马，率领几十人的骑兵纵横冲杀，摧锋破敌，连战十余日，将黑山军打得大败。正因为如此，时人称赞吕布“马中有赤兔，人中有吕布”。

曹操抵达濮阳城外时，吕布已做好准备。他在城外西、南两面安营扎寨，部队全部放在城外。曹操一见此阵势，就对手下说：“吕布这人狂妄自大，如果他老实待在濮阳城中防守，我根本拿他没办法。可他居然出城，要和我玩野战，难道他不知道我有青州兵团吗？”

曹操说吕布狂妄自大，他本人也没有谦虚到哪里去。双方先进行了一番例行谴责，然后立马开战。曹操命令刚投奔他的骁将于禁从南面向吕布发起进攻，他自己则率领青州兵团向西进击。

吕布积极迎战，绝不防守。针对青州兵团以步兵为主的特点，吕布把所有骑兵部队聚集到西边，骑兵对步兵，而且还是在平原上，这是典型的降维打击，步兵没有不败的道理。

很快，曹操的青州兵团就被吕布的骑兵冲击得七零八落。自从被曹操整顿后，青州兵团从无败绩，这是初败，但一败就败得惨不忍睹。

青州兵团一败，曹操后面的部队大为慌乱，连他自己都吓得扭头就跑。吕布正要追击，南面却传来不好的消息，于禁破了他的前阵，南路军正在后退。吕布急忙去救南路，曹操这才逃得从容了一些。

表面看，双方打了个平手，但曹操损失却比吕布重，因为他的青州兵团被吕布的骑兵踩死了一半人。

曹操不服气，认为吕布是侥幸成功。兵法讲，兵贵出其不意。当夜，曹操带领残余的青州兵团悄悄向吕布西面的军营摸去，他要给吕布来个措手不及。

偷袭果然奏效，青州兵团打骑兵不行，打没有骑马的骑兵特别顺手。这次，曹操降维打击了吕布。天明时分，曹操眼看就要把吕布的西营全歼，但吕布率领一支机动部队从南营赶了过来。双方就在旭日初升的美好景色下，展开激烈的混战。

吕布的军队不断得到援兵补充，曹操军人数上开始落入劣势。他见大事不妙，当机立断下令撤退。然而此时，撤退已来不及了，吕布用人数上的优势开始对他进行包围。曹操就在阵前，招募两批勇士，一批披荆斩棘，杀一条血路出来，另一批殿后。

第一批勇士杀出一条血路，第二批殿后的勇士更是勇猛如狼，他们的指挥官是新来的中级官员典韦。典韦身材如大肚子蝈蝈，但却是最勇猛、最灵活的胖子，他穿着两重铠甲，手持长矛，在曹操屁股后面保护着曹操从容而退。

吕布兵团紧追不舍，眼看刀枪就要戳上典韦的屁股。典韦突然转头，浑身像被电击一样抖动，然后大吼一声："哇呀呀！"

这声吼犹如晴天霹雳，又如彗星撞击地球，整个地面随之颤动，吕布兵团被他震得心胆俱裂，愣在原地，不能动弹。典韦趁势挥舞手中长矛，左刺右挑，干掉了几十人。曹操这才顺利撤退，没有被吕布活捉。事后，曹操被典韦的能耐震惊，立即升了他的官。

接连两场仗，曹操对吕布印象深刻。他忽然发现，要收复吕布掌握的濮阳，比他当初讨董卓还要难。一遇到难以解决的问题，曹操的大头就剧烈疼痛，疼得他眼冒金星，恨不得用斧子把头劈开。

不过很快，他的头痛就停止了，因为他找到了收复濮阳的方法。其实不是他想到的，而是别人送来的。来的人是濮阳城中的一田姓富豪，古代的地方富豪必定是本地的地头蛇，黑白两道通吃的人物。

田富豪派人来和曹操说："我们这些人都不喜欢吕布，我们只喜欢您，所以咱们来个里应外合，把吕布赶出濮阳城，让我们沐浴在您的光芒下。"

曹操兴奋得发狂，当即就和田富豪约定里应外合的时间，以及方法、暗号等事情。两人信件来往了几次，终于把一切都敲定了。

在约定的那天晚上，曹操率领将士直抵濮阳城东门，东门上旗帜飘扬，火光暗淡。曹操让人偷偷吹了声口哨，上面就有人说出约定好的暗号："解忧。"曹操的人按照暗号回答："杜康。"

话音刚落，城门发出"吱吱呀呀"的声音，开了。

曹操欣喜万分，让部队快速通过。他的部队才入城，还没有适应黑暗的环境，就见火光四起，整个天空一片通红。从各个黑暗角落里冲出来无数的士兵，曹操暗骂一声："妈的，上当了！"

他掉头就跑，可他的部队和他心思一样，大家全部掉头。先掉头的推挤前面还没有掉头的，最后被推倒一片，大家你踩我，我踩你，惨叫声不绝。吕布又下令骑兵冲杀，曹操部队死伤狼藉。

曹操也在混乱中坠马，手被火烧到，他龇牙咧嘴，脱掉标志性的战袍，急忙向东门跑。可他才跑出几步，就被后面赶上的吕布骑兵冲倒。那个骑兵小队长正要宰他，忽然发现他的穿着像个军官，就喝问："曹操在哪里？"

曹操急中生智，向城门方向一指，道："那个骑黄马的就是。"

那个骑兵小队长向城门方向望去，还真看到了一个骑黄马的。他放过曹操，向城门冲去。曹操一骨碌爬起，手剧痛难忍。可能是起得有点猛，再加上烟熏火燎，更兼被人欺骗后的又悲又气，曹操突然晕倒在地。

幸好，他的一个属下逃到这里，一见是领导，急忙把他扶上马，一溜烟跑出了城，又跑回营中。

曹操此时才悠悠醒转，一醒来，手就开始疼痛。他一看，手已经被熏成了猪蹄。其余逃回来的将领全跑进来跪倒在地，向他请罪。

曹操举着他那只被火烧成猪蹄的手，悲愤莫名。人只有尝过失败的滋味后，才会对失败有清醒的认识，任何人面对失败时都不可能轻易放下。然而，英雄在失败后，会尽快调整自己，鼓励别人。

曹操对跪在地上的一大群武将说："胜败乃兵家常事，不用担心，我自有破吕布之策。"

众人一听领导如此乐观，也就乐观起来。

第二天，曹操派人四处宣扬自己被烧身亡的消息，同时让士兵穿上孝服，使出吃奶的力气日夜不停地大声哭。哭丧的声音传入濮阳，吕布此时正在吃饭，听到这消息，嘴里的米饭顿时从嘴里喷出，哈哈大笑道："曹操死了，老天助我！"

吕布立马扔下筷子，点齐兵马，冲着曹操大营杀去。还未杀到营门，远远就望见门口有两个身着丧服的小兵扔下兵器往里跑。吕布志得意满，大喊一声：“跟我杀呀！”

刚杀进营门，只听喊声四起，箭如雨下。曹操举起他那猪蹄般的手，得意道：“吕布，你中计了！”

吕布大惊失色，心知中了曹操的奸计。眼见带出的骑兵被弓箭射杀无数，吕布又恨又气，挥舞着方天画戟，拼命往外冲。不愧是“人中吕布，马中赤兔”，经过一番血战，愣是让吕布冲出了包围圈，但他带出的骑兵却十不存一。

经此一战，曹操军的士气大振，总算挽回了之前因战败而丢失的颜面。

此后，战事陷入胶着，曹操和吕布虽然都想吃掉对方，然而谁也不能在短时间内爆发出这种力量。僵持了三个月后，双方都熬不住了。

公元194年秋天，整个兖州地区遭遇旱灾，旱灾之后又是蝗灾，老百姓颗粒无收。无论是曹操还是吕布，都陷入饥饿状态。持久战，打的是补给。现在，补给被老天爷切断了，曹操只好退兵回甄城。

曹操前脚刚离开濮阳，吕布后脚也离开了濮阳，带着他的兵团到处抢劫所剩无几的粮食。两方都陷入困境，不过，此时有人主动提出要帮助曹操。那就是他的好友袁绍。

曹操面临人生中最艰难的抉择。其实袁绍对曹操说不上好，可也说不上坏。曹操和吕布专心致志地打架时，袁绍未动一兵一卒。如果袁绍此时帮助曹操，那吕布肯定吃不消；但如果袁绍此时趁火打劫，那曹操肯定玩完。可袁绍什么反应都没有，也许他在坐山观虎斗，也许，凭他的智力，根本没有想过要在此时干掉曹操。

直到曹操被饿得肚子每天都叫时，他才跳出来，以救世主的傲慢对曹操说：“来我冀州吧，有大碗的酒，大锅的肉，咱兄弟二人围炉喝酒吃肉，好不快活啊！”

曹操当然知道袁绍此举没安好心，那种乱世，凡是向你伸出援手的人，没有几个是出于真心实意。

但袁绍的邀请，曹操又没有办法拒绝。因为他和他的部队饿得都快走不动道了。他自我安慰地琢磨道：“我即使现在去投靠袁绍，袁绍也不能把我怎样，因为袁绍的北面是公孙瓒，南面是陶谦，袁绍还要倚靠我曹操去对付他们。同时，吕布还在，对袁绍而言，这也是个威胁。”

想到这里，曹操的自我价值判定爆棚，他召开文武官员大会，让大家谈谈对投奔袁绍的想法。

大会刚召开，就有人匆匆忙忙地跑来了。此人是东平县的县令程昱，一个不比荀彧差的顶级幕僚。程昱看问题精准，能在极端不利的境地中看到希望。

程昱问曹操：“听说您要去投靠袁绍，放弃独立的地位？”

曹操说：“唉，现在这种情况，只好如此，走一步看一步吧。”

程昱正色道：“您这步棋太臭了。”

曹操说：“怎么个臭法？”

程昱回答：“袁绍尽管占据燕、赵等地，看上去是个庞然大物，但他的才智不能让他长久保有这样的地位。难道您想做他的下属？”

曹操回答：“以前又不是没做过。”

程昱说：“以前是以前，现在是现在，人不能走回头路。您智勇兼备，手下文臣武将众多，虽然现在兖州大部分地区已不属于您，可还有三个城池（甄城、范县、东阿县）在您手中。咱们困难，吕布也困难。只要咱们万众一心，没有克服不了的困难，何必寄人篱下？”

曹操听了这席话，赶紧从座位上站起，小跑两步到程昱面前，握住他的手说：“您说得太对了。我怎能如此没出息，您教训得对，大丈夫做事，绝不能走回头路。”

曹操决心一定，立即行动。吕布才从濮阳撤出，他就派兵收复濮阳，重新加固城防，和甄城、范县、东阿县连成一线。公元195年春天，曹操准备充分，再次向吕布开战。

反曹三人组的失败

公元195年，吕布的运气全部用光了。曹操按照和幕僚们制订的计划，先向定陶（今山东定陶县西北）发起进攻。定陶属于济阴太守吴资的管辖范围，曹操大军还未到，吴资就向吕布求援。吕布在百里之外向定陶快速行军，几乎和曹操兵团同时抵达定陶城下，双方二话不说，立即开战。吕布大败。

但定陶城异常坚固，曹操久攻不下。曹操从春天围攻到夏天，定陶城始终屹立不倒。双方战局异常胶着，吕布最先打破这一局面，他派了一支部队进军巨野（今山东巨野县南），想要切断曹操和甄城的联系。

曹操毫不犹豫地把主力留在定陶城下继续围攻，自己带着青州兵团主动出击，直奔巨野。战事异常顺利，曹操轻而易举就攻陷了巨野，让吕布的计划泡汤，战局焕然一新。

可就在这时，曹操的补给线再度断裂，粮食问题又成了曹操面临的最大难题，已没有粮食再支撑他的下一步战略了。

此时曹操面临抉择，要么撤兵回甄城，休养生息；要么去讨伐徐州，用徐州物资来收复兖州。

在荀彧和程昱看来，后者是个最蹩脚的计划。但曹操的智商不低，他之所以做出这一计划，有他自己独到的见解。

去年（公元194年）末，陶谦一病而死，徐州无主，正在徐州养尊处优的刘备走了狗屎运，名正言顺地占据了徐州。

曹操当时气得七窍生烟，他恨的是没有亲手干掉杀父仇人，更恨的是，刘备这个窝囊废居然占据了徐州。他当时就对谋士们说：“等我搞定了兖州，就去干掉刘备，把徐州吃掉。”

可因为缺粮，兖州战事进展不利。曹操这才想到，把计划改变一下，先去吃徐州，再回来收兖州。

即使他已明显地表现出这种心理，可荀彧仍然不建议他这样做。荀彧提出历史依据，劝阻他说：“当年刘邦（汉高祖）保关中，刘秀（光武帝）据河内，都是先扎根固本，然后才收拾天下，这样进可以胜敌，退可以坚守，所以他们虽有挫折却终能成就大业。您的发迹地在兖州，兖州是天下之要地，现在虽然残破，但我们很快就能把它收复并巩固起来。如今舍本逐末，我认为不妥。”

曹操当然明白这个道理，可他就是咽不下这口气。他愤愤地说：“陶谦这厮死得真是时候，还有刘备那窝囊废，他有什么资格占徐州？！”

程昱站出来说：“刘备不足为虑，正如您所说，他是个窝囊废，所以什么时候收拾他都可以，现在最要紧的是兖州。”

荀彧点头，说：“现在我们已经收复了战略要地巨野，趁此机会赶快收割西边的麦子，省着点吃，只要有粮食，咱们就可以一举击败没有粮食的吕布。”

程昱补充道：“荀彧说得没错，如果我们现在放掉吕布去打徐州，多留兵则不够用，少留兵则仅能守城，这不是给吕布东山再起的机会吗？一旦吕布死灰复燃，那咱们现在保有的几座城就守不住了。到那时，徐州肯定吃不下来，兖州也肯定会全部丢掉。”

曹操转动着大大的眼珠，看着程昱，问：“你怎么知道我吃不下徐州？”

程昱没有说话，而是看向荀彧。荀彧也回看他，两人好像达成了默契，同时说：“刘备和陶谦最大的不同是，刘备这人喜欢以情动人，善于调动人类最基本的情感。他现在肯定在徐州走亲民路线，到处哭呢。徐州的人心都被他收买了，您去年又在徐州杀人放火的，徐州百姓不可能支持你，您一到徐州就会陷入人民战争的汪洋大海中，所以肯定吃不下来。”

曹操大为叹服，说：“你们说得对，咱们还是先处理好家里（兖州）的事情吧。”

曹操的背运已经走完，现在好运之神来到他身边，推着他向前走，不走都不行。

曹操兵团开始出动，到处收割麦子。吕布、陈宫、张邈三人组在他们占据的地盘收不到麦子，却发现曹操收获多多，不由焦急起来。于是，吕布和陈宫集结主力，来揍曹操，顺便抢点麦子。曹操得知此消息时，大部队都在外面收割麦子，留下来的士兵不足千人。他察看地形，发现城西边有一大堤，南面则有大片茂密的树林，顿时来了主意。

他让城中妇女全部上城头防守，而他则带领所有的士兵钻进树林，故意摇动树木。吕布和陈宫赶来，发现那片幽深的树林里情形不对，吕布大叫起来："哎呀，看那片树林，曹操肯定在里面埋伏着呢，咱们不能上当！"

陈宫观察那片树林，说："这片树林范围不大，即使有埋伏，也就千人的规模，咱们现在有一万人，怕什么。"

吕布正色道："曹操诡计多端，咱们还是先观察一下再说，不能冒险。"

于是，吕陈联军后退十余里安营扎寨，静观时变。

当晚，曹操的割麦子部队全部回来，曹操对他的将军们说："今天吕布怀疑树林有伏兵，怕中计没有来攻，明天他一定来攻。"

曹操简直是吕布肚里的蛔虫，吕布第二天果然来进攻了。此时的曹操早已准备妥当，他把精兵藏于大堤内，少量士兵在外面引诱吕布。吕布开始还认为有诈，可很快就放松了警惕。他让部队快速清剿曹操的诱饵，曹操的诱饵边打边撤，吕布和陈宫就这样被诱进曹操的埋伏圈。一进埋伏圈，杀声四起，吕布和陈宫顿时被包了饺子。

一个时辰后，吕布和陈宫大败，好不容易逃出埋伏圈，曹操又追击过来。吕布和陈宫见兖州大势已去，匆忙跑去徐州投奔刘备了。

陈留的张邈闻听吕布大败，精锐尽失逃去徐州，也收拾细软，跟了过去。不过他的弟弟张超比他有骨气，毅然决然留在兖州，固守雍丘（今河南杞县，属陈留郡）。

反曹三人组失败后，曹操趁势在兖州城内扫荡反抗力量，只一个月时间，除了雍丘外，兖州全部领土被曹操光复。

这次光复兖州的战争，曹操打得很疲惫，由最先的不停失败，到几乎要放弃（投奔袁绍），再到斗志重新点燃，又到想要半途而废（去吃徐州），曹操时刻处于失败的边缘。如今终于重见光明，曹操在犒师大会上却说："感谢那段最好的时光，让我遇到这几个人渣，他们锻炼了我。我们必须要感谢那些被我们打败的敌人。"

曹操兵团呼声震天，有人为此得来不易的胜利感动得流下泪水。不过，征战还未结束。曹操下令包围雍丘，雍丘坚决反抗，这个并不起眼的城池居然苦撑了四个月。直到公元195年末，雍丘才因缺粮而陷落。

曹操进城后的第一件事就是把张邈的家人全部屠杀，以警告世人：凡和我作对的人，绝不会有好下场。

好运之神继续跟随曹操，中央朝廷所在的长安传来消息，早在曹操围攻雍丘时，李傕、郭汜就开始了内斗，双方把几年来积攒的精锐部队全部投到内斗中，长安城中一片血腥。

皇帝刘协此时终于得到独立自主的机会，在一些还忠于他的臣子的帮助下，他跑出了长安城。李傕和郭汜发现护身符跑了，慌忙化敌为友，共同追击刘协。

皇帝刘协像个被缉捕的盗贼一样，玩命地逃，一直逃到河东郡治下的安邑，同时找人和李傕、郭汜谈判。谈判专家说："你们若再追，就和东方的那些军阀撞上了，你们自己掂量掂量。"

李、郭二人暂时还不想和东方的军阀翻脸，因此不再追击。刘协这才暂时安定下来。他已当了四年的皇帝，现在终于摆脱傀儡身份，心急火燎地在安邑组建起新政府，行使失去多年的皇权。

所谓新政府，其实就是跟随刘协从长安城中逃出来的一批文臣武将，这些人当然不是因为忠君才跑出来的，而是长安城中已成地狱，不出来就等于送死。这个以刘协为最高领导人的新中央朝廷狼狈至极，安邑这地方久经战乱，根本没有房屋居住，也没有吃的。所以官员们平时没事时就去挖野菜，而每当他们在废墟上开会，士兵们就在一边围观，脸上露出只有在看惊悚喜剧时才有的惊奇和嬉笑。

刘协开了多次会议，会议决定，要重振皇家权威。而皇家权威已多年不张，好多人都忘了长安城中还有个皇帝。若想重振，就必须借助那些军阀的力量。

刘协审视那些军阀，发现没有一个好东西，好像只有兖州刺史曹操，看上去靠谱点。

曹操的决定

刘协从长安逃出后，东汉帝国的十三个州，除了曹操的兖州外，其他十二个州几乎乱成一锅粥。刘协看曹操靠谱，不是曹操真靠谱，而是曹操的地盘靠谱。

自刘协从长安城中逃走、开始在安邑举行各种中央朝廷会议后，十二个州的大佬们就特别严肃地审视起安邑来。最先向皇帝效忠的是聪明伶俐的河内郡守张扬，他派人给刘协送去了一点食物。刘协正要感动，张扬的谋士董昭就背叛张扬，跑来中央朝廷提醒刘协："张扬给的东西都不够您大宴一次，他是想用少量付出得到巨大回报。"

刘协不明白。董昭就解释说："您现在是块金字招牌，谁得到你，谁就能名正言顺地以您的名义满足自己的私欲。您早上收了张扬的物资，他晚上就会让全部军阀知道，当今天下，您最信任的人是他。"

刘协流着口水看着张扬送来的鸡、鸭、猪，强忍着对食物的欲望，下令退回。

人在困难时，对别人的雪中送炭很难拒绝，这缘于人天生的求生欲。

张扬的肥鸡肥鸭刚拿走，河东太守王邑又送来了衣物。

这回，刘协先下手为强，不等董昭絮叨，马上将衣物赏赐给大臣们，自己挑了几件好的，穿到身上。

张扬知道消息后，亲自跑来安邑，痛哭流涕地说："皇上您这是什么意思嘛！我没有别的意思，就是想表示一下忠君之情，您收了王邑的东西，却不收我的，传到江湖上去，大家怎么看我啊！"

刘协急忙把张扬搀扶起来，说："我收，我收。"

张扬这才转悲为喜，又多送了刘协几头猪。之后，陆续有小军阀来送东西。刘协既然已经打开了收纳之门，就不可能再关上，所以很快，安邑小朝廷就生龙活虎起来。

在龙游浅滩之际，能得到这么多人的雪中送炭，刘协良知光明起来，他要投桃报李，封送礼物的小军阀们名誉官职。由于来的人络绎不绝，刘协团队没有时间刻官印，所以就用锥刀随便刻画几个字充数。

小军阀们各怀鬼胎，肯定不稀罕这些名誉官职，张扬很快就说出他的私欲：希望刘协能和他一起回洛阳。

张扬打的小算盘是，只要刘协回洛阳，作为洛阳的半个主人，刘协自然受自己控制。可从长安城中逃出来、跟随刘协多年的那些大臣坚决不同意，因为一旦入了洛阳城，他们这些长安派手中的权力肯定会渐渐消散。

两方争执起来，刘协连句话都说不上，就在那里干坐着。现在，他发现自己仍然是傀儡，只不过主人从李傕、郭汜变成了别人。

最终，长安派获胜。张扬见什么都没有得到，气得离开安邑，同时带走了他送给刘协的还没有吃掉的猪。

其他军阀发现长安派这些鸟人还真不好对付，都纷纷离去，再也不送东西来了，刘协唉声叹气起来。

将军董承安慰皇上："天无绝人之路，皇上洪福齐天，总会有人来帮助皇上的。"

秘书长董昭想了想，说："皇上，我们可以向两个人求援。"

刘协眼睛一亮，说："哪两个？"

董昭说："现在来的这些人，力量太小，不足以让皇上东山再起，当今天下，只有两个人可以。一个是冀州牧袁绍，另一个是兖州刺史曹操。"

刘协说："啊，我喜欢兖州，那地方没有战乱。"

董昭说："不是没有战乱，而是曹操平定了战乱。"

刘协说："曹操真是个有能力的人啊。"

董承忽然就变得紧张起来，刘协发现了，询问他："你怎么了？脸色不好啊。"

董承急忙摆手说："没有啊，我最近肠胃不好。"

刘协"噢"了一声，急忙岔开话题说："其实袁绍也可以，只不过，这家伙在想什么，怎么还没有来。"

袁绍原本是想来的。刘协到了安邑，各路小军阀开始送慰问品时，袁绍就急着想去。他和幕僚们商议说："要把皇帝刘协拉到咱们阵营来，将来和任何敌人作战时就可以假借刘协的名义，师出有名。"

许多人都赞同，可有两个狗头军师反对。他们的理由是，刘氏江山已岌岌可危，力量不可能再恢复。此时已到了改天换地之时，在诸多割据势力中，您最有实力取代刘氏。如果您把皇帝刘协拉来，这不是限制自己的行动自由吗？到时您就骑虎难下了，要是听命于他，权力就被削弱了；要是不听命于他，大家都说您是逆臣，这不是吃饱了撑的吗？

袁绍点头说："说得对啊。"

赞同的人则说："此时皇上正处于困难中，咱们如果去向他示好，那既合大义，又合便宜，若不早定，肯定有人会抢先实行。"

袁绍也点头说："你说得也对啊。"

两方听了袁绍的话，都不知该怎么办了。

有人试探着问："那到底是去安邑还是不去啊？"

袁绍皱眉说："古语说，兼听则明，我听了你们的意见后，发现更加糊涂了，因为你们说得都有道理嘛。你们容我想想。"

对一个组织的领导者而言，判断力和行动力缺一不可。在听取不同意见，甚至是截然相反的意见后，能精准做出判断的是聪明人，而能即刻行动的，则是伟人。

袁绍根本不是伟人，连聪明人都算不上。

他犹豫不决，常常对着墙壁自言自语，忽然就愤恨起他的那些幕僚：你们的意见为什么就不能一致，烦死我了。

袁绍的犹豫不决和不采取行动，让久等他的刘协大为失望。刘协现在能倚靠的恐怕只有曹操了。

不过，曹操也不能马上来，因为他很忙。在把兖州全部光复后，他以捉拿叛贼为名，四处出击，到别人的地盘上乱来。刘协在安邑望眼欲穿时，曹操已把属于豫州的汝南郡、颍川郡收入囊中了。在经过一番毫无悬念的战役后，曹操顺利接管了洛阳地区东部和南部的几个经济发达的城市，对洛阳形成了包围之势，换个说法就是，洛阳已经在他曹操的嘴边了。

其实刘协不知道的是，早在公元196年初，刘协刚到安邑时，曹操就已派了曹家班的曹洪来安邑，要把刘协接走，可董承带兵阻挡了曹洪。

这也就是为什么刘协说到曹操时，董承特别紧张的原因。曹操在这件事后也做了自我检讨，检讨的结果是，他认为自己去迎接皇上，太过招摇，这不是英雄人物应该做的事。另外，恐怕是时机未到，这种把皇帝控制起来的事绝对不能强来。

曹操想慢慢来，皇帝刘协却焦急起来，频频向他投递橄榄枝，先是封曹操为兖州牧，然后就是各种名誉头衔，什么建德将军、镇东将军，后来干脆让曹操袭了他老爹曹嵩的爵位，封曹操为费亭侯。

曹操并不看重这些虚名，他看重的是实惠。就在他琢磨如何呼应皇上刘协的橄榄枝时，刘协团队内部炸了窝。

袁绍的磨叽和刘协团队内部炸窝，让曹操当机立断：时候到了，我要奉天子以令不臣！

第四章
奉天子以令不臣

皇上，跟我走

曹操本来想去安邑迎皇帝刘协，可刘协团队炸窝，导致曹操又改变计划。刘协团队大致分为两派，一派是以董承为代表，一派则以将军杨奉为代表。杨奉本是李傕的手下，李傕和郭汜内斗时，不知什么原因，他投靠了郭汜。当两方在长安城中斗得昏天黑地时，不知什么原因，他又向刘协表忠心，而且还帮助刘协从长安城逃了出来。

杨奉坚决主张就在安邑待着，董承开始也是这样的主张，但后来发现杨奉依靠手中的军队，渐渐不把他当回事，就怂恿刘协回洛阳。

刘协也想回洛阳，于是杨奉大怒，要杀董承。董承急忙逃走去找张扬，张扬也大怒，就一面派人修复洛阳，一面出兵和杨奉开战。

双方才打了几个不疼不痒的小仗，刘协就吓得浑身颤抖。他哀求杨奉说："别打了，再打下去，我还得逃亡。我向你保证，回洛阳后，你的地位绝不会变。"

杨奉被刘协的哀告感动，和张扬休兵。就这样，在张扬、杨奉的护卫下，刘协于公元196年阴历七月回到阔别多年的洛阳。他一踏进洛阳的土地，就趴在地上号啕大哭，哭天哭地哭祖宗，哭得士兵们也跟着他哭。

洛阳城是该被刘氏子孙大哭一场，自董卓焚烧洛阳城后，此地已成了废墟，断壁残垣，荆棘遍地，杂草丛生，野兽出没，洛阳城简直成了野生动物园。此时的洛阳既没有住的地方，也没有吃的东西。

张扬最先发现这残酷的生存环境，他想都没想，随便找了个借口就跑回自己的老巢去了。杨奉苦熬了几天，也跑了。刘协其实也想跑，可他无处可去。他只好发挥皇帝最后的余热，希望能照亮别人，他给各军阀发邀请函，请他们来洛阳觐见。但没有人来，除了曹操。

曹操能来，就足以证明他比袁绍高明一百倍。他内部的幕僚团也分成两派，一派认为："现在的皇上就是个牌位，什么用都没有，而且还损咱们的元气。咱们不如好好发展现在拥有的地盘，然后削平群雄，再去见皇上。"

这话有道理，曹操点了点头。

反对派的代表人物荀彧立即站出来说："如果稍读点历史就该明白，此时是去洛阳向皇上表示忠心的最好时机。当年刘邦（汉高祖）为义帝发丧，举兵东征项羽而天下归心。自从皇上被董卓劫持西迁以来，将军您首倡义兵，只因关东纷乱，未能远赴勤王。现在皇上已回到首都洛阳，忠义之士莫不心存王室，就是老百姓也关注国家的命运。所以我觉得，若能趁此时把皇上迎来，既是大顺民心，也是扶持正义，秉公行事何愁天下不服！您若能做到这点，不仅表明将军才略出众，更显出将军品格的高尚，从而会让更多的英俊才士归附您。即使有人想从中作梗，也无能为力。如果您现在不做，一旦有人这样做，那可就后悔莫及了。"

这话也有道理，曹操也点了点头。

此时，曹操面对的情况和当初袁绍面对的情况一样，必须要做出决断。他立即做出决断，而且马上行动："走，去洛阳，迎皇上。"

曹操大兵团立即开赴洛阳。走到半途，曹操觉得部队带得有点多，就让大部队回他的治所许都（今河南许昌），可又走了一会儿，他急忙又把部队召了回来。

夏侯惇被搞蒙了，问曹操：“大人，您这是怎么了？”

曹操就小声对夏侯惇说：“你不知道，咱们这次去没那么容易把皇上带回来。”

夏侯惇说：“咱们有军队啊。”

曹操摇头说：“不是你想的那样，这件事，必须要让皇上那几个心腹大臣都心甘情愿。”

夏侯惇是武将，武将固然有时候也会运用智谋，但对政治那一套很陌生。曹操说得没错，他这次若想用软实力把皇上拉到他的许都，没有那么容易。

刘协的二董（董承、董昭）不是好鸟，在外面手握重兵的张扬和杨奉更不是省油的灯。曹操担心的是，如果强行把刘协迁到许昌，那可能会引起动乱。这一路，曹操想了太多，抵达洛阳郊区时，刘协的仪仗队已等候多时。按照规定，皇帝仪仗队已经出来，被迎接的人就该立刻进城，可曹操没有，他下令部队原地休息，第二天挑选良辰吉日再进洛阳城。

刘协蒙了，董昭也蒙了，只有董承乐起来，他说：“曹操根本就不是来表忠心的，他在打歪主意。”

刘协不相信，不是他真有判断力，而是他害怕曹操真是来打歪主意的。因为害怕，所以选择不相信。只有董昭，窥破了曹操的心思。

当夜，董昭去见曹操。一见面，董昭就对曹操说：“我可以帮您进城。”

曹操哈哈一笑说：“我只要想进，随时可以进。”

董昭说：“我还可以帮您顺利出城，去该去的地方。”

曹操收起笑容，仔细审视董昭，发现此人靠得住，就急忙站起来，把董昭拉到自己身边，说：“您这话是什么意思，我听不懂啊。”

这回轮到董昭大笑，他说：“你是担心董承、张扬和杨奉他们吧。”

曹操不动声色。

董昭继续说："董承是个见风使舵的人，你只要进城烧上三把火，把那些当初向李傕、郭汜等叛贼抛媚眼的官员宰上几个，董承马上就老实了。至于张扬，他已经彻底放弃皇上了。杨奉嘛，我来对付。只要我给他写封信，说您很尊敬他，同时许诺给他一些粮草，他这种人，会高兴得跳起来，你做什么，他都不管啦。"

曹操握住董昭的手，激动地问道："您为何帮我？"

董昭说："我是帮苍生，当今天下，只有你是英雄人物。"

这话可能有点假，但曹操只能当真。董昭的效率很高，当夜就给杨奉写了封信，信中说：曹操这人特别好，非常尊敬你，而且还答应给你一大批物资。

杨奉第二天早上就给了回信，说：兖州有粮有兵，我会向皇上说明你的情况，并且定要让皇上赏赐你。

一切都已就绪，曹操这才进了洛阳城，刘协从宝座走下来，亲自迎接他。曹操表面上受宠若惊，内心却平静如水。

不是说这一切是他应得的，而是这一切才刚刚开始。

刘协马上任命曹操为首都临时第一军政长官，曹操按照董昭的话，宰了几个当初附和李傕、郭汜的官员。朝堂之上，虽然鸦雀无声，但曹操能感受到，刘协的那些臣子对他不服。

董承立即转向，向曹操道歉，说当时不该阻止曹洪到安邑去接皇上。曹操扬扬得意地说："有些时候，水向哪里流，谁都阻挡不了。"

董承急忙献上他对曹操的忠心，说："洛阳太残破，吃不饱穿不暖，连个喝茶的地方都没有。曹将军有什么好办法没有？"

曹操心领神会，但他不和董承说，而是去找董昭。

他对董昭说："承蒙皇上厚爱，让我来洛阳，但下一步该怎么办，我心里就没谱了。"

董昭笑道："曹将军这是揣着明白装糊涂啊，您兴义兵诛暴乱，尊奉天子，辅佐王室，这是五霸的功业。可是，洛阳城这些官员未必全部服从您，将军要是留在这里辅佐皇上，恐怕多有不便，照我看，迁都许昌才是上策。”

曹操点了点头，不过他有疑虑：“皇上才回洛阳，又要迁都，恐怕会引起骚乱。”

董昭说：“世上之事哪有两全之策。不过，先贤们说过，只有行非常之事，才能建非常之功。迁都许昌，是利多害少。只要你下定决心，而且有能力做到，那就做吧。”

曹操仍然有疑虑，说：“杨奉会不会阻拦？”

董昭想了想说：“杨奉现在缺衣少穿，只要将军给他送点物资，同时说明把皇上迁到他的势力所能覆盖的地方，他肯定会答应，即使他以后反悔，咱们已迁到许昌，还怕他不成？！”

曹操大喜，觉得董昭的智慧不在荀彧之下，就开始计划迁都事宜。一切准备就绪，他才给杨奉送去书信和一大堆足以让杨奉流口水的军用物资。

杨奉被蒙蔽，当曹操带着皇帝刘协经过轩辕关而直奔许昌时，杨奉才意识到自己上了曹贼的当，他急如星火地追来，半路上，被曹操预先设下的伏兵击溃。

就这样，曹操轻而易举地把皇帝刘协这个宝贝握到手里。刘协毫无办法，他的一生将注定是他人的傀儡，一直到死。

和袁绍斗法

当曹操在许都重新为刘协建构新的中央朝廷时，袁绍在冀州气炸了肺。他忽然发现自己犯了个致命的错误，轻易放弃了皇帝刘协。世界上的人分为两种，一种人总是想这想那，总是犹豫，结果他就只能看着快速行动的第二种人成功。袁绍属于第一种，曹操属于第二种。

袁绍后悔后，马上就集结军队，准备强行从曹操手中把皇帝抢回来。可军队还未集结完毕，他就下令原地解散，因为他又犹豫起来。

他用自己有限的智商琢磨来琢磨去，最后认为现在和曹操翻脸，不是时机，此事得从长计议。从长计议了很久，他终于想出一个绝妙的办法。

几天后，袁绍以讨董联盟盟长的身份给曹操写了封信。信中说：小曹啊，最近真是辛苦你了，你看你东奔西跑上蹿下跳的，还把皇上安顿到许昌，我们这些人都很敬佩你。不过我认为，许昌那地方潮湿，容易引起关节炎，不如把皇上迁到你的地盘甄城，那地方好。

曹操收到信后，笑得差点岔气，袁绍还想着什么盟主呢，此一时彼一时了。他回信说：老袁啊，你不早说，我在许昌已经把社稷和宗庙建好了，皇上非常喜欢，不肯走啊。

袁绍忍着怒气再写信给曹操：小曹啊，你想多了不是。我是为了皇上好，而且甄城是你的地盘，你怕什么嘛。你这是心里有鬼啊！这样，我去许昌和皇上聊聊，皇上肯定会听我的。我觉得我去许昌，也没有必要带军队吧，三十多万的军队，吃你的喝你的，你也受不了啊。

这是典型的威胁，曹操不怕。他回信戳穿袁绍的小聪明：甄城的确是我的地盘，可离你大本营太近啊。你早上发兵，中午就能抵达甄城，跟我玩这个，你去死吧。

袁绍收到信，“哇呀哇呀”叫起来，险些吐出一口老血。他要集结兵马，去讨伐曹操。

但那群狗头军事急忙阻拦道：“万万不可，天下所有军阀都知道皇上现在在许昌，你进攻许昌，虽然是为了讨伐曹操，可大家肯定会误会你是讨伐皇上啊。”

袁绍问：“谁有不同意见？”

幕僚们这回出奇地一致。袁绍很高兴：“你们早就应该这样，我最讨厌选择，那就不去讨伐曹操了，咱们从长计议。”

袁绍要从长计议，曹操可没有这个心情。他觉得袁绍太嚣张跋扈，居然要插手他的事务，于是就以皇帝刘协的名义下诏书训斥袁绍说：所有军阀中你实力最雄厚，却拥兵自重，既不勤王，又擅自征伐，你眼里还有没有朝廷？！

袁绍这回真吐出了几口老血，他明知这是曹操的意思，可也毫无办法，最后，他还要上奏折向刘协解释一番。

刘协对曹操说："袁绍已经道歉，我看这件事算了吧。"

曹操怒目圆睁道："怎么能算了，对这种叛逆，中央朝廷应该出兵讨伐！"

刘协吓得灵魂出窍，说："曹将军，我可是刚过了几天安稳日子啊。"

曹操想了想，说："皇上，我只是随口一说，您不要害怕。"

其实，无论是袁绍还是曹操，在公元196年时，都不可能选择和对方全面开战。袁绍方面，他的劲敌公孙瓒始终在北面对他虎视眈眈，袁绍不可能在北面还有敌人的时候向南面的曹操开战；曹操方面，他清醒地认识到自己的实力远不如袁绍。同时，他面临两件迫在眉睫的事：在许昌站稳脚跟，将势力向东方和南方扩张。

所以，曹操和袁绍暂时也就打打嘴仗。两人打完嘴仗后，曹操脑子好像被驴踢了，居然让刘协封他为大将军，而封袁绍为太尉。大将军远在太尉之上，袁绍这回没有吐血，而是暴跳如雷，向中央朝廷申诉说：曹操算个鸟，居然敢在我之上，现在他居然敢挟持皇上您压我了，我三十万军队是吃素的吗？

刘协收到袁绍的申诉，立即魂不附体，哀求曹操说："大将军，袁绍这是要动武啊！"

曹操也有点害怕，现在真要动武，他肯定不是袁绍的对手。他想不到袁绍廉价的自尊心如此强，一时之间，他居然想不到办法平息袁绍的愤怒了。

回到家中，曹操心事重重地喝起了闷酒。喝了一会儿，仆人就来向他报告："刘备来了。"

你也许会问，刘备怎么来了？其实他早就来了，而且一直就待在许昌。曹操把吕布赶到徐州时，徐州正在刘备的控制下，但他的无能很快就被吕布看透。

吕布决定拿下徐州，他首先吹嘘刘备是英雄人物，不应该固守徐州，然后就建议刘备应该树立威望，而在乱世，树立威望的唯一道路就是战争。刘备同意吕布的看法，他不敢碰那些强悍的军阀，比如袁绍和曹操，所以他向最弱的袁术开战。

刘备于是带兵去找袁术打架，留下他的好兄弟张飞固守徐州治所下邳。可张飞比刘备还不靠谱，居然把下邳的政府一把手曹豹杀了。曹豹一死，下邳暴乱。袁术就和吕布勾搭，答应给他军用物资，让他出兵攻打下邳。吕布是个有奶就是娘的主儿，马上攻陷下邳，驱逐了张飞。

刘备在前线听说吕布和袁术已联盟，而且还占领了下邳，慌忙回救，就在回途中，他中了袁术的埋伏，几乎全军覆没。

本来他是死定了，可袁术犯了错。他答应给吕布军用物资，却没有给。吕布大怒，又和刘备形成联盟，不过，他也趁势自任徐州牧，刘备则返回小沛，窝窝囊囊地担任起了豫州刺史。

戏剧性的一幕再次上演，袁术忽然又向吕布抛媚眼，吕布居然又答应和他联盟。袁术在稳住吕布后，开始向刘备进攻，刘备不能支撑，向吕布求救。

吕布忽然就做起和事佬来，让刘备和袁术握手言和。因为他怕袁术灭掉刘备后实力做大，对他构成威胁。

到此为止，袁术、吕布和刘备都和平了。于是，刘备开始积极发展自己，这时吕布发现，如果刘备发展好了，对自己更是威胁，所以就出兵进攻刘备。

刘备意料之中地被击败，就投奔了曹操。

袁术、吕布和刘备上演了一幕精彩纷呈的小丑剧，让人忍俊不禁。

刘备来投奔曹操时，曹操还没有去洛阳接皇帝刘协。所以他常常和刘备喝酒谈天，一些没有智慧的幕僚就对曹操说："刘备这人相貌诡异，非凡人，应该干掉他。"

曹操哈哈大笑说："他自出道以来，始终像丧家犬一样东奔西跑，我怎么就没看出他不是凡人的一面？"

程昱和荀彧都认同曹操的见解，因为在那时，刘备和他的两个兄弟关羽、张飞，就是彻头彻尾扶不上墙的烂泥。

曹操正在为袁绍的事情烦恼时，刘备适时地来了。

曹操请他喝酒，刘备喝起来就没完，两人渐渐把话题转到袁绍身上，曹操说出了自己烦闷的原因。

刘备干了一口酒说："这还不简单，袁绍既然注重名，那就给他名，您在皇上身边，拥有皇上就足够了，要那名做什么？"

曹操惊了一下，对啊，这很好解决的一件事，为什么自己就没有想明白呢？

可能只有一个原因可以解释，人的双眼被名利遮蔽后，智慧就降低了。

他立即采取刘备的建议，让皇帝刘协下令，任命袁绍为大将军，而他退居到袁绍的后面，担任太尉。

袁绍有点高兴了，曹操更加高兴。

经过这么一件事，曹操对刘备格外重视起来。几天后，他任命刘备为豫州刺史，又给了一支部队，让他回豫州去做官，目的是牵制吕布。

刘备兴高采烈地去了豫州，而曹操则开始他整顿中央朝廷的计划。

屯田

曹操在公元196年夏天仍然清晰地记得几年前有人对他说过的话：若想在这个时代成就伟业，第一，就是奉天子以令不臣；第二，就是要想办法得到足够的军粮。现在，曹操已经完成第一步，接下来，他要实行第二步。

缺粮对于大乱时代的任何军阀，都是致命的。当初曹操光复兖州困难重重，折腾了许久，就是因为没有军粮。军粮困扰着所有的英雄豪杰。

占据河北的袁绍，士兵以采摘桑葚为生。桑葚这东西就是熟透了，吃起来也特别酸。中医认为它是绝佳的药材，滋阴补血，生津止渴，乌发明目。但任何好东西，哪怕是人参，也不能老吃。袁绍的士兵总吃桑葚，最后每个人都狂躁不安，都能听到血液在身体里流动的声音，有的人吃太多，发现自己成了千里眼，可怕的是，眼睛越来越大，成了“外星人”。

袁术在江淮，根本吃不到一粒粮食，只能以海水中的牡蛎为食。众所周知，这东西是补肾的，人的肾气太多，就溢出来了。所以袁术的士兵常常流鼻血，浑身燥热，整日整夜地睡不着觉，想入非非，根本没有精力打仗。

军队尚且如此，老百姓的境况就更可想而知了。他们只能吃草根树皮，到最后，连草根树皮都没的吃了，要么吃人，要么被人吃。

曹操占据的兖州既没有桑葚，也没有牡蛎，只能靠那些幕僚想办法来解决军粮问题。在曹操光复兖州的战事中，程昱因为找不到那么多军粮，所以就把人肉掺杂在有限的军粮中，士兵明知道粮食里有人肉，可饿得头晕眼花，不得不吃。

曹操当初去洛阳接皇帝刘协时，为了稳住杨奉，把大批粮食给了杨奉，结果他自己的人没有吃的，只好吃野果子充饥。军队前行过程中，有人饿得要命，曹操就对他们说：“前方有大饼，还有安徽老母鸡汤，快点走，否则就吃不到啦。”

士兵们一想到大饼和鸡汤，浑身充满力量，这就叫画饼充饥。

但这种小聪明，只能玩一次，第二次就不灵了。若想让士兵有充沛的体力打仗，必须要实打实地来顿大饼。

曹操在许昌召开全体官员会议，问众人：“现在是地盘重要还是大饼重要？”

武将们都叫起来说：“抢地盘！”

文官们喊：“大饼，大饼！”

曾经的东阿县令，如今的羽林监（侍卫团团长）枣祗扯着嗓子喊道：“没有大饼吃，怎么抢地盘？”

曹操对他的话很认可，因为枣祗从前任东阿县令时只做了两件让人刮目相看的事。一件是养了很多驴，这种驴的皮熔解后就成了阿胶，可以补血。另外一件事就是把农业搞得非常好，让东阿一直富得流油。

曹操让枣祗尽快拿出方案，制造更多的大饼。只要有更多的大饼，他就能横扫天下，至少能先统一北部中国。

枣祗很快就拿出了他的方案，那就是屯田制。简单而言，屯田就是以军事保驾护航的农业殖民。它规定，居住民和流民必须待在某块空闲的田地上，然后由政府出资（种子、耕具）给农民，农民和其家属就在这块地上耕作，空闲时就进行武装训练，粮食丰收后，将丰收粮食的百分之五十交给政府。

其实这种办法在董卓之乱后的许多军阀那里都被采用过，不过收效甚微。原因就是各军阀无法稳固控制自己的土地，而曹操完全可以。许昌最先成了他的试验田，这块试验田最终获得了成功。秋天丰收时，曹操得到了大批粮食，这让他喜不自胜，下令在整个兖州地区推广。

屯田制的优势不仅给曹操提供了更多大饼，最重要的优势是，曹操通过屯田制牢牢控制住了土地和人，无论是本地居民还是流民，都被曹操妥善安置到了自己的地盘上。这些人不但能创造粮食，也是巨大的兵源。

只这一个制度，就为曹操遥遥领先其他军阀，为后来统一中国北部奠定了坚实的基础。

曹操能搞出这样好的制度，就在于他对人才的重视。只有出色的人才，才能制定以及实行好制度。

在把皇帝刘协迎到许昌后，以曹操为首的中央朝廷从来没有过如此多的人才，当时几乎所有的人才都聚集在许昌。

曹操的第一智囊荀彧、荀彧的侄子荀攸，再有就是曹操后期的“高级军师”郭嘉、给曹操做人肉军粮的程昱，还有让曹操顺利迁都的董昭，以及主动投奔他的孔融。

这里的每个人都才华横溢，具备大战略思维的荀彧，算无遗策、以小见大能迅速做出判断的荀攸，神乎其神的郭嘉。至于武将，那更是群星闪耀，夏侯惇、夏侯渊、于禁、典韦，每个人都能独当一面，是曹操的擎天巨柱。

当然，也有坏蛋，比如祢衡。

借刀杀祢衡

祢衡是山东德州人，这个地方后来以扒鸡闻名天下，但祢衡不喜欢鸡，他认为鸡除了会叫和生蛋以外，一无是处。祢衡很聪明，又特别勤奋，这让他年少时即以才华成名。后来他和孔融相交，孔融和他一下子就成了好友，两个人腻腻歪歪，祢衡称孔融为复活的孔子，孔融就称祢衡为诈尸的颜回。

两人能走到一块，互相捧臭脚，就是因为性格相投，都恃才傲物，很少有人能入两人的法眼。但祢衡比孔融走得更远，他的嘴巴很臭，喜欢明目张胆地骂人。

祢衡后来刻了个木牌，上面写上自己的名字，到处找工作。可惜没有人喜欢他那张臭嘴，所以后来木牌上的字都被他和别人磨平了，也没有人任用他。孔融看到好友如此落魄，就在投奔曹操不久后，把祢衡介绍给了曹操。

曹操当时求才若渴，听说有这样的人才，就立刻派人去请。这是祢衡有生以来第一次收到别人的聘任书，可能是过于激动，居然回复曹操：你不配让老子伺候。

曹操叫起来："这是人才啊，把他给我押来！"

就这样，祢衡进了中央朝廷，刘协一开始很喜欢他，可后来发现，祢衡每天做的事就是骂人，几乎把天下有名的人骂光了。刘协的耳朵受不了，就把他送给了曹操。

曹操问祢衡："你觉得我手下那些人咋样？"

祢衡狂笑说："全是饭桶，也就荀彧还可以。"

曹操看着在场的手下，他们已经怒极了，包括荀彧，因为荀彧知道，祢衡那张狗嘴吐不出象牙来。

曹操问："荀彧可以做什么？"

祢衡说："可以吊丧问疾。"理由是，荀彧永远都板着张臭脸。

荀彧不动声色，其他武将愤怒起来，要当场宰了祢衡。曹操阻止他们，说："祢衡这样说，必是有才华在身。"然后对祢衡说，"你会打鼓吗？"

祢衡叫起来："你什么意思？"

曹操下令："来啊，让祢衡击鼓。"

有人抬上一面鼓，两个武士监视着祢衡。祢衡知道，今天这鼓如果不击，那他绝不可能全身而退。

他其实很聪明，知道曹操不会杀他，因为曹操此时正在收揽人才，不会坏了自己的名声。于是，他想给曹操好看。

他脱了上衣，露出白斩鸡一样白花花的肌肤，有人呵斥他："大胆，怎么敢在将军面前无礼！"

祢衡大笑，不但不穿上衣服，而且把裤子也脱了，说："这就叫光明磊落。"

众人都大笑，祢衡开始击鼓，忽然就骂起曹操来，说曹操不识人才，是个瞎子，不容于诸侯，是个小心眼，挟持皇上，是个叛贼。

几个武将怒不可遏，冲上来把全裸的祢衡摔倒在地，就要活活打死。

曹操急忙制止，还亲自上来给祢衡穿好衣服，说："祢衡啊，你有种，我就喜欢你这种有种的知识分子。"

祢衡一面穿衣一面说道："你没有种啊，否则就应该让他们活活打死我。"

曹操呵呵一笑，说："我这里庙小，容不下你这大佛，你去荆州刘表那里吧。”

祢衡气冲斗牛：“曹操，你这是要赶我走啊？”

曹操急忙说：“你别误会，我是担心你在这里的安全，你看这些人恨不得把你当成一只鸡给红烧了。我知道你不怕，但你也要为我考虑考虑，万一你被他们活烤了，天下人会误会是我杀的你啊。”

祢衡晃荡着他硕大的头颅，对曹操说：“老子就去刘表那里，你等着，我还会回来的。”

曹操当场就让人把祢衡送出了许昌城，祢衡站在城外的土丘上，看着许昌城，“呸”了一口说：“等老子回来。”

荆州牧刘表是个喜欢“端着、装着”的人物，和刘备一样，刘表也自称是刘氏皇族后裔，年轻时又和曹操一样，千方百计挤进名士圈，受到一致好评。刘表表面上礼贤下士，虚怀若谷，其实心胸不广。每次遇到指责，哪怕是骂他娘，他表面上也微笑以对，但背地里就咬牙切齿，恨不得把对方活吞了。

曹操送祢衡去他那里时，给他写信说：天下都知你对待贤士如对待祖宗，祢衡此人乃真贤士也，我把他送给你，不用谢。

刘表对祢衡早有耳闻，此人的嘴巴很臭，而曹操把祢衡送来，就是想考验一下他对贤士的忍耐力。刘表心知肚明，但还是接纳了祢衡。他希望用自己的真心感动祢衡。可是，祢衡不吃这一套。祢衡虽然口口声声尊敬刘表，但对刘表下面的人，就用臭嘴狂轰滥炸。

刘表很不高兴，祢衡你这孙子，打狗还要看主人，你说我下面的人不行，不就是说我不行吗？

在忍气吞声多日后，刘表终于受不了祢衡了，他给曹操写信说：你送我的那个东西啊，我真是无福消受，我还给你吧。

曹操回信说：我这个人有自己的人生观，送出去的东西，哪怕是最爱的女人，也绝不再拿回来，哈哈！

刘表气得七窍生烟，大骂曹操十八代祖宗。现在，祢衡已经不是个人了，而是坨屎。可这坨屎，不是普通的屎，谁踩它谁就会招致骂名。刘表可是靠名声起家的，他不能因一坨屎而前功尽弃。

想来想去，刘表想出了个办法，他效仿曹操，把祢衡送给了他的部将江夏（治所在今湖北武昌西南）太守黄祖。黄祖是有名的暴脾气，刘表确信，祢衡这次绝对是有去无回。

果然如刘表所料，祢衡初到黄祖那里，还偶尔拍黄祖的马屁，可后来他发现这不是自己的风格，于是开始辱骂黄祖。黄祖的反应要比曹操和刘表激烈百倍，立刻下令宰掉祢衡，并且把祢衡的脑袋送到了许昌。

那颗大脑袋装在一个盘子里，转了一圈，正如他从许昌走时所说的那样，他果然回来了。

很多人都对曹操借刀杀祢衡，颇有微词。我们应该注意一点，如祢衡这样的喷子，不会受人待见。曹操不借刀杀他，肯定也会有人杀他。

祢衡的能力到底如何，没有人知道。因为他那张臭嘴，从来没有给他带来任何显示能力的机会。

他的头颅到达曹操的桌前时，曹操挤出几滴眼泪，说："哎呀，是我害了你，当初如果不把你送给刘表，你不可能有这种下场。"

曹操的所有属下都乐起来，就连一向板着脸的荀彧都笑了，这就是民心。

曹操现在得到的民心非常丰厚，粮食有了，文臣武将济济一堂，他要奉天子以令不臣，消灭那些不服中央朝廷命令的大小军阀。

一征张绣：典韦、曹昂战死

公元196年最后一个月，曹操领导的中央朝廷在许昌召开重大会议，会议的主题就是"奉天子以令不臣"。奇怪的是，刘协在这时忽然生病了，参加不了会议。所以只好让曹操来主持会议。

会议的主旨就是先揍谁。有人建议先收拾东边的吕布，有人则认为应该先解决正准备在淮南称帝的袁术，也有人认为应先干掉关中的马腾和韩遂。

主张先解决吕布的人说：“咱们一直想占据徐州，现在有粮有兵，正是实现夙愿的好机会。”

主张先揍袁术的人则说：“根据可靠消息，袁术要称帝，这是典型和中央朝廷对着干，必须要先打出头鸟。”

主张解决马腾、韩遂的人则说：“咱们这个屯田制其效如神，如果能拿下关中，那全国粮食的一半都是咱们的，何愁天下不平。”但很快有人提出反对意见，稍对二人过往经历有所了解的人就知道，马腾、韩遂不是善茬。马腾本是东汉初年军界一哥马援的后代，长年在关中为官。天下大乱后，马腾割据一方，因其性格忠厚，经营有方，所以受万人敬仰。这也就是说，和马腾作对，那就是和大部分关中百姓作对。至于韩遂，早年一直在凉州叛乱着玩，玩来玩去，就玩大了。董卓死后，韩遂就成了凉州本部的灵魂。

这二人，都不可以轻易打。

众人七嘴八舌，曹操拄着宽下巴一直认真地听。听到最后，他摇晃着大脑袋，让文臣武将们看地图。众人都伸着脖子去看，曹操笑着问：“诸位看，现在谁离咱们最近？”

除非是瞎子，否则肯定能看到，离曹操最近的军阀不是吕布，也不是袁术，更不是马腾和韩遂，而是占据宛城（南阳郡治，今河南南阳市）的张绣。

曹操说出先揍张绣的理由：“如果咱们揍吕布，一旦张绣偷袭许昌，咱们是两头空；如果打马腾和韩遂，路途遥远，得不偿失。咱们要先搞定张绣，先把家门口的敌人干掉，其他的事再说。”

众人都认为曹操说得对，曹操大笑，浑身的肉都哆嗦起来。

张绣是董卓部将张济的侄子，张济战死后，张绣就接管了叔叔的部队，又和刘表结盟，驻扎宛城。张绣是个有抱负、有本事的人，在谋士贾诩的帮助下，把宛城治理得井井有条。也正因为张绣在宛城发展奇快，所以才被曹操盯上。

张绣能在宛城搞得风生水起，贾诩是关键。贾诩有三个优点：智慧超群、懂兵法、忠诚。这三个优点，让他能在东汉末年的乱世中迅速脱颖而出。

公元197年正月，曹操率领大军向宛城推进。张绣得知消息后，急忙和贾诩商议。贾诩说："咱们现在显然不是曹操的对手，所以有两条路走。第一条路，投降刘表，和刘表一起干曹操。"

张绣摇头说："刘表这人只能做太平宰相，如今是乱世，他和袁绍一样，多疑无决断，恐怕不能成事。"

贾诩说："那咱们就走第二条路，投降曹操。"

张绣沉思一会儿说："曹操这人倒是有本事，可这人不太靠谱。"

贾诩说："那还有第三条路，和曹操对着干，但你也明白，这是一条死路，你走不走？"

张绣沉思许久说："大家都活得好好的，为啥走死路，我看咱们就走第二条路，投降曹操吧。"

两人商议时，曹操兵团已抵达宛城之南的淯水边上，贾诩负责和曹操谈判。

对于贾诩，曹操久闻大名，所以两人开始谈的并非是张绣投降的问题，而是天下大势。贾诩分析得头头是道，曹操就动了心思，说："你跟我吧。"

贾诩拒绝说："我和张绣的友谊比金坚，况且，张绣投降了您，咱们就都是一家人了，何必分跟你干还是跟张绣呢？"

曹操更加敬佩贾诩了，所以对张绣举行的投降仪式根本就没有上心。当夜，曹操只率领一支机动部队进入宛城，张绣举行宴会欢迎他的到来。

在宴会上，曹操傲慢心爆棚，他没有想到居然兵不血刃就拿下了宛城。人顺风顺水的时候，就会变得傲慢。宴会上，曹操挺着大胖肚子，和张绣的将军们碰杯，他特意让典韦举着大斧跟在后面，每和一个降将碰杯，典韦就瞠目举斧，这让张绣很不舒服。

更让张绣不舒服的是，曹操居然恬不知耻地把他的婶子（张济的遗孀）纳为小老婆。他现在居然成了曹操的侄子。

张绣也是一条铁骨铮铮的汉子，哪能受这种委屈，不过即使如此，张绣也强忍着。人有心事，脸色必然不好看，曹操和张绣接触几次后，就发现了这个问题。

有人就偷偷告诉他，你把人家婶子纳为了小老婆，人家会高兴?

曹操惊了一下，他发现这的确是个问题，将心比心，他也不愿意自己的婶子给别人当小老婆。这种心理一生，杀机立起。

不过，曹操顾及面子，毕竟张绣已经投降了他，他再杀人家，让天下人耻笑。所以他找来张绣最信赖的武将胡车儿，和他喝酒，喝完后，让胡车儿把剩余的酒打包，同时又给了胡车儿许多金银财宝。

曹操大概是想借助胡车儿的手除掉张绣，或者是让胡车儿诬告张绣谋反。但胡车儿马上就把曹操请他吃饭的事告诉了张绣。张绣一咬牙一跺脚，说："曹贼，这可是你自找的！"

经过密谋后，在一个伸手不见五指的夜晚，张绣带领他的兵团突然向宛城内的曹操部队发起进攻。曹操进入宛城的部队本来就少，张绣又是有备而来，所以双方一接触，曹操兵团就溃败了。

张绣反叛时，曹操正和张绣的婶子睡觉，忽见窗外火光四起，人喊马嘶，他从床上翻身而起，扔下新欢就跑出门，典韦正在门口惊慌失措。

曹操惊问："怎么回事？"

典韦回答："张绣反了。"

曹操七窍生烟道："这个畜生！"

典韦拎着斧子催促道："将军，到底谁是畜生以后再说，现在赶紧跑吧。"

典韦保护着曹操，左砍又剁，终于杀出一条血路。两人来到城门口，让曹操惊喜的是，城门居然没关。他和典韦还有残余的士兵冲出城门，张绣兵团紧追不舍。

曹操的大部队在淯水边上驻扎，部队指挥官早已看到城中火起，马上集结部队前来营救。由于事发仓促，所以他们还没来得及列阵就一窝蜂来到城门前，而恰好曹操带着残兵从里面冲出来，人山人海，全部挤在城门口无法动弹。

曹操这才反应过来，为何城门是开着的，这正是张绣的诡计。他大喊大叫：“快让开，你们这群笨蛋！”

张绣兵团早已赶到，乱箭齐飞，曹操突然感觉后背一痛，就听典韦大喊：“将军中箭啦，你们快让开。”

城门外的士兵听到这命令，急忙向后撤，这种撤退是混乱的，大家你推我，我推你，有人倒地立即被活活踩死。

曹操在典韦的保护下，好不容易才冲出人山人海，像个被追捕的窃贼，一路狂逃。等逃到安全地带，剩余的士兵组建起防御后，曹操这才疼得“哇呀”叫出声来。

他赶紧让典韦给他包扎，可喊了好几声，典韦都没有答应。他定睛四望，典韦不见了。

身边的卫士就跪下告诉他：“典将军为了保护您而殿后，被砍成肉泥了。”

典韦是曹操初期最爱的一员猛将，这样一员猛将，应该死得其所，可曹操知道，典韦死得冤枉。如果不是自己搞小老婆，想对张绣下手，哪里会搞成这样。

曹操这个痛啊，痛得心脏都裂成了七八瓣。卫士又告诉他，咱们伤亡七八成，您长子曹昂，侄子曹安民全都死啦。

曹操“嗷”的一声，晕死过去。

但此时正是危急时刻，部下们不能让他晕死，几个军医开始轮番上阵，对他使用复苏疗法（猛捶心脏）。在进行了五个回合后，曹操突然“呃”了一声，惊醒过来。好像是做了一场噩梦，他问道：“我在哪里？”

众人回答他：“暂时在安全地带，不过张绣正在准备下一次的进攻。”

曹操肝肠寸断，开始哭儿子曹昂，又哭侄子，再哭典韦，哭得上气不接下气。军医很怕他再晕死过去，急忙劝他节哀。

许久，曹操才彻底恢复神志，问：“于禁呢？”

曹操进宛城时，特意嘱咐于禁带领一支数目比较大的机动部队，在宛城周边扫荡反抗势力。这时，应该还在外面扫荡。如今，曹操的部队只剩下这支有生力量了，他把所有的希望都寄托在于禁身上。

他才问完于禁在何处，就有哨兵如同发了羊角风一样跑来报告：“将军，不好啦，于禁造反了，正向这面冲来。”

曹操两眼一瞪，“嗷嗷”两声，又昏死过去。

军医们再度连番上阵，对他进行复苏疗法。可这次，曹操好像真死了。

不过，老天爷开了眼，曹操最终还是被救了回来。当他醒转来时，看到于禁的国字脸，大吃一惊地问道：“你不是造反了吗？”

于禁说：“将军，我怎能造您的反？是消息有误，您的青州兵团在路上抢劫，我制止了他们，所以他们才造我的谣。”

曹操挣扎着起来，看看围绕在身边的这些人，每个人都精神不佳，异常疲惫。他问：“我们现在何处？”

于禁回答：“舞阴（今河南泌阳县西北）。”

曹操长叹道：“想不到宛城一战，居然如此狼狈。”

于禁说：“咱们还是赶紧回许昌吧，夜长梦多。”

这并不是个简单的事，因为张绣准备给曹操最后一击。张绣这次把曹操打得如此狼狈，出乎他意料。所以当曹操败退时，他一直不停地追击，当追击到舞阴时，曹操发现再逃下去，真就把张绣引到老巢许昌了。

他不能再逃，他让于禁整顿残余兵马，要和张绣决一死战。张绣的胜利来得太容易，起了轻敌之心，当战役打响时，他居然还在马上哼着小曲看热闹。

曹操现在的兵团，正是哀兵，又没有退路，所以一进入战场都玩命抵抗，欲一雪前耻。张绣兵团被这支不要命的兵团冲击得渐渐支持不住，向后撤退。

曹操在高处看到张绣在后撤，狂笑起来说："老子终于扳回一局，给我杀啊！"

这回轮到张绣溃逃了。他的溃逃比曹操还惨，连宛城都不敢回，顺势把大营移到离宛城一百余里的穰城（今河南邓州）。曹操就此占领了原先属于张绣的南阳和章陵的一些地方。

有人建议曹操进攻穰城，曹操知道自己已是强弩之末。况且，他担心贾诩在谋划什么阴谋诡计，只好被迫收兵回了许昌。

第一次征张绣，曹操以惨败告终。他偷偷摸摸地回到许昌，没有举行任何庆祝大会，连夜召开战后总结会议。会议上，他对众臣说："此次之所以失败，是因为没有让张绣给个人质，所以张绣一反，关门打狗，就把咱们打回来了。"

郭嘉在下面听着，撇了撇嘴，心说：老曹你可闭嘴吧，怎么失败的难道你不知道，还不是你搞人家婶子。

不过，曹操虽然在总结会上说假话，可私下却对幕僚们说真话："我非把张绣打残不可，一次不行就两次，两次不行就三次。总之，一定要打残他。"

张绣也知道曹操是有仇必报的主，所以让贾诩积极和刘表取得联系。贾诩对刘表说："张绣现在是你的一堵墙，如果这堵墙倒了，曹操就进了你家后院。"

刘表慌张起来说："如何保住这堵墙？"

贾诩说："给钱给粮，危急时刻派兵救援。"

刘表说："这没有问题，回去告诉张绣，以后他就是我的小兄弟，我永远都罩着他，谁打他，就等于是打我。"

张绣抱上了刘表这个大腿，马上在刘表的支持下，出兵收复了被曹操占领的南阳和章陵，曹操多次派出小股部队去夺回，都没有成功。

曹操气得死去活来。张绣现在成了他的眼中钉。可这只是他个人的眼中钉，东汉帝国现在有了更大的眼中钉，这根钉子就是袁术。

袁术不知抽了什么风，忽然就在公元197年阴历二月，称帝了。

打跑皇帝袁术

袁术有着丰富的想象力，他早就有过称帝的念头。当初，孙坚进攻洛阳赶走董卓，得到了传国玉玺。孙坚战死后，袁术就把那块玉玺从孙家抢来。玉玺上的八个字（“受命于天，既寿永昌”，秦帝国丞相李斯所刻）让他神魂飘荡，他总和幕僚们商议称帝的事，幕僚们认为他疯了。

如果不是曹操和他开战，并把他从南阳驱赶到寿春，他早就称帝了。这时的袁术，似乎有称帝的资本，他控制了扬州和豫州的一部分，如果称帝的话，他完全可以建立一个微型帝国。

不过，在当时的形势下，谁明目张胆地要另起炉灶做皇帝，谁就是全天下的敌人。袁术的幕僚们苦口婆心地劝他，不要做这种有名无实的事。袁术不听，当曹操把皇帝刘协迁到许昌后，袁术跳起来说：“老子再不称帝，恐怕就没有机会了。”

所以，公元197年阴历二月，他迫不及待地在寿春称帝，建立了他袁术的帝国。帝国初成，袁术一片雄心壮志，决心先把徐州的吕布干掉，然后再去中央朝廷所在地许昌捉住曹操，最后干掉老哥袁绍和北方的公孙瓒，统一北中国。这是他的大战略，但还没有来得及实施，就遇到了困难。

困难来自曹操，曹操以皇帝刘协的名义下诏书，谴责袁术的大逆不道，而且声称要建讨袁联盟，向袁术发起进攻。

曹操这时刚被张绣打败，正在恢复元气，本来是虚张声势，可袁术吃过曹操的亏，马上心神不宁起来。

他的几个狗头军师就出主意说：“咱们也别先打徐州了，还是和徐州的吕布联盟揍曹操吧，干掉曹操，掉头回来再打吕布。”

袁术同意这一方略，派使者到徐州见吕布。使者按袁术的意思对吕布说：“皇上对您向来是敬佩之至，所以想让太子娶您的女儿为妻。咱们结成儿女亲家，共同打天下。”

吕布在徐州正无依无靠，每天都担心曹操来向他复仇，袁术此时送上门，正中他下怀。于是他派兵护送女儿到寿春去，可有人骂他：“你真是笨蛋。试问袁术和曹操，谁更强大？”

吕布根本不用想，脱口而出道：“当然是曹操。”

骂他的人说：“曹操比袁术力量大，曹操还占据着道德制高点，袁术则是帝国叛逆，你不选择阳光却选择黑暗，这样下去会非常危险的。”

吕布恍然，急忙派人追回女儿，同时向天下发布告示，谴责袁术擅自称帝，他吕布和袁术势不两立。

袁术正在寿春苦苦等待吕布的女儿到来，等待吕布的女儿，就是在等待吕布的加盟，可最后等来的却是吕布谴责他的告示。

他气得吐出几口老痰，下令动员全国兵力进攻吕布，但没想到后院突然起火了。

点火的人叫孙策，是袁术的合作伙伴孙坚的长子。孙策智勇双全，曾替袁术攻占了江南许多郡县，对袁术可谓忠心至极。袁术要称帝时，他意识到这是在跳火坑，所以写信委婉劝说袁术不要称帝。

袁术如果能听进这种话，他就不叫袁术了。袁术一称帝，孙策立刻咆哮起来，举起反袁术的大旗，封锁长江的渡口，并向许昌方面汇报情况，同时表示自己坚决拥护祖国统一的决心。

袁术没有精力对付吕布，就掉头过来对付孙策。孙策的力量不如袁术，所以只好退回江南。虽然他对袁术已构不成威胁，可袁术还是提心吊胆，生怕自己北上时，孙策在背后捣鬼。

他犹豫不决，不知道是就在寿春当皇帝，还是去徐州打吕布。在犹豫了多日后，他终于下定决心，去打吕布。

大军快速向徐州集结，吕布向曹操求援。曹操暂时把和吕布的恩怨放在一边，带领大军迎击袁术。

最先和袁术接触的是吕布。双方一摆开阵势，吕布就大展神威，实行中央突破战术，把袁术百里奔袭的部队一分为二，袁术大败逃跑，连皇帝乘坐的车子都丢弃在战场上。

袁术这次大败，主力并未受到重创，他本可以快速掉头打吕布一个措手不及，可是由于军中缺粮食，所以他只能跑到别的小军阀那里借粮。小军阀当然不可能借给他，于是袁术大怒，由借变成了抢。

就在他抢粮时，曹操兵团悄无声息地进入战场。袁术的士兵还未从抢粮的狂欢中醒转，就被曹操打得落荒而逃。袁术这次逃跑比他上次被曹操打败，狼狈十倍。

袁术一直逃到淮河以南，曹操由于没有船只，无法渡河，这才作罢。袁术称帝不到两个月，吃了两次大败仗，又值他的统治区域遇到灾荒，他的皇帝梦破裂了。

如果说上一次被曹操打败，他还能满血复活，这一次，他的血已被曹操抽干，剩下能做的就只有等死。

袁术已不足为虑后，曹操乐呵呵地回到许昌，和众人开庆祝大会。宴会进入高潮时，曹操大怒，说："我怎么把张绣这厮给忘了！"

于是，征讨张绣的计划，重新启动。

和张绣死磕到底

公元197年阴历十一月，曹操主持下的中央朝廷下令，再征张绣。许昌的政府机器全部开动，本月中旬，曹操部队集结完毕，直奔张绣而去。

张绣也开动战争机器，同时向刘表求援。刘表还没有回复，曹操兵团已推进到淯水，然后兵锋直指张绣的战略要地湖阳（今河南省唐河县）。曹操兵团在新来的猛将许褚指挥下，迅速攻下湖阳，然后留下一部分兵力驻守，兵锋再指舞阴，舞阴也被快速攻下。

曹操开始在这两处周边扫荡，清除张绣的一切力量。进入严冬后，曹操下令回师。这次的征讨，曹操略满意，但还不满足。在许昌休整了两个月后，公元198年阴历三月，曹操兵团再次向张绣发起进攻。

这一回，他决心全面接管张绣在宛城的统治。

张绣也下了决心，这一回，要让曹操有去无回。张绣之所以有这样的底气，并非源于他自己，而是来自刘表。刘表和张绣的关系，并不密切，还没有达到友谊的层面。不过，“利害”让两人不得不像兄弟一样守望相助。

曹操如果接管张绣的地盘，刘表就不得不直面曹操。对于这样的劲敌，没有人愿意和他做邻居。不过，曹操并没有把刘表和张绣的联盟放在眼里。多年来的军旅生涯，渐渐把曹操锻造成英雄人物。他和袁绍截然不同的是，袁绍放不下贵族身段，从来不亲临战场，曹操却恰好相反，永远都亲临一线。

领导者最有效率的工作场所就是现场，曹操深谙此道。不过，也正是由于战场经验的丰富和胜利的持续不断，让曹操成为特别容易骄傲的人。

回顾曹操的作战史，除了第一次和董卓的部将作战之外，其他战役的失败，全源于他的骄傲和轻敌。这足以说明，曹操并非如我们想象中的那样传奇，他有大多数人都有的弱点：容易骄傲。

第二次征讨张绣的全面胜利，让曹操再度骄傲起来。第三次出征张绣前，荀攸就给他出主意说：“前一次我方大胜，这一次张绣必然有所准备，去请刘表帮忙。可人人都知道，他和刘表是利益捆绑，根本没有纯洁的友谊。如果我们逼得太紧，刘表就会和张绣结成生死同盟，可如果我们不把张绣逼上绝路，那两人的关系很快就会破裂。因为以利害相交者，绝不持久。”

曹操不认可荀攸的建议，他说：“张绣和刘表结盟又如何。况且，张绣这厮杀了我儿子和侄子，还有典韦，我现在一想到典韦死得如此窝囊，就想哭，我必须要为他们复仇，和张绣死磕到底！”

公元198年阴历三月，曹操第三次征讨张绣。这一回，他带领大部队绕过城镇，在荒野里行军上百里，直扑张绣的老巢穰城。

一抵达穰城，曹操就发起疯狂的进攻。张绣一边顽强死守，一边向刘表求援。很快，曹操就得到消息，刘表出兵安众（今河南镇平县东南），切断了他的后路。

曹操傻眼了，他已腹背受敌。看着眼前的荀攸，他惭愧地认错道：“我悔不该不听你的话，现在搞成这样。”

荀攸说：“您别伤感了，还是想想怎么料理眼前的事吧。”

曹操暂时想不出主意，此时撤退还来得及，可他不甘心。如果再给他两天时间，他绝对能攻下穰城，然后把张绣带到许昌活煮了。

然而，曹操没有机会活煮张绣，许昌方面传来荀彧的密信，说据可靠消息，袁绍要进攻许昌。曹操这回可是吓得不轻，如果袁绍此时趁火打劫，那他就成了丧家犬。

他急忙放弃穰城，回师许昌。张绣艺高人胆大，居然敢出城，对曹操兵团穷追不舍。曹操抵达安众时，刘表兵团已恭候多时。现在，曹操面临夹击，前面是刘表兵团，后面则是如冤魂般紧追不舍的张绣。

曹操急中生智，下令军队退到一个狭窄的河谷中，在腹背受敌的情况下，又退到这样一个地方，简直是自寻死路。

张绣和刘表兵团现在可以瓮中捉鳖了。不过，曹操可不是真的自寻死路。当夜，他让人在松软的地上挖掘了一条地道，然后把大部分士兵都藏在地道中。破晓时分，他带领隐藏在辎重部队中的精锐向刘表兵团方向突围。

刘表兵团发现向他们发起进攻的是辎重部队时，不禁哈哈大笑。曹操就在他们哈哈大笑时，突然发动急速进攻，冲开了刘表的防线，玩命地逃。

张绣在河谷另一边已经开始行动，他只顾着追赶曹操，没有想到进入河谷后，突然被地道里的士兵围攻。张绣兵团可不是吃素的，而且这支部队也不是曹操的精锐，所以很快就把他们赶着向曹操逃跑的方向跑去。

张绣要追，他的谋士贾诩劝阻道："不可追。"

张绣听不进去，曹操就在眼前，哪里舍得放弃。他追上去，曹操猛然回身，用那支精锐把张绣打得大败。

张绣气喘吁吁地跑回来，贾诩说："现在可以追啦。"

张绣不追了，说："我刚才以胜兵追击都已失败，现在用败卒去追，不是找死吗？"

贾诩说："你上次不听我的，现在还不听吗？"

张绣二话不说，带着败卒就追击上去，结果把曹操打得大败。不过，由于他的兵力不足，所以还是让曹操跑掉了。

张绣回到驻地，向活神仙贾诩请教说："怎么回事，为何您两次都说中了？"

贾诩摇头晃脑说："第一次去追击，曹操殿后，他殿后，精锐肯定都在他的领导下，你肯定败。第二次去追击，曹操肯定跑在前头，杂牌军殿后，所以你能打败他们。"

张绣向贾诩深深一拜道："今后我一定听您的，您说东我绝不向西，否则曹操就是我叔叔。"

曹操回到许昌后，发现袁绍并没有来进攻许昌，他没有深究这件事，而是吹起了牛。有人拍他马屁："在刘表兵团和张绣的前后夹击下，您居然能逃出生天，真是战神啊！"

曹操得意扬扬道："哈哈，还行吧！"

吹完了牛，他的心情郁闷起来，对张绣的三次军事行动，只有一次是成功的。现在是骑虎难下，不打张绣，出不了这口气，打吧，又打不下来。

他焦虑，一焦虑就头疼，一头疼就更加焦虑。头疼了好多天后，几个谋士觉得再这样疼下去，曹操的脑袋非炸了不可。

吕布末路

公元198年阴历七月，为了缓解曹操的头疼，曹操和他的出色幕僚们商议出了一个计划，这个计划就是，尽快干掉吕布。曹操在收复兖州把吕布赶到徐州后，始终就没有忘记他。如今打张绣毫无结果，他正想着转移一下矛盾，吕布的名字就这样上了他的黑名单。

曹操灭吕布的计划一直就没有停过，他后来派刘备回豫州的小沛，让他牵制吕布，就是计划中关键的一环。但是刘备太无能，不但做不到牵制吕布，还经常把小沛搞得岌岌可危，曹操要常常运送士兵和物资给刘备，小沛才得以保全。

不过，让曹操欣慰的是，吕布比刘备还要无能。这几年来，曹操一直在对外征战，吕布在徐州像死了一样，从没想过要进攻许昌。这可能和曹操那些幕僚的计谋有关，荀彧和程昱就暗示过曹操用中央朝廷的招牌稳住吕布。这些方法包括，常常以皇帝刘协的名义赐予吕布名誉头衔，还赞赏他杀死董卓的丰功伟绩。

吕布是个浅碟子，一受表扬就飘飘然，所以才始终没有向曹操发起过正面进攻。不过，吕布明白一点，曹操这人记仇，自己在他那里肯定是上了黑名单的，所以他始终很小心。

不过，谨小慎微是换不来安全的。公元198年阴历八月，曹操让皇帝刘协发布讨吕诏书，宣称吕布是逆贼，两人的热战正式上演。

不过，最先动手的不是曹操，而是吕布。吕布闻听诏书后，做了两个奇异的举动，一是派人渡过淮河和袁术结盟，袁术当时每天唉声叹气，吕布的到来对他而言是个重大利好。因为一旦和吕布结盟，他就可以渡过淮河再度北上了。之所以说吕布这个举动奇异，是因为袁术当时已行将就木，这种盟友，别人抛弃还来不及，吕布居然主动贴上去。

吕布的第二个奇异举动是，向刘备所在的小沛发起全面进攻。没有人明白他这行为背后的指导思想是什么，刘备也被打得莫名其妙，因为小沛在刘备的领导下，实在不成气候。吕布居然对这样一个地方发动全面打击，真是让人哭笑不得。

刘备慌忙向中央朝廷求救，曹操失声叫道："老天爷让人灭亡，必先让其白痴。"他派夏侯惇带领一支机动部队去解救小沛，自己则随后带领主力直奔吕布老巢，采取斩首行动。

然而，夏侯惇轻敌冒进，被吕布大将张辽打得大败，还被流矢射瞎了左眼。刘备在城上看到夏侯惇捂着左眼嗷嗷怪叫，不禁叹息连连。很快小沛陷落，刘备仓皇而逃，他的两个兄弟关羽和张飞拖着青龙偃月刀和丈八蛇矛也跑了。

曹操没觉得小沛丢失可惜，而是为夏侯惇失去了一只眼睛伤心不已。他带领主力快速进入徐州界，暴风般袭击了吕布的城池，最后抵达徐州战略要地彭城（今江苏徐州）。

吕布扔下小沛，回救彭城。曹操把彭城紧紧围困，刘备适时赶到，风尘仆仆。

曹操问他："下一步该如何？"

刘备摇头晃脑道："围城打援，在吕布回来的路上等他。"

曹操的幕僚们说："彭城非久攻不下之城，让士兵加倍努力，几个时辰就可拿下，吕布赶到，发现彭城陷落，必会逃往下邳（今江苏邳县东），咱们再围困下邳就是。"

曹操同意幕僚们的看法，大军疯狂攻城，很快，彭城被攻陷。吕布在回来的路上得知彭城已失，扼腕叹息，然后真就跑进了下邳城。

曹操带领大军来到下邳城，将城团团围死，连只苍蝇都飞不出去。

吕布不信邪，他喜欢打仗，尤其是喜欢打野战。曹操刚把城围困，吕布就命人开门击敌。遗憾的是，他的运气很不好，一日数战，屡战屡败。

吕布后来被打得一点脾气都没有了，恰好曹操送来劝降信，吕布就要投降。陈宫不干，觉得还没有到投降的地步。他对吕布说：“曹操远来，兵多粮少，不可能持久。”

吕布回答：“我担心的是曹操的粮食还没有吃完，下邳城就被他攻陷了。”

陈宫说：“要不这样，我守在城内，你带领骑兵出去。不要恋战，一直冲出重围，冲到曹操的后面。如果曹操和你打，我就出城揍他，咱们前后夹击。如果曹操攻城，那你就打曹操的后背，不出十日，曹操就会累吐血。

这倒是个好主意。不过，吕布表达了自己的担忧：“我能突破曹操的阵线转移到他后面吗？另外，陈宫你怎么不出去冒险？”

陈宫被噎住了。他解释说：“您是‘人中吕布’，天下没有人是你的对手，我不行，所以还是需要你出去，我在内。”

吕布只好同意陈宫的主意，回到后院和老婆告辞，他老婆急了，说：“你真是糨糊脑袋啊。当初曹操对陈宫多好，可陈宫却背叛他，你出去生死难料，陈宫难道不会背叛你？你把老婆孩子都交给这样的人，你放心吗？”

吕布大叫起来，说：“哎呀，谁说女人头发长见识短，我夫人的头发虽然长，但见识一点都不短。”

他跑出去和陈宫说：“我最近征战频繁，腰酸背痛，不能骑马，要不你去吧。”

陈宫知道，自己的计划泡汤了，只好唉声叹气。

其实，陈宫的主意并不算太好，因为吕布必须要有足够的运气突破曹操的包围圈，但在那种危急时刻，这个主意是唯一的办法，是置之死地而后生的办法。

可惜，吕布没有冒险，他的悲剧命运就此注定。

吕布虽然不想冒险，可依然有求生欲。他绞尽脑汁，终于想出个好办法，那就是向袁术求援。夜晚，他的使者偷偷爬下城墙，跑去淮南找到袁术，对袁术说：“赶快去救我主公吧，否则就没有机会了。”

袁术对吕布的使者说："我也没有多少兵了，但我这个人够义气，肯定去救援。不过，吕布要把女儿送来当人质。"

吕布的使者又趁着天黑回来，把袁术的话带到。吕布一咬牙，就要把女儿送走。可他的长发妻子说："这怎么可以，女儿是咱们的命根子，况且，难道要咱们女儿也学偷鸡摸狗之辈顺墙爬下去吗？即使要送，也要备匹骏马，让女儿骑马去。"

吕布被彻底难住了，说："这是不可能的，一匹马从城里出去，曹操必然发现啊。"

他的长发妻子就说："那就算了吧。"

自然，他的女儿送不出去，袁术那点可怜的援兵也没有来。

他的痛苦，曹操知道。坐困愁城，什么都做不了，只能把命运交给城外的野蛮人，这种滋味，肯定不好受。

吕布已经没有力量出城野战，曹操来了劲，不停地攻城，每次都险些攻破，但吕布兵团仍有余威，艰难地把曹操的攻城士兵打退。

双方僵持到本年（公元198年）的阴历十一月，温度骤降，曹操兵团在城外有些受不了了。

曹操想撤兵，荀攸劝说他："双方已拼到最后一口气，谁能坚持到底谁就会胜。吕布只有匹夫之勇，现在屡战屡败，锐气已丧，只要咱们给他最后一记痛击，他必然失败。"

曹操问："怎么个痛击法？"

荀攸反问："您想不想要下邳城了？"

曹操愣住了，问："你什么意思？"

荀攸说："如果您不想要这座城了，那咱们就掘开城西边的泗水、沂水来灌城。"

曹操高兴道："这个主意好，小时候捉蚂蚁就用这招灌蚂蚁洞。"

沂水和泗水很快被挖开，整个下邳城顿时成了沼泽地，吕布在城里既要忙着排水，又要忙着布置防务，忙得四脚朝天。

下邳城被浸泡了一个多月后，吕布受不了了。他和陈宫商量说：“咱们还是投降吧。”

陈宫冷笑道：“曹操对咱们恨之入骨，你以为投降就能免死？”

吕布说：“我自有妙计。”

他的妙计是，和陈宫一起爬上城墙，向曹操喊话。他对曹操说：“你不要再围困我了，我向你投降。”

曹操在下面喊道：“你先把城门打开，咱们再说无条件投降的事。”

吕布急了，叫道：“我是有条件投降的啊。”

曹操哈哈大笑，陈宫在城墙上睁圆了怒目，咒骂曹操：“逆贼曹操，你挟持天子，不得好死！”

曹操大怒道：“陈宫，你这个忘恩负义的小人，看我拿下下邳，活剐了你！”

吕布一看，谈判破裂，只剩下一条路了，就是严防死守。

其实吕布的人生观和陈宫的大为不同，他不是防守不下去，而是不想再遭这个罪。他觉得自己是天下第一等人才，人人都想得到他，丁原、董卓、王允，乃至于曹操。既然人人都想得到他，那他就没有死的道理，所以他才选择投降。

而陈宫则不同，他有原则，既然背叛了曹操，就要背叛到底，他的人生字典里根本就没有“投降”这个词。

吕布很郁闷，这种郁闷很快被他的部下打破。和曹操隔着城墙谈判的几天后，他的几名中级军官因为找到了丢失的一匹马而喝酒庆祝。当然，他们也邀请吕布参加，吕布喝了几口闷酒后，发现这些人没心没肺，喜笑颜开的。忽然就大怒起来，道：“老子说过战时不能饮酒，你们居然违反我的禁令！”

大家全都愣住，吕布开始抽风：“看你们面露喜色，莫不是和曹操约好了要里应外合干掉我吧？”

几个中级军官都跪下说：“我们真没有别的意思，实在是看你太沉闷，所以就找你来喝酒。”

吕布作势要把他们砍头，幸好有人在一旁劝说他：“此时正是用人之际，不能自废武功。”

吕布气咻咻地走了，临走前还怒气冲天地说：“我绝饶不了你们！”

那几个中级军官你看看我，我看看你，马上就做出决断。当夜，他们打开了城门，迎曹操兵团进城。

吕布当时正在半梦半醒中，陈宫失心疯一样跑来说：“曹操进城了！”

吕布大叫一声，提上武器就冲了出去，曹操兵团正向内城冲来，吕布边战边退，最后退无可退了，他对仍然还效忠他的卫队说：“你们跟随我多年，我也没有给你们什么东西。现在只有一颗脑袋，你们砍了去，交给曹操，可以换取荣华富贵。”

他的卫队长拒绝，说：“忠贞和富贵，我们愿选择前者。”

吕布和他们抱头痛哭，哭完，就把他的武器扔到追来的曹兵面前说：“我投降，带我去见曹操。”

吕布被五花大绑带到曹操面前时，被捆绑的陈宫早就在了。

曹操看着两人，深深吸了口气说：“几年来，我一直在等待这一天，如今终于等到了。”

吕布频频点头，曹操莫名其妙，问他：“你干吗？”

吕布神秘兮兮地说：“从今天开始，天下就可以安定了。”

曹操还是听不懂。

吕布解释说：“当今天下，你最担忧的就是我。我现在已经投降于你，你让我做先遣队，扫平天下，何愁天下不定？”

曹操听了这话，哈哈大笑。不过，他的确喜欢吕布的骁勇无敌，在他的战队里，还真没有人能媲美吕布。他左看看右看看，就看到了刘备。

吕布也看到了刘备，他马上套近乎：“哎呀玄德（刘备），你还记得我来徐州时请你吃饭的事情吗？咱们当时如胶似漆的，你现在就不能替我美言几句吗？”

刘备很紧张，急忙看向别处。

曹操看了看刘备，肥嘟嘟的脸上露出诡异的一笑："吕布乃老虎也，若得到这样一只老虎，何愁天下不平。玄德，你说呢？"

刘备这回避无可避，很明显，这是曹操在考验他。他知道曹操已经准备要宰吕布，即使他替吕布求情，曹操也不可能答应。

他现在恨死了曹操：你这个王八蛋，明明要杀吕布，却不想担这个恶名，非要让我来担。

他站起来，咳嗽了一下，环顾左右，发现所有人都在看着他，此时必须要说话了。他一咬牙，对曹操说道："您还记得丁原和董卓吗？"

曹操当然记得，这两个人是吕布的干爹，都被吕布干掉了。

他假装一怔，看向吕布，吕布脸色惨白，忽然大骂刘备："大耳贼你是畜生！"

刘备急忙转过身去，假装欣赏下邳城的建筑风格。

曹操不再理吕布，而是转向陈宫，得意扬扬道："你一向自诩智谋百出，怎么落到今天这个下场？"

陈宫鄙夷地一笑，道："曹操，若不是有家贼开城门，你能进得来？吕布不听我的才有今天，如果他听我的，你现在就是吕布了。"

曹操很尴尬，略带威胁地问："你老母怎么办？"

陈宫怒目圆睁道："曹贼，你常常说以孝治天下，怎么好意思伤别人的父母？如果你真心口不一，那我老母死了就死了。"

曹操点头，对陈宫说："你和吕布不同，如果你服软，我可以免你一死。"

陈宫哈哈大笑，说："我的确和吕布不同，绝不苟且偷生，来吧！"

曹操已经在众人面前做足了功课，表演了一切该表演的内容，此时顺理成章下令道："将吕布和陈宫绞杀。"

吕布像被捉住的肥猪一样怪叫，咒骂刘备，把刘备骂得五脏六腑都痛。曹操适时过来，当着所有人的面赞赏刘备："玄德啊，你真是智慧得很，如果不是你提醒，我险些饶了吕布，还想把他收为下属呢，哈哈！”

刘备尴尬地赔笑道：“哈哈。”

吕布一死，曹操顺利接管徐州，他的地盘又大了。同时他的团队又增添了很多新人，比如那个射瞎了夏侯惇眼睛的张辽，此人后来在今天的合肥大显神威，成为传奇。

煮酒论英雄

曹操完成对徐州的接管回到许昌后，皇帝刘协举行盛大晚宴，庆祝中央朝廷的这一胜利。曹操心血来潮，招呼刘备坐到他身边。刘备诚惶诚恐，当宴会进入高潮时，曹操用手指点着现场的那些参会官员，问刘备：“玄德啊，你看出什么来没有？”

刘备真没有看出什么来，因为每个官员都在那里自嗨，除了面貌不一、官服不同外，没有什么本质区别。

曹操扬扬得意地指着坐在皇帝刘协右下首的那些官员说：“这些人是一伙的，他们都是当年从洛阳被董卓迁到长安，又从长安迁回洛阳再迁到这里来的，他们是皇上最信赖的大臣。”

刘备急忙点头。

曹操又指着一个一本正经的人说：“他就是董承，是这些官员的主心骨。”

刘备记下了。

曹操又指着坐在皇帝刘协对面的那些官员说：“这些人既不效忠我，也不效忠皇上，他们随时准备效忠那些真正的统治者。”

刘备点了点头。

曹操最后指着和自己坐在一起的人说：“这些人，就是效忠于我的官员。”

刘备“噢”了一声。曹操一拍他的肩膀，问：“你下次准备坐哪里？”

刘备脸上的肌肉开始抖，说：“我哪里有这样的福分，这次若不是您邀请我，我都没有资格来。”

曹操哈哈大笑，笑声把现场的音乐都压了下去。然后忽然就收起笑声，冷冷地说道：“我手下的幕僚们都认为我应该先宰了你，免除后患。可我就是下不了手啊，你知道为何？”

刘备浑身颤抖，连耳垂都抖动起来，他惊恐地看着曹操，不敢说一个字。

曹操又大笑，表情温和地凑到他耳边，小声说道：“因为我根本没发现你是什么英雄人物，你在我眼中就是个虚张声势、弄虚作假的废物。”

刘备舒坦得很，微微而笑，举起酒杯向曹操敬酒道：“您真是眼力非凡啊！”

曹操喝了一小口，放下酒杯，收起笑容，冷静地端详刘备，他发现这个人长得真是好奇怪啊。

可他就是看不出刘备到底有什么才能，因为到那时为止，刘备始终像个下人一样到处找主人，四处寄人篱下，而且没有做过一件露脸的事。

他瞧不起刘备，或者说，他根本就没有把刘备放在眼里。这种人，不过是芸芸众生中最普通的一员，和众生不同的是，他头上有个半真半假的“皇叔”的帽子。

曹操看不上刘备，可有人看得上他，这个人就是董承。董承跟随皇帝刘协来到许昌后，始终想削弱曹操的权力。然而他的能力有限，不但没有削弱曹操的权力，反而让曹操把他们这一伙的权力全部削掉。三公中，除了袁绍是有名无实的大将军外，司空和太尉都是曹操，主管政府事务的尚书令则是荀彧。在许都，董承比皇帝刘协还要痛苦。

趁着曹操离开许昌去征讨，董承在许昌偷偷摸摸地组织反抗力量，他和依然效忠皇帝刘协的那些官员喝茶谈天，最后总是把话题引到曹操的擅权上。

那些官员不置可否，虽然他们效忠皇上，但还没有为皇帝献出生命的觉悟。最终，能和董承走到一起的只有一个叫王服的将军，还有个叫种辑的校尉。这两人，虽然没有自己的部队，却有一片清君侧的真心。

三人达成生死联盟，等待时机，干掉曹操，恢复皇帝刘协的权力。

刘备的到来，让董承眼前一亮，因为据江湖传说，刘备温良恭俭让，深得民心，而且还有两个超级搏击高手兄弟关羽和张飞。董承狭隘地认为，如果能联合刘备，那干掉曹操的梦想完全可以快速实现。

他请刘备吃饭，还让刘备带着关羽、张飞。饭局上，董承把刘备吹上了天，刘备竖起大耳朵认真地听，因为这是他将来向别人吹嘘的素材。

在和刘备吃了几次饭后，董承就慢慢把话题引到曹操身上。刘备天生对曹操有一种恐惧，他隐约感到董承的话题有对曹操不利的地方，就马上装作喝醉。

此后几次饭局的情形惊人地相似：刘备毫无先兆地就大醉不醒，关羽、张飞扔了青龙偃月刀和丈八蛇矛，把刘备抬回住所。

董承开始还认为是酒质不好，但换了好酒后，刘备仍然如此。后来，他明白了，刘备是不想参与此事。

于是，他拿出撒手锏。有一天，他问刘备："皇叔啊，想不想见皇上？"

刘备愣了一下，突然就要大醉不醒。董承手疾眼快，死死扶住他，叫起来道："刘皇叔，你也是刘氏皇族的一员，怎能如此颓废？！除非你不是刘氏皇族！"

刘备最怕的就是别人质疑他的皇族身份，急忙坐直了，干了两杯酒，吼道："见就见，怕什么！"

董承偷偷摸摸像做贼一样，带着刘备去见皇帝刘协。刘协在深宫中接见刘备，两人隔得远远的，互相打量着，像是失散多年的父子，不敢相信现在对面的人是真的。刘备看到刘协满面沧桑，神情萎靡，眼泪马上就流了下来。刘协紧走几步，刘备小跑着迎上来，两人握住了彼此的手，欲语泪先流。

刘协也跟着刘备哭，哭成了两个泪人。哭了半个时辰，董承实在看不下去了，说："皇上别哭了，让你俩见一面很不容易，别把时间浪费在哭上。"

两人这才想起，此次见面不是认亲，而是商议如何恢复皇权。

刘协下拜道："皇叔啊，曹贼势大，我天天在这皇宫里，日夜不得安枕啊！皇叔名望隆重，威名远扬，还望帮我一帮。"

刘备急忙阻止："皇上……"

刘协说："没事，我现在就是个橡皮图章，能有个亲人来帮忙，我死都值了。"

董承突然向刘协下跪道："皇上，刘皇叔肯帮忙，这事就成了。"

刘协让董承起来道："你这话说的，我和皇叔是一家人，这个忙他还会不帮？"

刘备急忙说道："这个……"

刘协和董承都惊讶地看向他："刘皇叔，你……"

刘备"啊"了一声，说："这事要从长计议。我看今天时间差不多了，待得太久，恐怕会被曹操发现，咱们下次再议。"

两人都愣了，什么叫下次再议，这次根本就没有议啊！他们劝刘备多待一会儿，刘备死活不干，声称自己最近喝酒频繁，胃病犯了。

董承只好领着刘备鬼鬼祟祟地离开刘协的深宫，刘协眼巴巴地看着刘备的背影。刘备不用回头，就能感受到皇上的神情，他哀叹一声，有生以来第一次发自真心地流下几滴眼泪。

刘备和董承来往频繁，曹操早就发现了。他不知道这两个人在搞什么鬼，所以他借请刘备吃饭试探一下他。历史上著名的"青梅煮酒论英雄"开演。

曹操请刘备吃饭，刘备吓得浑身哆嗦。他本来想一走了之，可兄弟关羽、张飞安慰他说："曹操不会发现你和皇上的密谋的，放心去吃。"

刘备叫起来，对兄弟二人说："什么密谋？哪里有密谋？不可乱说啊，你俩想吓死我不成！"

两人只好不说话，刘备借了两兄弟的胆子，心神不宁地来赴曹操的宴会。

其实所谓宴会，就是一盘青梅，一壶酒。

曹操和刘备用青梅下酒，才喝了几口，天边就响起一阵雷。曹操说："天要下雨，谁也管不了啊。"

刘备心脏剧烈跳动，这就叫做贼心虚，他觉得曹操话里有话。然而曹操就是随便感慨一下，很快就岔开了话题。

两人喝到高潮时，曹操晃晃悠悠地站起来，前倾着身子，对刘备说："你说当今天下，谁是英雄？"

刘备把口中的酒胡乱咽下去，回道："您啊。"

曹操哈哈一笑，坐下去，自己干了一杯，轻描淡写地问道："我听说你最近和董承走得很近嘛！"

刘备正用筷子去夹青梅，听了这话，筷子停在空中，两只眼睛迅速翻腾，把四周快速扫描一番，确信没有藏着的武士。

他慢慢抽回筷子，说："只是同僚之间的闲聊。"

曹操指着他的筷子道："你怎么没有夹东西，就缩回去了？"

刘备看了看筷子，故意失笑道："哎呀，你看我，喝多了。"

曹操神情慢慢凝重，盯着刘备的眼睛，但刘备的眼睛长在太阳穴两边，所以他只能盯住刘备的一只眼。

他慢慢地对刘备说道："天下英雄，只有你和我，其他人都是废物。"

刘备正要伸出筷子，听到这句话，"哇呀"叫了一声，筷子落地。

曹操盯紧了他，问："你怎么了？"

刘备不知该如何回答，恰在此时，一道惊雷闪过，刘备大叫一声："哎呀，吓死我了！"

曹操忍不住了，哈哈大笑，说："你居然怕雷声！"

刘备兴奋地解释道：“孔子说，迅雷风烈必变，我怕雷是正常的。”

曹操又大笑。

这就是“青梅煮酒论英雄”。其实没有论，只有曹操的一句扯淡的话。吹捧刘备的史料最后总结说，刘备被曹操说中了是英雄的事实，所以惊讶得把筷子掉在地上。

其实，曹操说自己和刘备是当时的英雄，很有点一个大人物和一个庸人开玩笑的意思。曹操根本就没有发现那个时候如丧家狗般的刘备有任何英雄潜质。至于刘备为何掉了筷子，恐怕也是震惊于曹操居然说他是英雄这句话，他根本不是英雄，被人说成是英雄，凡是有点心的人，不掉筷子才怪。

但曹操这句话，倒真的激发了刘备要做英雄的心。他摇摇晃晃回到住所后，就把张飞和关羽找来，说：“二位兄弟，我要做大英雄。”

关羽和张飞两个大男人激动地流下眼泪，说：“我们跟随你多年，始终东躲西藏的，被人瞧不起，如今听你说要做大英雄，看来好日子要来了，谢谢你啊，大哥！”

刘备没有回话，醉死过去了。

第二天一早，刘备回想起昨天的情景，狠狠抽了自己好几个嘴巴。傍晚，董承来找他，问他：“向曹操夺权的时机已经成熟，你准备好了吗？”

“衣带诏”事件

刘备没有准备好，其实董承也没有准备好。董承的思路是，只要刘备参加，这件事就成了一半。刘备的思路是，你要先建立平台，我才能来表演，你不能让我帮你建平台啊。

董承鬼鬼祟祟地来到刘备住所，见刘备支支吾吾，就急了，从衣服最里面摸出来一个东西。刘备定睛一看，好像是圣旨。董承举着那个东西说："刘皇叔，这可是皇上的诏书，上面让我杀掉曹操。"

刘备大惊，伸出手去，他本来离董承很远，但这手一伸出去，立即就抓到了圣旨，把董承吓了一跳。他一边推开刘备的手，一边说："哎呀，皇叔，你的手好长啊。"

刘备急忙缩回手，笑嘻嘻地盯着诏书，说："能否让我看一下内容？"

董承正色道："这可使不得，你要先发誓参加，等诛了曹操后，咱们再一起看。"

刘备犹豫起来，董承一直催促，刘备说："我没有看到诏书内容啊。"

董承说："这可是皇上亲手写的，还能骗你。"

刘备许久不说话。最后，他对董承说："这件事我做了，你容我准备三天。"

董承大喜，快快乐乐地走了。

董承一走，刘备就找来张飞和关羽，询问二人的意见。

张飞说："干吧，这样活下去太窝囊了。"

关羽捋着胡子说："当初咱们结义时说过，不求同年同月同日生，但求同年同月同日死。大哥，人固有一死，死得轰轰烈烈才好。"

刘备说："哎呀，那句话就是个门面话，谁拜把子都说的，何必当真，咱们不能死啊。"

张飞叫起来："有皇上的圣旨，你还怕什么，这是件正义的事，做正义的事还如此犹豫？"

刘备觉得两个兄弟是猪脑子，他小声说："董承拿的诏书是真是假还不可知，即使是真的，里面到底是要杀了曹操还是要制伏曹操，董承不给我看，我怎么知道？况且，曹操在政府里到处都是眼线，董承还没有动手，曹操就已知道，这事根本成不了。"

关羽和张飞永远都是直线思维，说："那咱就不干了，正好去告诉曹操。"

刘备说："两位老弟糊涂啊，我可是一直打着刘氏皇族后裔的招牌。这么多年，咱们像流寇一样东躲西藏还能活下来，不就是因为这块招牌能引起别人的共情嘛。如果咱们把董承的密谋告诉曹操，以后在江湖上还咋混呢？”

三人商量了一晚上，最后才商量出一条计策来：既不告诉曹操，也不和董承合作。能做到如此两全其美的办法只有一个：尽快离开许昌。

而尽快离开许昌，还真有办法。最近，据可靠消息，袁术要取道徐州去投奔他老哥袁绍，如果两人联盟，对于曹操领导的东汉帝国将是个不小的打击。

曹操一直在琢磨该如何阻截袁术，这时候刘备就跑来了。

刘备说：“我愿意为您做这件事。”

曹操很犹豫。刘备心急如焚地说：“您就让我去吧，放心，我绝对不会背叛你。”

曹操摇头说：“我不是担心你背叛我，我是担心你搞不定啊。”

刘备急得面红耳赤，说：“我是骡子是马，您也应该拉我出去遛遛啊，不然怎么知道。”

曹操思考许久，终于点了点头说：“好吧，我给你点兵马，你过几天出发。”

刘备兴奋得跳起来道：“什么过几天，我做事向来雷厉风行，今晚就走。”

曹操倒有点感动，握了握刘备的手说：“保重啊，希望你能旗开得胜。”

当晚，刘备就带领曹操给他的兵马，急如星火地出了许昌，路人见刘、关、张三人一路狂奔，一路吆喝，还以为是去解放全人类呢。

刘备出了许昌，如释重负，还唱起了家乡的小调，关羽和张飞两人附和着。这正是，鸟儿出笼好快乐，从此再也不回来。

第二天中午，董承才知道刘备撂了挑子，气得死去活来。不过转念一想，就这样一个王八蛋，即使让他参加杀曹联盟，也是成事不足败事有余的货，走了也好。

董承并未因为刘备逃跑而取消他的计划，相反他开始快速推进。但很快，计划泄露了。

正如刘备所说，曹操耳目众多，再加上董承最近一反常态，上蹿下跳，曹操马上就知道了董承的计划。这并未让他感到惊骇，因为自把皇上迁到许昌以来，他已经听闻了太多的流言蜚语。

有人说他打着天子名号行一己私欲，有人说他就是想做皇帝，只不过现在时机还未成熟，还有人说，他天天打骂皇上，屯田制实行时，居然让皇上去务农。

传出这些话来的人是谁，曹操猜也不用猜，肯定是忠于皇帝刘协的那些大臣，可他毫不在意。因为他懂得一个人生道理：只有弱者才会散布谣言，用道德为武器对强者进行攻击。他受到的毁谤越多，就证明他越强大。

他和荀彧、郭嘉商议如何对付董承，两人都赞同斩草除根。可当他问到如何对付皇帝刘协时，荀彧不说话了。

郭嘉欲言又止。

在诸多谋士中，其实曹操和郭嘉最谈得来。因为郭嘉和他特别相似，尤其是在个人品德上，曹操行为不检点，郭嘉比他还不检点。郭嘉生性放荡不羁爱自由，放荡不羁让他喜欢泡妞，爱自由则让他不喜欢被人管。简单而言，郭嘉是那种无组织无纪律、声名狼藉的人。可曹操就是喜欢他，不但喜欢他的这种品质，更喜欢他神鬼莫测的预言。

曹操让他说，郭嘉就摇头晃脑说："周文王不做的事，周武王必做，您就是周文王。"

这句话，不但荀彧吃了一惊，连曹操都感到吃惊。

曹操压低声音，愠怒道："你胡说什么呢！"

郭嘉摸了摸自己的鼻子说："走着瞧吧。"

其实不用郭嘉说，曹操内心早有主意，皇帝刘协现在动不得，这不仅是出于天下大势，更是源于曹操的品质。曹操从没想过要称帝，从前如此，现在如此，临死时也如此。

最后，曹操自己拿了主意：将所有参与此事的人诛杀，这件事和皇上无关，皇上依然是皇上。

很快，曹操开始在许昌城内大肆搜捕，董承和他的同志们全被搜出。不过，在处死董承前，曹操心血来潮，去监狱里见董承，他想和董大胆聊聊。

他说："世人总说我挟天子以令诸侯，其实你想过没有，当初天子在洛阳都快饿死了，那么多军阀都在看热闹，只有我跑去洛阳把皇上接到许昌，有吃有喝有尊严。不是我挟持天子，而是天子倚靠我。"

董承"呸"了一口说："败者为寇，你是赢家，怎么说都可以。"

曹操说："哎呀，话不能这样说，事实就是事实。其实你要替皇上杀我，安的什么心，难道你以为我不知道吗？难道你真的只是想替皇上拿回权力？还是你想坐我这个位置？"

董承大怒，尤其是当他发现曹操说的是事实时，就更加怒不可遏，然后就说漏了嘴："若不是刘备那蠢货逃跑，现在沦为阶下囚的应该是你。"

曹操"哇呀"叫起来："那个蠢货也参与了这件事？"

董承恨死了刘备，临死也要把刘备拉来垫背，就把刘备参与的事添油加醋地渲染了一番，曹操听到刘备逃跑，又气又笑。

他下令处决了董承一伙后，派使者去徐州叫刘备回中央朝廷。

刘备不可能回去。他抵达徐州后，明白总给别人打工，不是长久之计，于是忽然发了狠，干掉了曹操安排在徐州的军政长官，同时派人去和袁术勾搭结盟事宜。

可两人还没有结成，袁术就一病而死。刘备放眼四望，发现当时的天下，只剩下两个大佬，一个是曹操，另外一个则是袁绍。

他派人去和袁绍勾搭，袁绍此时已经把他的邻居公孙瓒打得没有还手之力，正准备傲视天下，所以刘备这个时候来，正是时候。双方结成联盟，决定共同对抗曹操。

曹操怒不可遏，咒骂刘备是个大耳贼。但荀彧提醒他，现在的敌人不是小小的刘备，而是袁绍。因为到了公元199年阴历八月时，中国黄河以北只剩下了一个割据政权——袁绍政权。

现在，曹操必须要和袁绍短兵相接，来个了断。

可在正式面对袁绍之前，曹操还有一件心事，这件心事就是张绣。

贾诩来投

即使经过了曹操的三次大规模征讨，张绣依然坚挺。他之所以能坚挺，是因为他有个超级军师贾诩。而最重要的是，他对贾诩言听计从。

曹操第三次征讨张绣后，转移视线去打吕布，张绣则在慢慢恢复元气。在恢复元气的过程中，张绣经常唉声叹气。他的境况一点都不好，他面临的是两个庞然大物，一个是曹操领导的中央朝廷，一个是割据政权袁绍。这两个大家伙，他谁都惹不起。而且他始终有不好的预感，他将来必会被其中一个人吃掉。

公元199年阴历七月，袁绍派人来和张绣谈判：归顺我，保你后半辈子的荣华富贵。张绣和贾诩商议。贾诩说："袁绍这人成不了大气候，他太优柔寡断，面对不同意见时，无法做出正确判断。投靠他，就等于一只脚踏进了墓地。"

张绣忧愁万分道："咱们这个处境太尴尬了，肯定要站队啊。"

贾诩说："如果真要站队，不如站在曹操那边。"

张绣苦笑道："我怎么能投靠曹操？一来，虽然曹操现在混得风生水起，可实力还是不如袁绍，咱们不能投靠弱者，放弃强者啊。二来，曹操和咱们有不共戴天之仇，咱们投靠他，岂不是羊入虎口？"

贾诩摇头道："您只看到表面，没有向深处看。我来和您说：第一，投奔曹操，名正言顺，因为曹操现在是中央朝廷的代表，而袁绍是割据政权，名不正言不顺；第二，袁绍的确比曹操力量大，也正因为如此，咱们这点兵马去投靠袁绍，袁绍不会把咱们放在眼里，而投靠曹操，曹操必会好好对待咱们；第三，咱们固然杀了曹操的儿子，这是不共戴天之仇，可曹操这人志向远大，不会斤斤计较个人恩怨，您去投靠他，他即使心有芥蒂，也会为了显示他的胸怀博大，而热情接受你。另外，据我的看法，曹操的确不是那种斤斤计较的人。”

张绣对贾诩的这番长篇大论，只赞成第二条。至于第一条，张绣觉得，什么名正言顺，任何时代，都以实力说话，而第三条，曹操心胸狭窄有仇必报，世人皆知。

贾诩见他犹豫，就说：“你如果担心，那我亲自去一趟许昌，让曹操心无挂碍、敲锣打鼓地欢迎你！”

张绣思考许久，长叹一声道：“身处夹缝中真是难受，你去吧。”

贾诩二话不说，当即上路，去了许昌。

曹操热情地接待了他，贾诩就把张绣要投靠他的事情说了一遍。曹操板起脸来，说：“你来投靠，我是一万个欢迎，但张绣那厮，杀了我的儿子，还有我的大将典韦，你让我如何和他和平相处？”

贾诩发现曹操没有装蒜，的确是真情实感，就劝他道：“您和袁绍已到了撕破脸皮、动刀动枪的地步。此时正是用人之际，张绣乃一代人杰，您不用他，他就会去投靠袁绍，无缘无故地，自己损失个人才，还让敌人多了个人才，这笔账，您不会算吗？”

曹操仍然气咻咻的，对贾诩说：“什么人杰不人杰的，我的下属都是人杰，不缺他一个。”

贾诩站起身来，假装很失望地说：“想不到曹公您是这样的人，我看错您了。”

曹操也站起来，说：“先别这么说，我是很看好你的，你来不来？”

贾诩说：“张绣来我就来，张绣去哪儿我就去哪儿。”

曹操失声叫道：“你这是威胁我！”

贾诩说：“非也，我这个人有原则，而且我一直在替曹公您着想啊。”

曹操长吸了一口气说：“你容我想想。”

那天晚上，曹操在床上辗转反侧，他既恨张绣，又特别想得到贾诩，这真是两难。人生很多时候，都会面临这样的情形，如何做出正确选择，既考验一个人的智慧，又考验一个人的肚量。

可曹操已没有时间考虑。很快，前线就有军情来报：袁绍已集结十万兵马，准备进攻兖州。

曹操立即做出部署：派遣大将臧霸率一支精锐进入青州，防卫许昌东部，再命大将于禁进入关中，稳定关中，防卫西部。公元199年阴历九月，曹操亲率主力进驻官渡（今河南中牟县东北），他在河这面，袁绍在河那面，两个大佬隔河相峙。

看着河对面黑压压的袁绍兵团，曹操心里打起了鼓。他马上就给贾诩写了封信，同意张绣弃暗投明。

张绣心神不宁地抵达许昌，曹操不仅热烈欢迎他，还让儿子曹钧娶了张绣的女儿，两人结成儿女亲家，以此来打消张绣内心的不安。

他在欢迎会上紧紧握住贾诩的手说：“欢迎你啊，有你我就放心了。”

然后他把贾诩带到官渡，指着对面满坑满谷的袁绍兵团，问贾诩：“这仗怎么打啊？”

贾诩没有出声，站在他身边的荀彧也没有出声，因为这仗的确不好打。

郭嘉在一旁打着哈欠，昨晚他劳累过度，没休息好。曹操此时看向他，郭嘉就掐指一算说：“这仗好打，肯定赢，打就是了。况且，能不打吗？躲不了啊。”

众人都惊掉了下巴，用眼神问郭嘉：你有什么科学依据吗？

郭嘉又打了个长长的哈欠说：“我能前知啊，哈哈！”

曹操不太相信郭嘉的话，因为这仗的确不好打。但正如郭嘉所说的，这仗避无可避，只能硬着头皮上。

第五章

官渡之战：一场无比艰难的胜利

活捉关羽

当袁绍和曹操拉开大战序幕时，最先起哄的却是刘备。

他接管徐州后并未维持多久，就被曹操在徐州的力量击溃，他只好跑到小沛躲藏起来。袁绍希望他能在曹操东南方发动一连串游击战，迫使曹操分散注意力。

刘备还真就这样做了，曹操此时的注意力全在袁绍身上，根本没想到刘备会在这个时候闹事，所以只命令徐州本部力量剿杀刘备。但刘备的好运气忽然来了，几次战役下来，不但没有输，反而打败了曹操的部队，并且攻占了下邳。

大战在即，后方有这样一个捣蛋分子，曹操不可能置之不理。可他如果理会，代价可能会非常惨重。因为袁绍如果稍有点头脑，就会趁他去打刘备时从背后偷袭他。

曹操手下的一些人也这样提醒他，但曹操想赌一把。他赌的是，袁绍不会从后背偷袭他。至于原因，曹操相信直觉。

公元200年阴历二月，曹操亲自带领青州兵团对刘备来了个闪击。刘备急忙向袁绍求救，袁绍的下属立即分成两派，一派认为要去解救刘备，而另一派则认为应该去偷袭曹操的后方。

袁绍现在面对两种不同的意见，他又无法判断了。最后，他不做任何判断，选择了第三种方案，那就是按兵不动。理由是，他小儿子生病了，他这个做爹的不能离开。

曹操的直觉完全正确，袁绍没有偷袭他，刘备就惨了。不出意料，刘备无法支持，全军覆没。不过他和张飞等人跑掉了，而关羽则被逼上一个山头。曹操将山头围得水泄不通，关羽没有别的出路，曹操又希望关羽投降他，于是两方达成和解，关羽投降。

刘备一路溃逃，逃到了袁绍处，曹操则把关羽带回许昌。曹操的部下都希望能把关羽杀掉，可曹操在小沛之战中对关羽的勇猛印象深刻，不忍杀掉他。于是就特别优待关羽。

关羽问他："为何挟持天子？"

曹操大笑说："我是在保护天子，即使如你所说的我在挟持天子，当今天下，除了我之外，还有谁有能力挟持？"

关羽通红的脸憋成了紫黑色，说："我大哥刘备。"

曹操又大笑，他觉得关羽很可爱，可爱到了不分是非黑白的程度。

他又问关羽："你觉得我和袁绍开战，谁会赢？"

关羽的脸色依然紫黑，说："你俩都不是好东西，谁赢谁输又有什么区别。"

曹操笑得更大声了，差点喘不过气来，最后问他："你当真不降我？"

关羽说："我终生只效忠大哥刘备。"

曹操被关羽的忠贞感动，他说："好，我也不杀你，等有机会，你帮我做件事，我就放了你。"

关羽就被曹操养了起来，曹操之后也没有太搭理他，因为他现在所有的精力都在和袁绍的决战上。

这场仗不好打，这话曹操早就说过。不过在战前动员会上，曹操还是硬着头皮对众人说：“我太熟悉袁绍了，这人志大而智少，外表很凶，实际上胆小如鼠，猜疑心重而缺少威严，兵虽多但领导不明，手下大将傲慢而政令不一，土地虽然广大，粮食虽然丰厚，但那正好取来作为我们的军饷。”

众人纷纷点头，同意曹操的分析。只有孔融不以为然地站了出来，说道：“我有不同意见。”

曹操一看，是孔融，心里泛起一阵腻歪。因为自他借刀杀人杀掉了祢衡后，孔融就总和他明里暗里作对。现在，正是需要大家思想一致的时候，他又跑出来捣乱，可又不能不让他说，因为曹操不能把爱才的形象毁了。

他看着孔融说：“你有什么不同意见吗？”

孔融就带了点怨气说：“袁绍地广兵强，有田丰、许攸那样的智士为他出谋划策，还有许多忠臣为他效力，有颜良、文丑那样的勇将为他统兵打仗，恐怕难以对付吧。”

这种论调和祢衡如出一辙，就是要长袁绍的志气，灭曹操的威风。

曹操不爱听这种话，荀彧等谋士更不爱听。孔融你这是什么意思？袁绍有智士，有忠臣，有勇将，难道曹公就没有？那我们是什么？

荀彧站出来反驳孔融说：“袁绍兵虽多但法纪松弛，你说的田丰刚强而犯上，你说的许攸贪婪而不顾大局，至于你说的什么颜良、文丑只不过是匹夫之勇，可一战而擒，没有什么了不起的。”

荀彧的话里也带着刺，大家都感觉到了，孔融也不例外。他像个吃醋的娘们似的“啧啧”两声，说：“说这么大的话做什么，还没有开战，就如此傲慢，你们不失败才怪。”

夏侯惇向他大吼一声：“什么叫你们？你是哪一伙的？”

孔融发现自己说错话了，马上要狡辩。曹操连忙劝架：“好了，既然大家已经达成一致，那咱们就和袁绍开干吧。他有田丰、许攸，我有荀彧、郭嘉，他有众兵，我有青州兵团，他有颜良、文丑，我有……”

颜良、文丑的确是当时的骁将，不过曹操不想拿自己的大将和这两人相比，因为太跌份。就在这时，他想到了另外一个不是他的大将的人。

他把话补充完：“我有关羽，哈哈！”

关羽当时正在许昌一个房间里吃饭，忽然右眼皮直跳。他捋着胡须，虽然没有掐指一算，但好像知道了什么。他说：“嗯，我应该快要和大哥见面了。”

讨贼檄文

几年来，曹操不停地向各地辐射中央朝廷的影响力，袁绍也在不停地辐射他的影响力。公元199年，通过和公孙瓒的一场决战把公孙瓒打残之后，袁绍的力量达到了顶峰。他将当时东汉帝国最大的四个州（冀、幽、青、并）纳入囊中，吃掉这些州后，袁绍本应该消化一段时间，可是曹操的力量扩张过快，让他不得不重返战场，和曹操来一场决战。

和曹操开战前，他召开战前会议，要大家各抒己见。不过在他内心深处，希望最好是只有一个意见。这样，他就不必耗死许多脑细胞了。

这一回，袁绍高兴坏了，因为意见出奇地一致，都主张讨伐曹操。可他还没有高兴多久，不同意见就出来了。

他的首席谋士沮授说：“和曹操开战，未必就得动刀动枪。况且咱们和公孙瓒打了这么多年，百姓已疲惫不堪，不能轻易出兵。咱们应该先休养生息，然后向皇上上表，指责曹操挟持天子。同时，派兵进驻南部战略重镇黎阳（今河南浚县东北），慢慢经营河南，制作战舰，锻造武器，派遣多个骑兵小分队不停骚扰曹操边境，让他不得安宁。而我们只需要以逸待劳，若能这样，根本不用采取大规模军事行动，就可以耗死曹操。”

田丰也同意沮授的办法，他指出，扩大和巩固当前的地盘，用比曹操庞大十倍的军队对曹操形成远距离威慑，派遣机动部队日夜不停地偷袭曹操边境，长时间下来，就能拖垮曹操。

袁绍第二梯队的两个谋士郭图和审配认为沮授和田丰的方法完全是多此一举，他们说："集结强大兵力，渡过黄河，干掉曹操，就这么简单。何必把事情搞得如此复杂！"

田丰叫起来说："你两个猪脑子，我来给你俩普及一下知识。救乱诛暴，谓之义兵；恃众凭强，谓之骄兵。谁都明白，正义者无敌，骄兵者必败。曹操现在是奉天子以令天下，本来就占据了道义制高点，我们现在打他，根本说不过去。况且制胜之策，不在强弱。曹操的兵团纪律严明，士卒精壮，不是公孙瓒那种窝囊废所能比拟的。今天我们放弃安稳的打法而兴无名之师，我很担心下场。"

袁绍的头开始晕起来，郭图和审配马上抓住田丰的话，激袁绍道："主公啊，您听到没有，他说曹操是正义之兵，您是邪门歪道啊！"

袁绍像被电击的狗一样跳起来，咆哮道："快把田丰给我捉进监牢，别让我再看到他！"

田丰也怒了，一面被士兵拖着走，一面喊叫："你不听我言，迟早后悔！"

袁绍气愤难平，郭图和审配跪下赞赏袁绍英明。不过袁绍的确是英明了一把，他想到几年前建立讨董联盟的往事，认为这种模式可以复制，只不过把讨董改成讨曹就可以了。

为了建立此联盟，他让手下陈琳撰写了一篇檄文，这就是名震中国古代文学界的《讨贼檄文》。陈琳也因这篇文章而名垂史册。现在将此文章放置于此，后面有解析：

盖闻明主图危以制变，忠臣虑难以立权。是以有非常之人，然后有非常之事；有非常之事，然后立非常之功。

夫非常者，固非常人所拟也。曩者，强秦弱主，赵高执柄，专制朝权，威福由己；时人迫胁，莫敢正言；终有望夷之败，祖宗焚灭，污辱至今，永为世鉴。及臻吕后季年，产禄专政，内兼二军，外统梁、赵；擅断万机，决事省禁；下陵上替，海内寒心。

于是绛侯朱虚兴兵奋怒，诛夷逆暴，尊立太宗，故能王道兴隆，光明显融：此则大臣立权之明表也。司空曹操：祖父中常侍腾，与左悺、徐璜并作妖孽，饕餮放横，伤化虐民；父嵩，乞匄携养，因赃假位，舆金辇璧，输货权门，窃盗鼎司，倾覆重器。操赘阉遗丑，本无懿德，犷狡锋协，好乱乐祸。

幕府董统鹰扬，扫除凶逆；续遇董卓，侵官暴国。于是提剑挥鼓，发命东夏，收罗英雄，弃瑕取用；故遂与操同谘合谋，授以裨师，谓其鹰犬之才，爪牙可任。至乃愚佻短略，轻进易退，伤夷折衄，数丧师徒；幕府辄复分兵命锐，修完补辑，表行东郡，领兖州刺史，被以虎文，奖蹙威柄，冀获秦师一克之报。而操遂承资跋扈，恣行凶忒，割剥元元，残贤害善。故九江太守边让，英才俊伟，天下知名；直言正色，论不阿谄；身首被枭悬之诛，妻孥受灰灭之咎。

自是士林愤痛，民怨弥重；一夫奋臂，举州同声。故躬破于徐方，地夺于吕布；彷徨东裔，蹈据无所。幕府惟强干弱枝之义，且不登叛人之党，故复援旌擐甲，席卷起征，金鼓响振，布众奔沮；拯其死亡之患，复其方伯之位：则幕府无德于兖土之民，而有大造于操也。

后会銮驾返旆，群虏寇攻。时冀州方有北鄙之警，匪遑离局；故使从事中郎徐勋，就发遣操，使缮修郊庙，翊卫幼主。

操便放志：专行胁迁，当御省禁；卑侮王室，败法乱纪；坐领三台，专制朝政；爵赏由心，弄戮在口；所爱光五宗，所恶灭三族；群谈者受显诛，腹议者蒙隐戮；百僚钳口，道路以目；尚书记朝会，公卿充员品而已故太尉杨彪，典历二司，享国极位。操因缘眦睚，被以非罪；榜楚参并，五毒备至；触情任忒，不顾宪纲。又议郎赵彦，忠谏直言，义有可纳，是以圣朝含听，改容加饰。

操欲迷夺时明，杜绝言路，擅收立杀，不俟报国。

又梁孝王，先帝母昆，坟陵尊显；桑梓松柏，犹宜肃恭。而操帅将吏士，亲临发掘，破棺裸尸，掠取金宝。至令圣朝流涕，士民伤怀！操又特置发丘中郎将、摸金校尉，所过隳突，无骸不露。

身处三公之位，而行桀虏之态，污国害民，毒施人鬼！加其细致惨苛，科防互设；罾缴充蹊，坑阱塞路；举手挂网罗，动足触机陷：是以兖、豫有无聊之民，帝都有吁嗟之怨。历观载籍，无道之臣，贪残酷烈，于操为甚！幕府方诘外奸，未及整训；加绪含容，冀可弥缝。而操豺狼野心，潜包祸谋，乃欲摧挠栋梁，孤弱汉室，除灭忠正，专为枭雄。往者伐鼓北征公孙瓒，强寇桀逆，拒围一年。操因其未破，阴交书命，外助王师，内相掩袭。会其行人发露，瓒亦枭夷，故使锋芒挫缩，厥图不果。今乃屯据敖仓，阻河为固，欲以螳螂之斧，御隆车之隧。

幕府奉汉威灵，折冲宇宙；长戟百万，胡骑千群；奋中黄育获之士，骋良弓劲弩之势；并州越太行，青州涉济漯；大军泛黄河而角其前，荆州下宛叶而掎其后：雷震虎步，若举炎火以焫飞蓬，覆沧海以沃熛炭，有何不灭者哉？又操军吏士，其可战者，皆出自幽冀，或故营部曲，咸怨旷思归，流涕北顾。其余兖豫之民，及吕布张杨之余众，覆亡迫胁，权时苟从；各被创夷，人为仇敌。

若回旆方徂，登高冈而击鼓吹，扬素挥以启降路，必土崩瓦解，不俟血刃。方今汉室陵迟，纲维弛绝；圣朝无一介之辅，股肱无折冲之势。方畿之内，简练之臣，皆垂头榻翼，莫所凭恃；虽有忠义之佐，胁于暴虐之臣，焉能展其节？又操持部曲精兵七百，围守宫阙，外托宿卫，内实拘执。惧其篡逆之萌，因斯而作。此乃忠臣肝脑涂地之秋，烈士立功之会，可不勖哉！

操又矫命称制，遣使发兵。恐边远州郡，过听给与，违众旅叛，举以丧名，为天下笑，则明哲不取也。即日幽并青冀四州并进。书到荆州，便勒现兵，与建忠将军协同声势。州郡各整义兵，罗落境界，举武扬威，并匡社稷：则非常之功于是乎著。

其得操首者，封五千户侯，赏钱五千万。部曲偏裨将校诸吏降者，勿有所问。广宜恩信，班扬符赏，布告天下，咸使知圣朝有拘迫之难。如律令！

陈琳的文章开头，并没有直奔主题声讨曹操，而是由远及近，先用胡亥（秦二世）宠信诡计多端的赵高，导致秦帝国的灭亡作为反例。紧接着举了一个正例：西汉初年，周勃和皇族刘章从弄权的吕后手中拯救了汉帝国恢复正统扶立刘恒（文帝）的故事。

陈琳的文法极高明，只这两个例子就确立了曹操和袁绍的邪恶与正义，曹操就是赵高，袁绍则是周勃或是刘章。

接着马上就进入对曹操的整体评价。首先是人身攻击，说曹操是阉人之后，然后说到曹操从一个无名小卒，使用各种阴谋诡计才到达今天这样一个位置，最后则说到曹操干的许多坏事，包括逮捕和拷问皇帝刘协的太尉杨彪，挖掘刘氏皇族（刘武）的坟墓，动用密探和严刑峻法控制人民，让人民活得没有尊严、痛苦不堪。

总结段落说，曹操挟持天子实现自己的私欲，袁绍现在向天下英雄发出江湖杀曹令，希望那些有良知的人都来参加反曹联盟，能得到曹操首级的人大大有赏。

倘若把中国历史上的檄文做个排行榜，那陈琳的这篇檄文和唐朝武则天时代骆宾王的讨武则天的檄文可以并列为第一。

陈琳写好这篇檄文，交给袁绍看时，袁绍看了一遍很高兴，再看时就有点不高兴了。他质问陈琳：“你是不是跑题了？我是要搞个讨伐曹操的联盟，争取更多的人支持，同时说一下我的伟大，可通篇的主角为什么却是曹操？”

其实袁绍没看明白，陈琳这篇文章相当凌厉，字里行间形成了对曹操的有力攻势，让袁绍扮演了救世主乃至人类最后的希望的角色。这篇檄文最出色的地方在于，不但把曹操塑造成了一个奸贼，还把曹操写成了一个战斗力弱小、不堪一击的废物。也就是说，只要你参与反曹这件事，就必能得到意想不到的回报。

曹操看到这道檄文时，正在闹头疼，痛得他龇牙咧嘴、满床打滚。当有人把这道檄文读给他听，他听到最后，浑身发冷，脊背出了许多汗，头痛居然痊愈了。

陈琳的檄文虽然治愈了曹操的头痛，却没有给袁绍带来效果。檄文发出后，全国大小军阀，只有刘表给了点回音：我虽然不帮你讨伐曹操，但你放心，我也不帮曹操对付你。

如你所知，檄文如同投进墓道。袁绍极端鄙视天下那些所谓的英雄，他等不及了，要马上向曹操开战。

白马之战

袁绍于公元200年阴历二月，率领主力抵达河北军事重镇黎阳。黎阳这个地方很特殊，它一直是东汉帝国度辽将军的征兵以及训练中心，但人口稀少，田地荒芜。这也就是袁绍和曹操没有撕破脸前，都对这个地方不上心的原因。可如今战事已开，这个地方就成了焦点。

黎阳在黄河西面，正对着黄河的是曹操的重要军事据点东郡白马城（今河南滑县），负责白马城防御的是东郡太守刘延。

袁绍一抵达黎阳，就命令大将颜良渡过黄河攻击白马城。沮授向袁绍建议说："这是咱们的第一仗，必须要打出气势来。白马城防御坚固，颜良性情急躁，虽然骁勇，但恐怕不能独担此任。"

袁绍正要思考，那两个第二梯队的狗头军师郭图和审配就叫了起来，说：“区区一个白马城，就是派头猪去都能轻松拿下，怎么能说颜良无法胜任，难道颜良连猪都不如吗？”

这奇异的逻辑思路，令沮授无法反驳。袁绍懒得思考，当即下令：“颜良，给我拿下白马。”

由于刘延的兵力极少，所以根本没有在黄河建立防线，颜良轻而易举地渡过了黄河，一过河，就对白马城发动了猛烈攻击。刘延急忙向许昌的中央朝廷求救。

曹操要马上出兵解救刘延，贾诩和荀彧在一旁却说：“不能马上去救。”

曹操很纳闷，有难不救，这不是有病吗？

贾诩解释道：“白马城坚固，刘延能力很强，短时间内不会陷落。我们要提防袁绍率领主力忽然沿黄河南下，直攻许昌。同时，我们还可以用白马城来试验一下袁绍军队的战斗力，倘若他能在一个月内攻下，那这场仗就不太好打，如果他一个月内攻不下来，士气必然消沉，我们再出兵解救，也不迟。”

曹操似乎明白了，贾诩和荀彧的意思是先消耗袁绍的力量与士气，等他消耗得差不多了，再去揍他，比现在他士气正旺时揍他要安全、省力得多。

曹操的决定对整个大局是有利的，可驻守在白马的刘延就倒霉了。颜良持续不断地向白马城发动凶狠的进攻，刘延很是吃不消。一个月后，白马城仍然在刘延手上，颜良气得双眼通红，像是从地狱钻出来的恶魔。

刘延想不明白曹操为什么不来解救他，正如颜良想不明白，为何这样一座白马城他都攻不下来。

公元200年阴历四月，荀彧和贾诩对曹操说：“可以出手了。”

曹操立即在官渡整顿兵马，准备北上解救白马城。但荀攸不同意。

荀攸对曹操说：“咱们兵少，直接去解救白马城，必定要和袁绍主力决战，这很危险。不如这样，您带领一支部队向延津（今河南新乡市东南）

进发，做出要渡河去进攻袁绍后方的态势，袁绍肯定会分出兵力前来堵截，然后咱们再派青州兵团奔袭白马，出其不意，攻其不备，一战就可以干掉颜良。”

曹操大喜道：“哎呀，好一招声东击西！”

正如荀攸所料，曹操大张旗鼓地带领部队抵达延津，做出一副要过黄河攻击袁绍后方的姿态。袁绍慌忙从白马城下抽调兵力来阻截曹操，袁绍一分兵，曹操马上快马加鞭，率领主力沿着黄河北上，直趋白马城。

当曹操离白马城十余里时，颜良大惊失色，为了不让曹操和白马城的刘延对他形成夹击之势，他让主力继续围困白马城，自己则带精锐主动迎击曹操。

闻听颜良来攻，曹操的将军们都主动请缨。曹操说：“你们不要慌，颜良不但是猛将，还是名将，对付他可不容易。咱们军中，只有一人能对付他。”

诸将问：“谁啊？”

曹操道：“关羽啊。”

诸将想笑，可看曹操一本正经的样子，都不敢笑。在曹操的将军们眼中，刘备、关羽、张飞只是江湖传奇，如果他们真有能耐，早就飞黄腾达了，何必东跑西颠的，到处寄人篱下？！

曹操知道他的将军们在想什么，他解释说：“你们不懂，有句话叫兵熊熊一个，将熊熊一窝。关羽的能力之所以展现不出来，是因为他主子刘备是个笨蛋。你们看着，我来用关羽，效果是什么样的。”

他叫来关羽，对关羽说：“前段时间我和你说，如果你想走，就必须为我办件事，现在你的机会来了。”

关羽说：“有屁就放。”

曹操说：“干掉颜良，你就自由了。”

关羽二话不说，提着他的青龙偃月刀，出了帐门，跨上战马，一个人就冲了出去。

曹操急忙喊："张辽何在？"

张辽站出来。

曹操说："你投奔我不久，也没有展示你的武力，去和关羽并肩作战如何？"

张辽吼了一嗓子："没说的！"

张辽和关羽带着一支小部队来到刚刚抵达的颜良面前。张辽要先和颜良来上几个回合，可颜良不干，因为他马不停蹄地跑来，已没有体力再战，所以两方就开始了大混战。

战事一开，关羽盯着颜良就冲了过去，颜良见对面来了个酒鬼——红得发紫的脸，还挥舞着一柄加长版大砍刀，不由得回忆起来，哎呀，这不是刘备的马仔关羽吗，他怎么换老板了？

他的思路还没有彻底理清，关羽已冲到他马前，手中大刀直奔他面门就来了。颜良大叫一声："好快的刀！"

他举起手中长刀，向上一架，却只觉得虚不受力。关羽这是虚招，刀还没有碰到颜良的刀，就向右边滑了过去，在半空中反转出一个弧线，奔着颜良的耳朵就来了。

颜良又大叫："好快！"

他没有躲过去，耳朵被削了下来，鲜血喷涌，他痛得哇哇大叫。此时，关羽的刀又转回来了，目标是脖子。

颜良这回没有来得及赞叹，脑袋离开脖子飞上了天。他看到地面的士兵离他越来越远，然后又越来越近，眼看脸就要接触地面时，突然伸出一只大手，抓住了他的头发。再向上看，看到了关羽那张如喝醉酒般的脸，然后眼前一黑，气绝身亡。

关羽在乱军之中就这样斩杀了颜良，颜良的部队一看将军的头颅，全都一窝蜂地跑掉，一直跑回了黄河以西。

曹操一解白马之围，就下令迁徙白马的百姓，沿黄河向南撤退。袁绍得知颜良被关羽斩杀，暴跳如雷，恰好刘备就在现场。他指着刘备问："你那兄弟关羽斩杀了我的大将，你如何说？”

刘备震惊道：“哎呀，我二弟进步如此之快，真让人惊讶！”

袁绍拍案而起道：“刘大耳朵，我现在让你和将军文丑渡过延津，去和曹操决一死战，你可愿意？”

刘备当然不愿意，可这不是他愿意不愿意的事，他必须要从命。

于是，袁绍的大将文丑和刘备分别带领一支精兵从延津渡过黄河，捕捉曹操的主力。

沮授在袁绍要渡延津时，劝阻说：“胜败乃兵家常事，不能因一场不疼不痒的败仗就意气用事。我们应该保留主力，派遣先头部队前往官渡，曹操的前线指挥部在那里，我们就在那里和曹操玩游击战，消耗他。”

袁绍气冲斗牛道：“骚扰什么，现在正是和曹操决战的大好时机。”

当刘备和文丑轻松地从延津渡过黄河向曹操逼来时，曹操正好抵达南阪（白马山南坡）。由于此地离黄河较近，所以东汉帝国在此修建了许多大坝，为的是解决黄河季节性洪水的问题。当时黄河正处于平静期，所以一马平川的大坝恰好是个野战的最佳地点。

曹操乞灵于诡计，他将从白马城带来的辎重堆在开阔地，而他则率领一支六百人的骑兵埋伏在大坝后面。

文丑和刘备陆续抵达，他们发现了辎重。刘备兴奋地怪叫道：“有辎重啊，咱们发财了！”

文丑发现有点不对头，然而他还没来得及向刘备说出自己的担忧，刘备已经带领他的那支队伍冲了出去。

曹操在大坝后面看到刘备张牙舞爪地冲在最前面，不禁乐开了花。他对骑兵队长说：“有刘备在，咱们赢定了。”

刘备向前冲，文丑只好跟随。当他们全部下马抢夺那些辎重时，曹操一声令下，全军出击。六百名骑兵向乱哄哄的已经丢掉马匹的文丑、刘备兵团发动攻击，二人兵团霎时崩溃，像黄河涨水冲垮堤坝一样，发出震天动地的号叫。

文丑和刘备掉头就跑，刘备跑得比兔子还快，文丑没有刘备这样的能耐，被曹操的骑兵斩杀，刘备则一溜烟跑回了黄河对岸。

袁绍得知文丑也死了，悲痛至极，刘备还安慰他说："胜败乃兵家常事。"袁绍瞪圆了眼睛道："你有胜过吗？"

刘备不再说话，他浮想联翩，总是搞不明白，离开了他的关羽，为何如此神勇，居然在乱军之中轻松取了袁绍猛将颜良的首级。

他正浮想联翩时，袁绍终于做出了一个正确的决定。公元200年阴历八月，袁绍全部主力逼近官渡，在离官渡四十里的地方扎下营盘，东西连营数十里，与曹操对峙。

只是对峙，却不发动大规模的进攻。曹操慌了。

节外生枝

曹操之所以慌，是因为觉得袁绍要打持久战。曹操打不起持久战，他的屯田制的确在发挥无边的威力，可从公元200年开始，他就不停地和袁绍打仗，他的军粮已越来越少，按他的计算，根本撑不过这一年。

既然袁绍不动，那他只能主动出击。本年秋末，曹操在官渡集结了一支数量可观的兵团，向袁绍的指挥部发起进攻。袁绍在防守的同时，派出几支机动部队不停地骚扰曹操兵团，曹操毫无办法，进攻没有成效，只好撤了回来。

曹操这次主动进攻的失败，激起了袁绍的斗志。谋士许攸建议，派一支轻骑兵对许昌发动突袭。沮授又出来建议说，应该对曹操采取包抄之势，派遣一支精锐从黎阳渡黄河，绕过白马城，抵达曹操的官渡后面，前后夹击。

袁绍发现沮授在任何时候都有计策，他很反感这种聪明透顶的人，所以绝不采纳他的计策，沮授流了几滴为袁绍可惜的眼泪，就称病不起了。

不过，袁绍倒是采纳了许攸的计策，派了一支轻骑兵去进攻许昌。

可惜的是，曹操早就在通往许昌的路上，埋伏了一支部队，结果袁绍的这支轻骑兵中了曹操的埋伏，全军覆没。

袁绍终于发现，各种邪门歪道对曹操都不灵，他现在只相信一件事：要想打败曹操，必须要在正面战场，也就是官渡和曹操决战，其他战术，他认为都是狗屎。

实际上，袁绍的这一方案对曹操是个致命打击，曹操拖不起，他必须要速战速决，可面对袁绍的主力，曹操无可奈何。不过，曹操觉得袁绍也有难处。袁绍沿着黄河北岸把战线拉出百余公里，就这样对峙下去，十几万人的吃喝很是问题。但他不知道的是，袁绍有巨大的粮仓，足可以把他熬死。

就在曹操对战事一筹莫展时，更不好的消息传来。他的汝南郡发生叛乱，一支据称是黄巾军余孽的军队突然向他宣战，这还不是最要命的，最要命的是，袁绍已经派人去和这支兵团取得联系，要一起对付他。

曹操忧愁得头痛欲裂，当他得知袁绍派去的人是刘备时，头痛就好了许多，因为刘备永远是成事不足败事有余。他的头痛马上要痊愈时，关羽来了。

关羽说："我已经帮你斩了颜良，你该放我走了。"

曹操笑道："可以啊，放心，你走你的，咱们以后两不相欠了。"

关羽连个招呼都没有打，掉头就跑了。

曹操头又疼起来，他的手下劝他："不必为关羽这样的人头痛啊。得到他的人却得不到他的心，何必呢！"

曹操说："非也，我是替关羽跟着刘备不值。"

有人就来报告说："刘备抵达汝南郡了，和当地的地头蛇还有那支黄巾军关系融洽，咱们要惨。"

曹操沉下脸来，不说话。

曹家班的曹仁站出来说："您既然认为刘备不能成事，何必为此事焦虑。我带一支兵去汝南郡，肯定能打败刘备。"

曹操想了想，说："刘备这小子总来虚的，你去吧。"

曹仁率领一支军队立刻出发，抵达汝南郡时，放过那支黄巾军，直奔刘备。刘备刚和关羽相见，两兄弟抱头痛哭，张飞在一旁默默流泪，场景煞是奇异。

曹仁很快就追上刘备，快速发起攻击，刘备匆忙应战，大败，又跑回了袁绍处。

他向袁绍请罪，袁绍半躺在椅子里，一副半死不活的样子，对刘备说："你就别请罪了，你能告诉我，你做什么事能成吗？"

刘备哭了，哭得高度认真。

袁绍被哭得肝肠寸断，赶紧让刘备滚蛋。

刘备跑回住所对关羽和张飞说："袁绍团队中没有什么好人，袁绍本人也不是做大事的料，我看咱们在这里也没什么前途，不如一走了之。"

关羽说："大哥，我刚从曹操那里跑回来，又要跑？"

刘备急得流下眼泪说："哥哥对不起你们，哥哥我真是无能啊，呜呜……"

张飞浑身起了鸡皮疙瘩，赶忙收拾行囊，刘备给袁绍留了封信，信上说：要打败曹操，必须联合刘表，我现在就去干这件事，你等我的好消息。

哥仨连夜向荆州跑去，刘备准备先在刘表那里寄人篱下一段时间，具体情况再说。不过，当他跑到汝南郡时，发现曹兵撤走了，于是他又在汝南待了下来，得过且过。

袁绍收到刘备的信后，只扫了一眼，就扔到火里烧了，然后拍了拍手说："走得好，否则我就得赶你走了。"

刘备一走，袁绍顿时感觉轻松许多，而且头上始终缠绕着他的乌云全部消散。他总有种感觉，自己和曹操开战后的诸多不顺，都是刘备这个扫把星带来的。现在扫把星已经离开，他的好运应该来了。

曹操也这样认为，当曹仁在汝南击败刘备送上捷报时，他虽然很兴奋，可又很担忧。他对人说："刘备这回肯定要离开袁绍了。"

众人不明白这句话的意思，也许曹操和袁绍想的一样：刘备在谁那里，谁就倒霉，他一离开谁，谁的运气马上就转铁成金。

曹操打了退堂鼓

刘备一走，袁绍马上调整战略，由之前的战略性防御转为进攻。曹操经营官渡虽然时间不长，却经营得有声有色。他依据官渡坐落在汴水渠道、山丘旁的地理特点，因势利导地在高处修建了土墙，还建造了栅栏，同时以水渠为天然的护城河，这就导致袁绍的进攻队伍必须要爬坡，仰攻在冷兵器时代难度相当大。

袁绍派遣了十几支进攻小分队，却都死在了半坡上。死伤无数后，他终于明白，这样进攻，有多少兵都不够死的。于是，他改变策略，让士兵堆土为山，建造木塔，士兵登上木塔，就能轻而易举地瞄准曹操的防御工事。

袁绍堆土山、建木塔时，曹操就总派机动部队去捣乱，干扰袁绍的工程。虽然受到干扰，但袁绍仍然完成了土山和木塔，他的士兵站在木塔上，向曹操的士兵倾泻箭矢。

曹操的士兵只好把盾牌举过头顶，遮挡袁绍方面的乱箭，袁绍就趁着曹操兵团什么都看不见，派出攻击小队，向曹操阵营进攻。曹操积极应对，他制作“霹雳车”（会移动的抛石机，当石头抛出去落到地面时会发出巨响，所以古人恐惧地称它为“霹雳车”），端掉了袁绍的木塔。

袁绍一计不成，再生一计，他让工兵部队挖掘地道，接近曹操的堡垒。曹操就在堡垒内挖出一条长沟，让士兵端着滚烫的沸水，等着袁绍的士兵从地道里冒头。结果，从地道钻出来的袁绍士兵都被烫成了猪头。

袁绍两计不成，再生第三计。他让人制作巨大的风筝，把士兵捆绑在风筝上，顺风放进曹操的营垒。但这些风筝虽然飞进了曹操的营垒，可都被等待已久的曹操士兵活捉了。

袁绍气得死去活来，忽然他发现曹操的霹雳车除了抛石头以外，还有别的用处，于是他也制作霹雳车，将士兵放到弹袋里，抛进曹操的营垒。

曹操根本都懒得理他，因为那些士兵被抛到空中后，就大喊着“袁绍你妈妈”，有的摔死在城墙上，成了一幅人体标本，有的则摔死在地面，成了肉饼。

袁绍处心积虑地思索破曹之计，狗头军师郭图说：“当初王莽遇叛乱，带领大军读《孝经》，叛军忽然溃散，这是古人的宝贵经验，咱们应该学习。”

审配强烈反对道：“这是扯淡，读《孝经》根本不能破敌，应该读《诗经》。”

袁绍把两人的意见中和，从军中挑选出识字的士兵，分为两部分，一部分读《孝经》，一部分读《诗经》。

曹操这回有点傻眼了，他不知道袁绍在搞什么鬼，只看见阵前来了批儒生打扮的人，跪在空地上，向着自己的堡垒方向诵读经典。

他爬上城墙，谨慎地听了半天，发现袁绍的人在读《诗经》，不禁哈哈大笑。他下令：“找一批士兵来，读我的《薤露行》。”

惟汉廿二世，所任诚不良。
沐猴而冠带，知小而谋强。
犹豫不敢断，因狩执君王。
白虹为贯日，己亦先受殃。
贼臣持国柄，杀主灭宇京。
荡覆帝基业，宗庙以燔丧。
播越西迁移，号泣而且行。
瞻彼洛城郭，微子为哀伤。

这首诗歌是曹操在董卓之乱后以悲愤的心情写出来的。我们知道曹操不但是个出色的政治家和军事家，还是个优秀的诗人。

曹操的人一朗诵这首诗歌，袁绍就听入迷了，对两个狗头军师说：“这个好啊，比咱们的好。”

两个狗头军师说：“这是曹操自己编出来的，根本不是经典，咱们读的可是经典。经典的力量要比胡编的大。”

双方就这样每天都用诗歌对战，对战了十几天后，袁绍发现，屁用都没有。可他又想不出好办法来对付曹操，所以双方就这样僵持了下来。

他能僵持得起，曹操可僵持不起。眼看粮食就要耗尽，部队士气也渐渐低迷，他就给在许昌的荀彧写了封信，说要回许昌，以许昌为根据地做最后的抵抗。

站在曹操的角度看，这种想法没有错。官渡虽然有防御工程，可毕竟是临时防御，而且离他的大本营许昌很远。许昌则被他经营多年，城墙坚固，周围又有各种据点支援，回许昌坚守肯定要比在官渡坚守容易得多。

但荀彧完全不同意曹操的这一主张。他回信给曹操说：袁绍倾其全部力量聚集官渡，就是要和您决一死战。而您和袁绍相比，实在太弱，以弱后退，必会被强所乘。现在是处在改变天下大局的紧急关头，您绝不能退。我很久以前就说过，袁绍的领导力和您比差远了，现在您所担心的就是粮食问题。可您想过没有，袁绍和您僵持了半年多，他也没有奈何您分毫，这说明他太笨，已经黔驴技穷。此时，正是您用奇策制胜敌人的大好时机，千万不可退缩。

曹操看了荀彧的信，内心翻腾不已，激动地对将领们说：“你们看看，荀彧说得多好听啊！”

众人都说：“这就是站着说话不腰疼。”

曹操说：“即使如此，咱们也要听他的，万一有奇迹发生呢。”

荀攸自然同意叔叔荀彧的见解，这段时间他也一直在琢磨粮食的问题，可巧妇难为无米之炊，他纵然聪慧盖世，也不可能凭空变出粮食来。

有一天，他和曹操饮酒，初冬的天气，冷得让人无法忍受，两人不停地喝酒，以抵抗严寒。

曹操拿着酒壶给他斟酒，可最后酒壶里只倒出来一杯酒，曹操笑道：“荀攸啊，只剩这一杯酒，你看怎么办呢？”

荀攸开玩笑道：“当然是给我喝啊。”

曹操说：“那岂不是你有酒我没有酒了？”

荀攸一边笑着，一边端起那杯酒来，说：“那我可不管，你没有，我有啊。”

曹操一把抢过他的酒，倒在了地上，哈哈大笑道：“这回你也没有了！”

荀攸想不到曹操如此无赖，无可奈何地摇了摇头，忽然眼前灵光一闪，拍着桌子叫道：“有了，有了！”

曹操说：“真没有了，今天就这么多酒。”

荀攸站起来，兴奋不已说：“我不是说酒，我是说军粮！”

曹操叹气道：“有个屁啊，咱们的粮食只够吃一个月的了。”

荀攸说：“我的意思是，咱们没有粮食，袁绍有粮食，把他的粮食烧了，就像你刚才把我的酒倒掉，这样不就解决问题了吗？”

曹操大叫一声：“哎呀，好主意，咱们之前怎么没有想到！”

荀攸说：“时机未到，好主意就不会来。”

烧袁绍的粮食，这的确是个绝佳的主意。

据曹操得到的线报，袁绍的粮仓在故市（今河南郑州北部），负责粮仓运输和保卫的是袁绍的一支王牌，指挥官叫淳于琼。

曹操一听是淳于琼，不禁哈哈大笑，说：“如果是别人，我还不敢去袭击，若是此人，那这件事就成了！”

淳于琼和曹操曾经是同事，刘宏（汉灵帝）时期设置的八校尉中，就有淳于琼，曹操对他的弱智印象深刻。后来袁绍要去迎接皇帝刘协，反对的人中就有这个淳于琼。

董卓之乱后，淳于琼始终跟随着袁绍的步伐，袁绍对他特别放心，所以把保卫、运输粮食的重任交给他。谋士许攸就警告过袁绍，除淳于琼保卫、运输粮食以外，应该再派一支军队充当机动部队在外围巡逻。袁绍正要同意，淳于琼就向袁绍撒娇说："你居然不相信我的能力，我这工作没办法做了。"

袁绍只好同意。此时，隐患已经形成。

曹操决定去会会淳于琼，但贾诩不同意，他说："淳于琼负责粮食运输，即使干掉他，能烧毁多少粮食？倒不如直奔故市，烧袁绍储存在故市的粮食。"

曹操赞同贾诩的建议，于是命令将军徐晃带领一支轻骑兵，快马加鞭去攻击袁绍后方的故市。故市的守将叫韩荀，受淳于琼管辖。淳于琼这种低智商的领导人，不可能产生高智慧的属下。

所以徐晃轻而易举地就把故市的粮草付之一炬，不过他总感觉不对，因为故市的粮食虽然多，可没有他想象的那么多。他回来报告曹操后，曹操也疑虑起来。最后，他得出结论：袁绍的主要粮草绝不在故市，而是在另外的地方。可到底在哪里呢？

曹操想不出来，他的头又剧烈疼痛起来，老天爷看他如此痛苦，就动了悲悯之心，给他派了个人。

这个人，就是许攸。

许攸来投

许攸、曹操与袁绍三人从小玩到大，曹操对许攸的评价是自以为是，而且贪心。许攸对曹操的评价也不怎样，说曹操狡猾如老鼠，不过人品还好。至于许攸对袁绍的评价要远比曹操好，因为许攸这种人，最喜欢的就是窝囊型人物。

许攸一直跟随着袁绍，看着袁绍逐渐做大，除了他的许多智谋被袁绍采用外，袁绍的运气也一直很好。但许攸始终认为，袁绍能做大做强，他居功至伟。

他从来没有想过要背叛袁绍投奔曹操，事情出在他的家人身上。袁绍和曹操在官渡对峙时，许攸的家人在冀州犯法，被官员收押判刑。许攸就跑去对袁绍说："赶紧让人放了我的家人。"

袁绍说："这个……王子犯法与庶民同罪啊。"

许攸暴跳如雷，直呼袁绍大名道："袁绍，给你脸了，你有今天，难道不是我的功劳？！"

袁绍也暴跳如雷道："滚蛋！"

许攸憋着一肚子气，回到房间里也睡不着，他想的是，袁绍忘恩负义，亏我给他打下如此江山，卸磨杀驴，我要让你一场空。

当天夜里，许攸就跑出了袁绍大营，来见曹操。

曹操当时正急得如热锅上的蚂蚁，吃不好睡不好，而且头痛得要爆炸。就在他半死不活时，有人报告说："许攸来了。"

曹操大叫一声，从床上跳到地上，连鞋子都忘了穿，就穿着睡衣跑了出来。他看到许攸背着双手傲然立于大营外，脸上带着似笑非笑的表情。

曹操激动地把许攸一把拖进怀抱，要活活抱死许攸。许攸被抱得险些窒息，曹操这才松开双手，又握上许攸的手说："你来了，我的事就成啦。"

许攸喘息了一会儿，才说："你怎么知道我是来帮你的？"

曹操拍着许攸的肩膀，说："我还不知道你？你和袁绍那是多么大的交情，如果不是你对他失去信心，你会来这里？你来这里，肯定就是来帮我打袁绍的。"

许攸摆出一副救世主的架势来："说吧，你的粮食还够吃多久？"

曹操想都不想地伸出一根手指道："一年。"

许攸甩开他的手，转头就走。

曹操急忙拉住他，说："别走啊，大兄弟。"

许攸正色道："你说实话。"

曹操无可奈何地笑了，说："和你说实话吧，只能支撑半年了。"

许攸又甩开他的手，再次转头就走。

曹操扑上来，抱住许攸，说："好好好，我说实话，你别走啊。"

许攸说："你说。"

曹操慢慢地伸出三个手指头："三个月，只够吃三个月了。"

许攸哈哈大笑道："我看你是只能支撑一个月了吧。"

曹操一惊，捂住许攸的嘴，四下看了看说："你小点声。"

许攸还是笑个不停，对曹操指点着："曹阿瞒（曹操小名），你一直就这样狡猾。"

曹操听着不太舒服，但他必须装出舒服的样子。他把许攸拉进营帐，忽然打了几个喷嚏，这时他才发现自己只穿了睡衣，连鞋都没有穿，竟然在寒冷的外面待了那么久。

许攸进了营帐，一屁股坐到了主位，曹操看了他一眼，心中想，这个许攸还是这副天下老子最大的模样。他等许攸坐好，急忙上前询问："袁绍的情况怎样，还要围困多久？"

许攸说："慌什么嘛，我来了，你就放下心，你这里没有酒吗？"

曹操说："有啊。来人，上酒。"

许攸说："军营中不能喝酒的，你看你居然违反。"

曹操很尴尬，再问："我如何能打败袁绍？袁绍有没有弱点？"

许攸不出声，等着酒。

很快，酒来了，许攸自顾自地喝。曹操站在一旁，前倾着身子，半张着嘴，心急如焚。侍卫过来把衣服披在他身上，他却感觉浑身燥热，又把衣服褪下。

许攸终于喝得差不多了，慢悠悠地说："袁绍这畜生，我为他出谋划策多年，他能有今天，还不是因为有我。可他居然对我家人极不尊重，还要判我家人的刑。曹阿瞒，你说这人是不是畜生啊？"

曹操急忙附和："是啊，他怎么可以这样对你，你有何计策打败他，说给我听。"

许攸忽然就把酒杯向桌子上一顿，怒气冲天："袁绍这厮，我今天就要帮助曹阿瞒，干了你，出我心头这口恶气！"

曹操说："是啊是啊，我帮你出这口恶气。你快说，如何打败袁绍？"

许攸闭上眼睛，居然流下几滴被人背叛后的痛苦泪水，说："阿瞒啊，咱们三个是好朋友，我真没有想过会有今天这个局面，朋友居然互相举起了刀。"

曹操生气了，许攸一口一个"曹阿瞒"，这还不是他最生气的，最让他生气的是，许攸卖了这么长时间的关子。

他站直了，披上衣服，拿出中央朝廷执政官的威严来，教训许攸道："老许，别人与你有仇要记住，你对别人有恩要忘记，如此才是大丈夫。袁绍处罚你家人，你应该记住，但你对袁绍的恩情，我看还是尽快忘了，否则就是自己跟自己过不去。"

这番话把许攸说得一愣，他又端起酒杯，一口干掉，站起来扶住曹操说："阿瞒，你说得对，别人对我的仇恨要记住，我就是来报仇的。我来告诉你。"

曹操急忙换上温柔的表情，拉许攸坐下，说："你快说。"

许攸说："你知道上次烧了袁绍在故市的粮仓，袁绍为啥没什么反应？"

曹操琢磨了一会儿，猛地一拍脑门道："他肯定还有别的粮仓。"

许攸叫道："不错，袁绍的大粮仓在乌巢。"

曹操迅速把地图摊开，欣喜若狂道："哎呀，袁绍这个家伙贼得很，居然把大粮仓放在这里！"

许攸冷笑道："他哪里有这个智慧，这是我的主意。"

如果真如许攸所说，将粮仓设置在乌巢，那这个计谋真可谓高明透顶。

乌巢在延津东南方，离袁绍大营阳武四十余里，袁绍靠黄河运输物资，通过鸿沟的分支济水东西相连。它不但离袁绍大营很近，离曹操的大营官渡更近，其实就在曹操眼皮子底下。一般人根本想不到，袁绍会把粮仓放在军营的前方。

这也就可以解释，为什么袁绍从来不担心曹操攻击他的后方，因为他的补给在大营前面。

曹操得到这个消息后，顿时感觉昏黄的天空透出一缕阳光，虽然很细微，却也能够看清前方了。

他对许攸说："你是让我烧乌巢？"

许攸说："没错。"

曹操冷静下来，脸色凝重，他自言自语道："乌巢是袁绍的命根子，必然有重兵把守，很难烧毁啊。"

许攸哈哈大笑道："你错了，淳于琼在那里把守，但淳于琼这个笨蛋把最好的兵当成了保安，乌巢外围又没有巡逻队，所以烧毁它，太容易了。"

曹操听了这话，眼前终于亮堂起来，曙光已经出现，而且马上将光芒万丈。

火烧乌巢

许攸来投曹操，曹操高兴得手舞足蹈，许攸给他出了直捣袁绍军粮大本营的计策，曹操更是心花怒放。不过，曹操的将军们对许攸很不放心，他们认为，这可能是袁绍的计谋，派许攸深入曹营，出了个看上去非常不错的主意，其实袁绍正在乌巢埋伏等待曹操入局。

曹操听了他的将军们的话，不禁沉思起来。许攸就在现场，看到曹操如此反应，不禁大叫道："曹阿瞒，你是什么智商，居然对此还有怀疑，我真是瞎了眼睛！"

曹洪向曹操分析说：“许攸这孙子对您一点都不尊重，张口闭口的‘曹阿瞒’，足以说明这人人品不行，一个人的人品不行，一切都不行，他绝对是袁绍派来卧底的。”

众将军都叫起来：“应该把许攸拉出去砍头！”

许攸急了，对曹家班成员怒吼道：“你们这群废物，害曹阿瞒的必是你们！”

曹操制止了争吵，宣布散会。会后，他把荀攸和贾诩找来，问二人的意见。两人异口同声说：“您不必怀疑许攸，武将们显然高估了袁绍，袁绍想不出这种主意。现在即刻按照许攸的计划去偷袭乌巢，要快，时间不等人。”

曹操听了，点了点头，当机立断，留下曹洪、荀攸守大营，自己则亲自率领精锐五千向乌巢方向快速推进。

曹操的这支精锐全部选用袁绍军队的旗帜，然后人衔枚、马勒口，确保行动无声，又让士兵抱着柴薪，看上去像是环卫工到工作场地打扫卫生。

曹操是在黑夜向乌巢进军的，即将抵达乌巢时，他看到乌巢方面果然只有卫兵充当的保安，外围根本没有巡逻部队，不禁大喜。

进入岗哨时，哨兵发现来了一堆人，没有怀疑，因为这段时间，经常有部队来送粮食。哨兵只是例行公事地问：“干什么的？”

曹操的人回答：“淳于琼将军派来打扫粮库的。”

哨兵看了看这些人，旗帜是自己人的，士兵还抱着扫除工具，只不过马都被捆住了嘴。

“为何捆马嘴？”

“里面都是粮食，担心马吃。”

哨兵再问：“你们哪支部队的？”

曹操的人已经偷偷抽出刀来，准备把这个碎嘴哨兵干掉。可哨兵根本就不想知道问题的答案，向站在栅栏的士兵喊道：“放行！”

曹操高兴地发出了猪叫声，说：“这可真是天助我也。”

五千人进了粮库重地，看到很多士兵三三两两地在喝酒，曹操就抓住一个袁绍的士兵问：“淳于将军呢？”

士兵回答：“在帐篷里喝酒。”

曹操下令：“点火，放火。”

五千士兵把柴薪全部点着，像举行篝火晚会一样，向各个粮库扔了起来。一会儿工夫，整个乌巢大营火光冲天，人喊马嘶。

淳于琼从军帐里摇摇晃晃地冲了出来，看到到处都是火光，酒顿时醒了，他大喊大叫道：“快救火啊，杀敌！”

士兵跑来报告说：“没有敌人，是自家兄弟反水了。”

淳于琼向曹操那五千多人看去，咆哮道：“是曹操！”

现场混乱不堪，曹操一边放火，一边杀敌。淳于琼急忙派人去袁绍大本营请求支援，而他则爬上战马，迅速组织起一支抵抗部队，就在火场和曹操攻杀。

乌巢被烧的消息传到袁绍大本营阳武时，袁绍已经早早睡下。其实自从许攸投靠曹操后，袁绍一直心神不宁，许攸知道他的全部部署，他拿不准曹操要攻击他哪里。现在，曹操的攻击目标已经确认，袁绍迅速召开紧急军事会议。

大将张郃主张全力救援乌巢，但狗头军师郭图则主张全力进攻曹操的大本营官渡。袁绍最讨厌的就是面临两种不同的意见，他开始焦虑。实际上，两人的计划都没有问题，全力救援乌巢，可以和淳于琼的部队里应外合，夹击曹操；全力进攻官渡，兵力占绝对优势的袁绍绝对可以攻陷官渡。

但袁绍特别讨厌选择，所以他琢磨了半天，决定把张郃和郭图的计划二合一：兵力一分为二，一部分去救援乌巢，一部分攻打官渡。

张郃激烈反对，认为此时的重中之重是救援乌巢，留得青山在，不怕没柴烧。袁绍拿出有生以来最高度的智慧说：“咱们和曹操开战的目的是什么？是干掉曹操。只要能攻下官渡，曹操就回不了家，成了丧家犬。”

他看着张郃说：“你要有初心意识，啥叫初心意识，就是别忘了初心，咱们的初心是把曹操打成丧家犬。”

张郃说：“那就用全部兵力进攻官渡，彻底放弃乌巢。”

袁绍跳起来骂张郃：“你是白痴啊，听不懂话，没有了粮食，以后咱们吃什么！”

世界上有一种油盐不进的糨糊脑袋，比如袁绍，唯一能让他们清醒过来的办法就是让他们失败。

袁绍分兵，不能集中力量攻击一点，失败已经注定。当去解救乌巢的袁军抵达乌巢时，乌巢粮仓已被烧得差不多了。

这支援军立即投入战斗，曹操的部下一见对方来势凶猛，劝曹操撤退。曹操说：“不要慌，狭路相逢勇者胜，给我狠狠地打。”

最终，曹操以区区五千人击败了淳于琼和袁绍的援军。这场仗，曹操并没有用到多少智慧，其靠的就是一个狠字，绝不撤退，就在乌巢和敌人死磕到底。

战役的结果是，袁绍派出来的援军覆灭，淳于琼被活捉。

曹操问这位从前的同事：“你知道自己是怎么落到这个地步的吗？”

淳于琼看着曹操身边的许攸，呸道：“叛徒！”

曹操想要饶了淳于琼，但许攸说：“此人是袁绍的死忠，放了他就等于放虎归山。”

曹操点了点头说：“既然不能让你为我所用，那我也不能让别人用你。来人啊，斩了。”

乌巢之战胜负已分，但张郃在官渡的战役才刚刚打响。张郃向官渡发起第一轮进攻后，就敏锐地发现，曹操的主力全在官渡，不在乌巢。

在曹洪的坚决抵抗下，张郃的进攻毫无成效。在进攻到第六轮时，张郃已经预感到，官渡不可能被攻下。

他给袁绍投递信息，分析了基本情况，请求带兵回大本营。袁绍正准备同意，郭图叫起来说：“曹操去偷袭乌巢，肯定带着主力，官渡的部队根本没有多少，张郃攻不下来，是真的攻不下来，还是不想攻下来。”

袁绍一想，也对啊，张郃是不逊色于颜良和文丑的猛将，怎么现在成了病猫？

郭图又点火说：“许攸和张郃关系非常好。”

袁绍跳了起来说：“张郃这个叛徒！”

他立即派出执法官去前线，要在战场处决张郃。张郃得到消息，哀叹说：“袁绍真是个猪头。”

感叹完毕，就焚烧了攻城器械，向曹洪投降。曹洪临阵接受他的投降，命他为先锋，向袁绍大本营进攻。

袁绍此时已是穷途末路，他的补给被烧，张郃带领的主力又叛变，掉头杀了回来。他只好放弃阳武，向黄河以北逃窜。

张郃和曹洪合兵一处，渡过黄河猛追。袁绍有生以来第一次如此玩命地跑，跑回冀州老巢后，发现跟他回来的只有八百骑兵。若干年辛苦经营的一支强大武装，只几天时间，就灰飞烟灭了。

官渡之战，袁绍以绝对的优势兵力大败，曹操打败了他在北方最强大的对手，恢复了中央朝廷的大部分权威。

曹操烧信

袁绍逃回冀州后，做了两件事，一件事是马上稳定后方，防御曹操。曹操并没有对他进行灭绝性的追击，因为曹操的力量也已经用尽。袁绍虽然有了喘息之机，但和当初被曹操打败的袁术一样，袁绍再也没有力量挑战曹操了。

他做的第二件事，就是让人把监狱里的田丰请出来，他要见田丰。

狱卒高兴地给田丰开锁，恭喜他说：“您这回可发达啦，当初您就预料到主子如果不执行您的计划，肯定失败，如今果真败了。”

田丰苦笑道：“我命休矣。袁绍表面宽厚，实际心胸狭窄，我多次因为说真话冒犯他，他早已恨我入骨。如果他得胜，一高兴，说不定能赦免我；可如今打了败仗，心中怨恨，小心眼就会发作，我已经不指望活命了。”

狱卒不相信，可很快他就不得不信了。

袁绍见到田丰，说：“我不听你的话，打了败仗。”

田丰不说话。

袁绍大怒道：“你是在心里耻笑我吗？”

田丰大笑，说：“我就是不耻笑你，你也不会让我活着的，因为我戳破了你廉价的自尊。”

袁绍咆哮道：“我要杀了你！”

田丰就这样被杀了。

袁绍在自毁长城，曹操却在尽力打造他的钢铁长城。

在进入袁绍的大本营阳武后，由于袁绍逃跑得匆忙，很多文臣都被留了下来。

在被扔下的文臣中，就有那个写《讨贼檄文》的陈琳。陈琳被带到曹操面前时，已认为自己死定了。

曹操的属下们也认为这个陈琳死定了。

曹操问他：“你写檄文，骂我就是了，为何要骂我祖宗？”

陈琳果然高手，说了句千古名言：“我是箭在弦上，不得不发啊。”

这话的意思是，我在袁绍的逼迫下做的这件事，就如同箭被放在弦上，弓已被拉开，不发的话，对箭太不公平啦。

曹操的部下都说：“把这个臭嘴巴活煮了吧。”

曹操说：“我一生中最爱的就是人才，尤其是肯为我效力的人才。”

陈琳马上说：“我就是你要找的人啊。”

不但陈琳活了下来，还有很多曹操的敌人也都活了下来。

有人在收拾袁绍的私人信件时，找到了许多曹操的人写给袁绍的信。

这些信的主人不但包括忠于皇帝刘协的那些大臣，甚至还有忠于曹操的人。

有人如同发现了升官发财的抓手，欣喜若狂地对曹操说：“看看这些阳奉阴违的叛徒，都抓起来杀掉吧。”

曹操说：“赶紧都给我烧了，我什么都不知道。”

搜出信件的人大惑不解，认为曹操糊涂了。

曹操解释说：“和袁绍开战，我自己都心惊胆战，没有信心，何况是这些人。趋利避害是人之本性，不能因为人家释放了本性，就对人家大动干戈。要让一个人服从忠诚于你，唯一的办法是让自己更强大。”

在场的人听了都叹服起来，那些巴结袁绍，给袁绍写信的人知道了这件事，都羞愧不已，发誓以后要紧跟曹操的步伐。

沮授也对曹操赞赏不已，他被活捉时，本来是要自杀的，可忽然就想见见曹操。曹操对他说：“咱们也算是老朋友了，如果袁绍能听你和田丰的建议，我哪里还能站在这里啊。”

沮授说：“袁绍固然优柔寡断，但胜利的根本原因不在袁绍而在你。你能做出正确的判断，并且马上执行，这就是你能赢，而袁绍必输的根本原因。”

曹操认可沮授的总结，他希望沮授能留下来帮他。可沮授毫不犹豫地拒绝了。他说：“我的家人都在冀州，袁绍如果知道我投靠了你，肯定会拿我家人开刀。”

许攸在一旁晃动着肩膀说：“阿瞒，我觉得沮授人不错，放了他吧。”

曹操不语。

沮授哈哈一笑，说：“许攸，我本来还把你当朋友，可你临阵叛变，不是我喜欢的那种人。你以为你在曹操面前说话很有分量吗！”

许攸急了，看着曹操。

曹操说：“沮授啊，你的智谋乃帝王师级别的，我放了你，你再回到袁绍身边，没有人敢保证袁绍不会听你的。所以，放了你，就等于放了千军万马。”

沮授说："这个我明白，即使你放了我，我也没有脸回袁绍那里。"

曹操点头，下令处决沮授。许攸很不高兴，不是因为沮授被处决，而是曹操居然不给他这么点面子。

这种心态，其实最要不得，许攸也因为始终保持着这种心态，终于在几年后被曹操所杀。

公元200年初冬，大获全胜的曹操回到许昌。他在给皇帝刘协的报告中夸张地提到，在绝对劣势的情况下，他斩杀了袁绍七万士兵，而且把袁绍打得一蹶不振，袁绍已经从他的狩猎名单中划掉了。

报告中重点强调了这场战争的危险：他曹操所率领的中央军数量不多，粮食不足，全靠他曹操和其属下的才智以及行动力，才将庞然大物袁绍击败。

如果皇帝刘协相信这些话，那他的脑海中就能展现这样一幅奇异的画面：袁绍这个史前巨兽向柔弱的曹操张开血盆大口，曹操被吃得只剩下了脚丫子，可最后他一脚踢中袁绍的命门，巨兽轰然倒塌，曹操再度长出了身体。

实际上，官渡之战并非如我们所看到的历史书上所描述的，或者是如曹操所描述的那样。曹操固然有实力上的弱点，但袁绍也没有曹操所说的那样强大。

田丰和沮授始终建议袁绍就在冀州本部坐镇，以强大兵力威慑曹操，然后派出多个游击队骚扰曹操。这实在是形势如此，不得已而为之。袁绍虽然打败了公孙瓒，看似掌控了四个州，可实际上，他对地盘的掌控力并不强。他为何要选择主动进攻曹操，就是因为意识到四个州的反抗力量还很强，所以必须要在短时间内和曹操一决生死。如果拖延下去，四州的不稳定因素就会消耗他的力量。

他主动进攻曹操，是想在反抗力量聚集到一定程度之前，集中全部力量向曹操的核心地带（官渡）发起致命一击。这已经是孤注一掷，这孤注一掷有成功的可能。可惜的是，他最后的分兵（一解救乌巢，一进攻官渡）让他失去了这个可能。

袁绍还有个致命的弱点，他手中没有得力干将，这就是为什么他会两次重用窝囊废刘备的原因。

最后，曹操能打败袁绍，和多年来两人的经历不同有关。袁绍和曹操几乎同时起兵，可曹操一直在战场上主动锻造自己。无论是成功还是失败，曹操都能更加理智地认识和检讨自己。最终，他把自己变成了一个超级战略家：诱惑敌人进行错误的行动，逼迫对方按照他的游戏规则来战斗，然后快速行动，攻击对方的弱点，完成胜利。

反观袁绍，他在多年的军事生涯中固然取得了一些成就，可他从来不亲临战场，所以这些成就并没有给他带来宝贵的经验，反而成了他傲慢的源泉。

当然，曹操能取胜，还有个偶然却相当重要的因素，就是许攸。在那种千钧一发的时候，许攸作为袁绍战略部署的知情者，他的投靠，对袁绍而言是毁灭性的。

官渡之战后，大小军阀们瞠目结舌，他们当中也有智慧超群的人，觉得曹操有可能胜利，但从来没有想过曹操的胜利来得如此容易，只是放了一把火，就把袁绍打回了老家。

荆州的刘表得知此消息时，猛然从床上滚落，大喊大叫道："哎呀，要变天啊！"

他的几个谋士急忙把他扶起来说："不要怕，曹操还要折腾很久才能来打咱们呢，因为袁绍还没有彻底玩完呢。"

刘表的谋士们说得没错，袁绍的确没有彻底玩完。曹操和袁绍的战争不过是刚开始。

第六章

一统北方

再败刘备

曹操和袁绍在官渡玩命时，孙策也没有闲着，他对袁术的残余势力进行了如暴风般的彻底扫荡，取得了可喜的成绩。这种成绩来之过易，让他脑洞大开，竟然想偷袭许昌，挟持天子以令诸侯。

从孙策的根据地江苏到河南许昌，路途遥远，敌人密布，没有人敢保证能顺利抵达许昌，可孙策觉得可以。他把主力集结到丹徒（今江苏镇江），准备向许昌进军。

曹操恐慌起来，如果孙策攻许昌，他就要两线作战，这是兵家大忌。郭嘉笑呵呵地安慰他："我知道孙策的生辰八字，他这个人有生之年不可能来北方，当他决定来北方时，就是他的死期。"

曹操吃了一惊，问："真的假的？"

郭嘉仰头看天，不说话。

曹操也不多问。几天后，传来消息：孙策在丹徒打猎时被仇家干掉了。

曹操又吃了一大惊，然后就是大喜，称赞郭嘉："你小子真是未卜先知啊！”

郭嘉正色道：“你不要高兴，孙策一死，他弟弟孙权接班，这个家伙可是你的克星。”

曹操说：“什么克星，我先克他。”

他要趁孙策死掉，江东政局不稳时，平定江东。

荀彧不同意。他说：“第一，大军刚经历一场战争，不宜千里奔驰去打孙权；第二，袁绍还没有死透；第三，人家还在办理丧事，你趁人家办理丧事去打，这不符合道义。”

曹操同意这种看法，他非但不去打孙权了，反而以中央朝廷的名义任命孙权为会稽（今浙江绍兴）太守。

孙权很高兴，声称坚决服从中央的领导。曹操也很高兴，至少暂时能稳住江东，从而集中精力做别的事。

公元201年春天，冰雪正在融化，曹操就迫不及待地开始他下一步征程。他对幕僚们说：“经过官渡一战，袁绍短时间内已没有能力挑战我们，不如趁此机会，去解决荆州的刘表。刘表这人比袁绍还窝囊，打他的话，易如反掌。”

荀彧不赞同，说：“古语说了，要痛打落水狗，袁绍大败，部众离心，应抓住这个时机平定河北。如果现在离开大本营，远征刘表，一旦袁绍收聚余众，乘虚攻击中央，恐怕大事不妙。”

曹操一向对荀彧言听计从，而且觉得荀彧痛打落水狗的思路很好。于是，他制定最终战略：彻底解决袁绍，光复河北。

贾诩此时又提出，如果倾全力解决河北，那就不能有后顾之忧。

曹操莫名其妙，问：“什么后顾之忧？哪里还有后顾之忧？”

荀攸提醒他：“汝南啊。”

曹操更迷糊了：“汝南怎么了？”

许攸气急败坏地说：“哎呀，曹阿瞒，刘备在汝南啊！”

曹操终于反应过来了，一反应过来就哈哈大笑，说：“刘备啊，好，先把他解决了。”

官渡之战开始前，刘备就跑到汝南，待在汝南县（今河南驻马店汝南县）。趁着袁绍和曹操两个巨头打架，刘备积极发展自己，到了公元201年春天时，他手上已经有了三千多人。

刘备在汝南县，经常爬上城墙，向官渡方向眺望，然后又眺望许昌，眺望了一会儿，不禁泪流满面。站在一旁的张飞就问：“大哥你又哪里不对了？”

关羽说：“大哥哭才是正常的。”

刘备就擦了眼泪说：“我哭天子蒙尘，受人挟持，做臣子的心如刀绞。”

张飞问：“那当初你为什么不待在许昌和董承联手对付曹操？”

刘备被问住了，忽然又哭起来，说：“袁绍和曹操都不是好东西，我多希望他们都死掉啊。”

几天后，张飞急吼吼地跑来说：“袁绍和曹操都没有死，曹操还亲自带兵来揍咱们了。”

刘备推案而起，义愤填膺道：“两位贤弟，曹操这逆贼总和咱们过不去，如今又来打咱们，你二人认为该如何？”

张飞咬牙道：“和他拼了！”

关羽说：“虽然他们人比咱们多，但横的怕不要命的。”

刘备安抚两人道：“留得青山在，不怕没柴烧，咱们还是去投奔刘表吧，等有实力了，再来和曹操理论。”

张飞咆哮起来：“哥啊，咱就不能打一场痛快的仗吗？总是这样跑来跑去的，憋死我了！”

刘备说：“乖，你要听话。人处低谷时，要躲避一切锋芒，这是天理。快，收拾细软，随我跑路去也。”

三兄弟本来想带着那三千士兵一起逃亡，可那三千士兵未经多少训练，张飞和关羽集结他们时，他们磨磨蹭蹭，等曹操兵团已抵达汝南县郊区时，这些士兵才集结起来十分之一。

曹操派使者到城下招降，刘备大怒，将使者斩首。众所周知，拿别人的生命表现自己原则的人，都不是好鸟。刘备斩杀了使者，就让集结起来的士兵爬上城墙防守，而他则和张飞、关羽从后门悄悄溜走。

当曹操兵团轻而易举地进入汝南县时，刘备三人已经逃得无影无踪了。和从前一样，刘备加班加点地逃，一直逃入荆州，逃进了刘表的大本营，这才放下心来。

刘表大摆宴席，请刘备吃饭。饭局上，刘备对刘表说：“咱俩关系可不一般，因为你是皇族之后，我也是。”

刘表说：“我可是有族谱的，你的族谱呢？”

刘备叹气说：“这么多年东奔西跑的，族谱丢了。”

刘表就“噢”了一声。

刘备很尴尬，说：“你不要不相信我嘛，你看咱俩相貌很相似，都特别像刘氏皇族的祖先们。”

刘表急忙摇头，对在场的人说：“你们来看看，我俩长得像吗？”

众人就哈哈大笑起来。刘表身长八尺，翩翩君子，五官端正，而刘备的五官则极为古怪，所以说两人相像，那是睁着眼睛说瞎话。

刘备很是尴尬，就扯开话题，对刘表说：“我这么多年一直想做一番大事业，可惜造化弄人，沦落到此。”

刘表不高兴了，说：“什么叫沦落到此，这里可是太阳升起的地方，你到了这里，就等于游子多年后回到家乡，行脚僧回到寺庙。既然你说你是皇族，我就暂且相信你，咱们从此以后就是兄弟了，我准备让你驻扎在新野（今河南南阳市新野县），你看如何？”

刘备当时就激动了，他真想跳起来去抱住刘表的大腿。

新野是刘表的北大门，北面就是曹操的地盘。曹操若打刘表，必然要从新野突破，刘备不喜欢曹操。确切地说，他害怕曹操。结果刘表偏偏要让他再次面对曹操。

同时，刘备敏锐地发现，新野距离刘表的老巢襄阳很近，急行军的话一天即到，这明摆着是对刘备不放心。把他放在新野，是为了更好地控制他。

刘表看出刘备不高兴，就先说了段虚话：“兄弟，咱们以后就是一家人，我是不想让你太过操劳，你看你操劳了这么多年，操劳出啥来了？先在新野修身养性，时机成熟了，我自会委你重任。”

刘备不语，刘表就说了真话：“你一定认为我是把你当成棋子去抵抗曹操的进攻。哈哈，你想多了。天下谁不知道你这么多年来就没打过几次胜仗，尤其是和曹操，你根本不是他的对手。我怎么可能让你去抵挡他？”

这种话太伤人，可刘备就是有这样的优点，你怎么伤我自尊我都不介意。

刘备只好郑重感谢兄弟刘表对他的合理安排，他装出快乐的样子跑去新野，这一待就是七年。在这七年时间里，曹操正为中央朝廷东征西讨，刘备就在新野赏花喝酒，偶尔编织一下时尚草鞋，打发他那并不宝贵的光阴。

仓亭之战

曹操解决了后顾之忧刘备后，开始集结兵力，重启和袁绍的战争。袁绍的反应比他还要快，他迅速集结了十余万兵马，先向曹操发起进攻。

袁绍的恢复能力之所以这样强，是因为官渡之战时，他动用的力量是本部力量，分散在四州的军力分毫未动。这些力量包括他长子袁谭的青州兵团，次子袁熙的幽州兵团，外甥高干的并州兵团，共计十余万人。

但恢复能力强，并不等于力量强。这支由三支兵团组成的集团军几乎各自为战，没有建立起有效的沟通，所以当袁绍和曹操迎头相撞于仓亭（古黄河渡口，今山东范县东北）时，袁绍的手下就劝他，这次要合兵一处，稳扎稳打，步步为营，不能像官渡之战那样分兵了。

袁绍同意了这个意见，所以双方开战后，曹操一点便宜都占不到。而且随着时间推移，袁绍集团军数量上的优势逐渐显露，曹操开始吃亏了。

曹操虽然吃亏，可并没有焦虑。他很清楚自己在兵力上的弱点，更明白袁绍集团军存在更大的缺陷。

袁绍自起兵以来，要么做缩头乌龟不出战，一出战必然是主动进攻。在袁绍的人生中，从没有过这种步步为营的打法。而之所以这次采用这种打法，就是因为他的两个儿子和外甥都不是省油的灯。

袁绍有三个儿子，最小的儿子袁尚始终在总部跟随自己，另外两个儿子（袁谭、袁熙）和外甥（高干）被他分派到各地，防御本部。袁熙野心不大，袁谭和高干却野心勃勃，不但想牢牢掌控自己的地盘，还时常想插手老爹的本部事务。

在战场上，不同部队之间必须要亲密合作，才能打败敌人，袁绍集团军显然不具备这一素质。

袁绍稳扎稳打，曹操也开始稳扎稳打，两人就像是两个太极高手，慢悠悠地你来我往，谁都不肯出狠手，担心出了狠手，会被人抓住破绽，一击致命。

双方从慢悠悠地你来我往，演变成了僵持。曹操还能坚持，袁绍却无法坚持了。官渡之战给袁绍最严重的打击有两个，一个是粮草问题，另外一个就是人心问题。

袁绍败退回大本营后，不是向众人检讨自己，而是指责战地指挥官无能，同时还指责士兵也无能。这就是低级领导人的特点：永远把失败的责任推脱到下属身上，自己绝不会错。

同时，曹操把袁绍积攒了一年的军粮全部烧毁，袁绍这次带的粮食很有限，而且是从老百姓那里抢来的。他所掌控的四州，此时已成了火药库，一点就炸。

双方又僵持了几天后，曹操通过对袁绍集团军的缜密观察，说："袁绍的三支兵团已显疲态，可以行动了。”

曹操采取中央突破战术，以精锐骑兵直冲袁绍的军阵薄弱处，袁绍坚决防守，可他的部队没有能力防住曹操的骑兵，曹操骑兵一冲开袁绍的军阵，大部队立即跟上，双方混战。袁绍亲眼看着自己的士兵疲惫不堪，不停溃退。

此时，大势还未去，可袁绍已无心作战，转身就走。他的集团军一见首领都走了，哪里还有心情战斗，纷纷后撤，曹操兵团猛烈进击，袁绍大军由后撤变成了溃退。

仓亭之战就这样草草地结束，袁绍跑回大本营邺城后，发起了牢骚：“我们冒险被曹操打败，我们步步为营还被曹操打败，我真是活不起了。”

三个儿子上来劝他，正要说“胜败乃兵家常事”的废话，袁绍似乎真就活不起了，突然喷出大口鲜血来。这口鲜血如同阎王爷的邀请函，袁绍吐血完毕，就躺倒在床，再也没有起来。

仓亭之战是袁绍继官渡之战后遭受的更重的一次打击，官渡之战消耗了他本部的力量，仓亭之战把其他三州的力量也消耗大半。从此，袁家班开始加速度下滑，直到灭亡。

袁绍不想死，并非是他怕死，而是他对身后的事还没有安排妥当。按传统，他的位子应该传给长子袁谭，可他特别喜欢小儿子袁尚，始终想让袁尚做接班人。

于是他又犯贱似的向部下征求意见。部下立即分为两派，一派以审配为代表支持袁尚，一派则以郭图为代表支持袁谭。

两方争得面红耳赤，各据其理。袁绍最怕的就是面对两种不同意见时的选择，他头痛焦虑，大口吐着鲜血，仍然拿不定主意。公元202年阴历五月，袁绍吐出身体里最后一口鲜血，离开人世。

袁绍死时，只有小儿子袁尚在身边。袁尚当时跪在他床前，拼命拍打他的尸体，哭着问老爹尸体：“你到底把位子传给谁啊，你说啊！”

袁绍当然说不了，除非他能诈尸。所以，袁尚哭得死去活来，因为袁绍如果没有立遗嘱，那顺理成章的，袁谭就是他的接班人。

审配适时地拉起袁尚劝他：“现在不是哭的时候，要立即坐上你老爹的位子。”

袁尚哭成了泪人，说：“老头子没有说把位子给我啊。”

审配说：“笨蛋，当初嬴政还没有说把位子给胡亥呢。”

袁尚反应过来，大喜道：“你可真是我的赵高啊！”

审配安排好一切，才给袁绍发丧。袁谭急匆匆从驻地赶来，以为自己能接收老爹的遗产。想不到，审配忽然像变魔术一样变出袁绍的遗嘱来。遗嘱说，袁绍的位子由袁尚接任，封袁谭为大将军，回黎阳驻地防守曹操。

袁谭气得大骂老爹是浑蛋，后来转念一想，其实老爹也没有留下多少遗产，所以根本就没在邺城待着，掉头就回了黎阳。

两兄弟虽然没在葬礼上同室操戈，可互相的恨意已经萌芽。袁尚恨的是，老哥居然对他这个接班人不礼貌；袁谭恨的是，袁尚这个臭小子还想让我叩拜他！

这是曹操最希望看到的，当袁绍去世的消息传到许昌时，曹操先是哀伤，毕竟袁绍是他多年的朋友，然后就是高兴，因为这正是进攻袁绍地盘的大好时机。

可他的谋士们认为，死者为大，此时进攻袁绍的地盘，即使取得胜利，也会被天下人耻笑。况且，袁绍去世后的事态，还不明朗，我们应该静观时变。

曹操认可这种想法，所以在许昌等了三个月。在对袁绍死后的袁家班情况做了深入了解后，他按下了对袁家班发动战争的按钮。

公元202年阴历九月，曹操向袁谭驻守的黎阳发起进攻。袁谭兵力有限，就向袁尚请求救援。

袁尚询问审配的建议，审配说：“咱不能增兵给袁谭，万一他击败了曹操，掉头回来和咱们争夺冀州，那就麻烦了。”

袁尚同意审配的分析，但总要给袁谭回信啊。审配就给了袁谭一封出人意料的回信：把逢纪同志派去黎阳，名曰监军。

袁谭气得肺都炸了，他请逢纪吃饭，就在饭桌上，将逢纪剁成肉酱。同时大开城门，冲出去和曹操野战。曹操这回来，兵力占据绝对优势，所以袁谭连战连败。

他再次向袁尚求救兵，并且暗示袁尚，如果你再不派救兵来，我就和曹操联盟。

袁尚这回急了，他对审配说：“我和袁谭再怎么着也是兄弟，不能不救啊！”

审配说：“你要清醒点，如果派去救兵，等袁谭击退曹操后，他一定会带着救兵回来搞你。”

袁尚急得团团转，说：“那该怎么办？总不能让曹操攻陷黎阳吧！”

审配琢磨了半天，问袁尚：“你相信我吗？”

袁尚被问住了，胡思乱想了半天才反问：“你说呢？”

审配说：“如果你相信我，那就让我驻守邺城，你带救兵去解救黎阳，一旦黎阳解围，马上带领部队回来。”

袁尚想了想，说：“好像没有别的办法了。”

就这样，袁尚带领着邺城大半主力，去黎阳救援他的老哥袁谭。

袁谭对老弟袁尚的亲自到来，居然还有点感动。可后来琢磨了一下，就发现自己的感动是吃饱了撑的，老弟之所以来，是对他实力增强有所担心。

袁谭后来总结出了一条人生哲理：人做了什么不重要，重要的是为什么这样做。好比袁尚，看上去是亲自来救援他，其实念头不正。

袁绍一辈子做了很多蠢事，但最蠢的事，恐怕就是生了这两个儿子。

攻陷黎阳

袁尚和袁谭暂时放下个人恩怨，一致对外，曹操的进展就没有当初那么顺利了。双方在黎阳城下进行了多次互攻，各有胜负。战场上，最怕的就是这个，一旦各有胜负，就会陷入僵持。

这种局面一直持续下去，战役从动刀动枪发展成了打后勤。不过，曹操有信心取得决定性胜利，信心的来源就是袁氏兄弟。

开始时，两人还能并肩作战，同进同退，但随着战事的吃紧，袁尚对老哥袁谭说："我可是继承了老爹的职位，你是我下属，咱俩总并肩出现，好像有点尊卑不分。"

袁谭冷笑，说："那好啊，我去打，你在城里看热闹。"

让袁尚恐惧的事发生了，袁谭每次出战，还没有和曹操的部队交锋，掉头就向城里跑。跑回来还煞有介事地说："哎呀，曹军好厉害，居然会用意念，我是活活被他们用意念打回来的。"

袁尚大怒，训斥老哥："你少跟我玩阴的，老爹就在天上看着咱们呢。你这样做，对得起老爹吗？"

袁谭大惊小怪起来，去空中到处搜寻老爹，说："老爹啊，你为什么要把位置传给袁尚，是你真的传给他了吗？还是他就是当代的胡亥？"

袁尚怒了，抽出宝剑要和老哥玩命，在场的袁家班成员和幕僚们慌忙将两人拉开，都语重心长地对二人说："现在不是内讧的时候，即使要内讧也等打跑曹操再说啊。"

袁谭一屁股坐到地上，号啕大哭，先哭天地，再哭祖宗，最后哭自己，咒骂自己无能。哭着哭着忽然就浑身抽搐，大叫一声："哎呀我中风了，不能出战啦！"

他的几个侍卫见机行事，手忙脚乱地把他抬进房间，袁谭紧闭房门，开始养病了。

袁尚气得死去活来，宣称要回邺城，让老哥自生自灭。袁谭是两耳不闻窗外事，你爱干啥干啥。

袁尚的幕僚们坚决阻止他这一任性的行为，对他说：“一旦黎阳被曹操占领，邺城也处于危险之中。就算你老哥不管，你也必须要管，不是为他，而是为你自己。”

袁尚总算冷静下来，他给在幽州的二哥袁熙写信，请求他的帮助。袁老二回信说：你先把老爹遗嘱的事和老大说清楚，我帮你可以，可不能不明不白。

袁尚发现，有些古语都是放屁，比如打虎亲兄弟。现在老虎曹操就在门外，亲兄弟也都在，可就是不伸出援手。

他给审配写信诉说自己的艰难，审配关键时刻给出了非常不错的建议：让河东太守郭援和并州刺史高干，联络驻在平阳（属河东郡）的南匈奴单于呼厨泉，分三路兵马进攻河东，从西边牵制曹操。然后再派人带着重礼去关中和马腾结盟，让马腾在关中捣乱。如此，曹操必然从黎阳撤兵。

审配这回的计策可不是抖机灵。呼厨泉是于扶罗的弟弟，同时也是于扶罗的接班人。他曾和曹操作战，被曹操打败后，就宣誓效忠曹操和中央朝廷。可他的效忠是曹操的压力所致，当曹操进兵黎阳时，呼厨泉发现独立自主的机会来了，就在平阳发动对曹操的叛乱。

当袁尚按照审配的计划派河东太守郭援和并州刺史高干去联络呼厨泉时，呼厨泉大喜过望，他认为找到了世界上最好的盟友。好消息进一步传来，关中的马腾在收到袁尚的厚礼后，也同意帮助袁尚，他默许袁尚在河东郡的所有军事行动。于是，郭援、呼厨泉和高干兵分三路，向曹操在河东郡的各个据点发动进攻。曹操占据的大部分土地，再度丢失。

曹操和他的幕僚们立即着手解决面临的严峻问题。在曹操看来，袁尚能在河东郡横行无忌，不过是因为马腾的默许，只要搞定马腾，西线问题就解决了大半。

曹操给马腾写信，先是回顾当初参加讨董联盟时两人的友谊（其实两人只是点头之交），然后进入正题说，你现在的行为很危险，要么你光明正大地站在袁氏兄弟那边，要么你就站在中央朝廷这边，扭扭捏捏的算什么。不过我要提醒你的是，袁绍已死，那两个官二代的能力肯定比不上他们老爹，他们老爹都被我干残了，何况是他的儿子。

马腾是个聪明人，在认真琢磨了曹操的话后，立即选择站在曹操这边，派长子马超进攻郭援。郭援才能出众，可惜的是，他的对手是智勇双全的马超。马超轻松将其击败并斩杀。郭援一死，伶俐的高干见势不妙，慌忙撤回老巢。呼厨泉及时发现了危险，立即改邪归正，重投曹操怀抱。

西线危机就这样被曹操轻而易举地化解，袁尚在黎阳城长吁短叹，他想和老哥商量下一步对策，可他老哥还在中风，不肯出门。

袁尚请不出老哥，但曹操可以。解决西线危机后，曹操倾注全力向黎阳发起最后一次攻击。这次攻击，双方动用了所能动用的一切力量。在曹操的猛烈攻击下，袁尚发现如果再守下去就是与城共亡了。他不想做烈士，所以带着从邺城带来的援军撤出黎阳城。

袁尚一走，袁谭的中风立即痊愈，他也不想做烈士，所以也带着部队放弃黎阳，跟着老弟的部队向邺城撤退。

公元203年阴历三月末，曹操在围攻黎阳半年后，终于攻陷了这座袁家班的战略重地。曹军进入黎阳城后，本来要让部队先抢劫三日，可黎阳城被围困半年，城里除了饥饿的难民和瓦砾外，一无所有。

曹操决定乘胜追击，本年阴历四月初，曹操兵团抵达邺城外围，在收割了邺城郊区的麦子后，准备对邺城发动全面进攻。

邺城是袁绍经营多年的老巢，城高墙厚，很难被攻下。不过曹操认为，袁尚和袁谭不合，此时进攻邺城是最好的机会。

但郭嘉却用逆向思维提醒曹操，袁尚和袁谭的确不合，可如果你对邺城穷追猛打，那他俩面对共同的敌人，就会暂时合作。两人合作守邺城，没有守不住的道理。僵持下去，袁熙从幽州发兵，高干从并州发兵，咱们可就吃不了兜着走了。

郭嘉分析得完全正确，当曹操抵达邺城郊区收割麦子时，袁尚和袁谭对这迫在眉睫的危险认识深刻，袁尚对老哥袁谭说："老爹把这份家业交给咱们，可不能轻易让曹操继承了去。你我二人亲密合作，保卫邺城，事成之后，我再把老爹的产业送给你些。如果咱俩还内斗，那曹操就有可乘之机了，曹操一旦占了邺城，你我可就什么都没有了。"

袁谭暂时同意老弟的意见，两人搂着彼此肩膀，爬上城墙，检阅军队，向曹操示威。

曹操对郭嘉说："你说得没错，这两个兔崽子还真合作了。咱们该怎么办？"

郭嘉说："简单得很。两人的合作只是危急时刻的权宜之计，只要咱们不理他们回许昌，他们外部没有敌人，矛盾自然会爆发。等二人争得你死我活、两败俱伤后，咱们再来收拾残局。哈哈！"

曹操也哈哈大笑起来："我明白了，先让鹬蚌争，咱们做渔翁！"

公元204年阴历五月，曹渔翁留下一支军队驻扎黎阳，自己则美滋滋地回到许昌，向皇上刘协报喜。

曹操每次凯旋后都要向皇帝刘协报喜，其实他根本不必向刘协报喜，可他非要这样做。原因有两个：第一，他有功劳，这件事要让中央朝廷的所有人都知道；第二，他仍然效忠皇帝刘协，他要告诉天下人，他曹操是中央朝廷的人，不是割据军阀。反过来理解则是，不管你是谁，说了什么做了什么，只要被我征讨，你就确凿无疑的是叛逆。

这是一种姿态，也是一种智慧，更是一种情怀。当时的世界上，有这种智慧的人并不少，但有这种情怀的人，却只有曹操。

袁谭的求救

曹操退回许昌后，袁尚忽然发现自己又处于绝对的安全之地，整个邺城看上去都让他特别顺眼，除了老哥袁谭。他有意无意地暗示袁谭，现在邺城已经解除危机，你还待在这里，是否有些不礼貌?

袁谭开始还傻傻地搞不明白，老弟的态度为何忽然冷淡，后来在谋士郭图的分析下，才明白过味来。

他决定离开邺城，不过不能空手走。他对老弟袁尚说："我的武装部队和武器在保卫咱们的黎阳时已经消耗很多，你给我些部队和装备，我现在就去进攻曹操，一旦成功，由于我是你名义上的部下，所以你也将名垂史册。"

袁尚沉思许久，才叫起来道："你少来这套！第一，黎阳可不是咱们的，是你的，我是为了你才亲自出征黎阳。第二，我给你补充士兵和装备，你会去进攻曹操？万一你掉头揍我怎么办？第三，什么名垂史册，这都是虚的，你不了解我吗？我还在乎这个？"

袁谭鼻子都气歪了，他摔了几十个酒杯，怒气冲天出了邺城。

袁尚的谋士审配适时提出："你大哥对你继承你老爹的遗产始终愤恨，现在看他的样子，好像是要和你势不两立。"

袁尚杀机顿起。

袁谭的谋士郭图也不断挑拨主人脆弱的心。他指出："你老爹死时根本就没有交代后事，袁尚比你小，居然继承了你老爹全部的遗产，这本已不公平，如今看他的样子好像要和你水火不容，应该早下手。"

袁谭如同干柴，袁尚对他的行为就是汽油，现在郭图又点了一把火，如果再不燃烧，那他就不是人了。

他集结部队，先扫荡邺城周围袁尚的势力。袁尚大开城门，引兵来进攻老哥，兄弟二人就在邺城城外激战三天。

结果，因袁谭武装部队的战力不如袁尚，同时又是客场作战，所以三天后，他被迫败走。袁谭败退到南皮（今河北沧县西南）时，袁尚军的先头部队抵达，此时袁谭还没有站稳脚跟，再遭重创，他只好带着那点可怜兮兮的部队躲到黄河北岸的平原城中。

袁尚把老哥打得抱头鼠窜，忽然生了恻隐之心，下令围困平原城的部队撤回。但袁谭并不感激，他尾随袁尚的部队，找准机会就出击狠揍。

袁尚怒发冲冠，亲自带领主力从邺城出发围攻平原城。这一次，他发誓要把老哥送去见老爹。

袁尚和袁谭在平原城下展开多次小规模激战，袁谭屡战屡败。他的谋士郭图一边偷偷收拾细软，一边劝袁谭坚持下去，因为格言说过，坚持就是胜利。

袁谭读书少，从不相信这些乱七八糟的格言，他的一个下级谋士辛毗此时向他提出宝贵的建议：请曹操。

袁谭惊讶地叫道："你疯了吗，曹操巴不得看热闹，怎么可能来解救我？"

辛毗用高度智慧分析说："曹操的目标自然是袁家班，可他第一目标是你弟弟袁尚的邺城。所以你请他来，他会兴奋得吐血。你现在有两个选择：第一，和你弟弟和好；第二，请曹操揍你弟弟。"

袁谭眉头紧皱，觉得这两个选择都不怎样，他想到了第三个办法：请刘表帮忙。

但辛毗告诉他，曹操从邺城撤军后，在许昌才休息了两个多月，就开始对汝南和南阳交界处的刘表势力发动了攻击。现在，两方正打得如火如荼，刘表根本没有精力而且也不可能有兴趣来解救咱们。

刘表虽然没有兴趣来解救袁谭，可他对袁谭兄弟的争斗却始终保持密切关注。当袁尚带领邺城主力围攻平原城时，刘表担心一旦袁家班内讧下去，肯定会被曹操吞吃。而曹操吞吃了袁家班后，下一个目标绝对是自己。

于是，他给袁尚和袁谭分别写信，怂恿他们一同对抗曹操，对付完曹操，再解决继承人的问题。他说：你二人的老爹可是被曹操间接害死的，如今却忘记复仇，互相攻杀，这是大不孝。你们内讧，曹操乘虚而入，你们老爹的遗产必会被他抢去。弄丢了祖上的遗产，这更是不孝。

袁尚根本不理刘表，他对审配说：“刘表这个老鬼机灵得很，当初我爹讨伐曹操，要他入伙，他叽叽歪歪的，现在却来装好人。”

袁谭却忙不迭回信给刘表说：只要你肯来帮我干掉我弟弟，冀州将来就是你对付曹操的大本营。

刘表没有回信，袁谭无计可施，最终他选择了辛毗的建议。他让辛毗去请曹操帮忙，代价就是，他归顺曹操。

辛毗跑到曹操处，把袁谭的请求和条件都说给曹操听了。曹操内心大喜，但却装出凝重的模样来，还特意召开会议商讨这件事。会上，幕僚们分为两派，一派认为，现在正收拾刘表，不应该节外生枝，让袁氏兄弟内斗去吧；另一派则认为，应该帮助袁谭。

曹操直截了当地问辛毗：“袁谭可信吗？帮助他一定能干掉袁尚？”

辛毗告诉曹操：“袁谭和袁尚互攻多时，现在都非常脆弱，如果您现在进攻邺城，袁尚必被您打败。袁尚一败，袁谭是否效忠于您都不重要，因为您不费吹灰之力就可以把袁谭拿下。袁家班的两个灵魂人物一灭，河北就是您的了。”

辛毗这番话，证明了他根本不是来替袁谭请救兵的，而是来劝曹操趁势取袁绍遗产的。辛毗这样做的目的，无非是看透了袁家班的愚昧和荒唐，守着袁绍留下的庞大遗产，却不思进取，反而窝里斗。

其实，曹操并不觉得此时可以彻底击垮袁家班。不过，能名义上得到袁谭的投靠，也是挖开了袁家班的一块地基。于是，他集结部队，抵达黎阳，声称要进攻邺城。

袁尚在平原城下得知曹操抵达黎阳的消息后，慌忙从平原城回撤邺城。曹操并没有直接进攻邺城。公元204年正月，曹操派工兵部队渡过黄河，用木材在黄河的支流淇水上搭建大坝，将一部分水分流到了上游向东北流经黎阳的清河中。清河的水又流进了河北南部的黄河故道中，在流经数公里后，它经过了邺城东南一百余里的内黄。

曹操现在就可以从黎阳通过水路运送粮食到内黄，瞎子都可以看出，曹操在为全面进攻邺城做准备。

当这些准备进行时，袁尚恍恍惚惚地问审配："曹操这是在修水利工程吗？"

审配说："他在瞎折腾，我们可以派出一支军队去骚扰他的工兵部队。"

袁尚问审配："袁谭那浑蛋真的投靠曹操了？"

审配说："没错，而且还把女儿嫁给了曹操的儿子曹整。"

袁尚愤怒起来，咒骂老哥："老天真是瞎了眼，让我和袁谭有血缘关系！"

审配指出："咱们要小心，袁谭在平原，曹操在黎阳，两人如果夹攻咱们，就大事不妙了。"

袁尚咆哮起来道："他们做梦吧，我现在就先把袁谭这浑蛋灭了，然后掉头回来揍曹操！"

袁尚少时常常发高烧，一发烧就长时间不退。袁绍特别担心他的脑子被烧坏，现在看来袁绍的担心不是没有道理。曹操的巨大威胁就在眼前，他居然视而不见，反而去找老哥拼命。

天如果要让一个人灭亡，肯定先让其脑子不正常。如今，袁尚就是老天要灭亡的对象，所以他开始走火入魔，极度不正常起来。

攻陷邺城

204年阴历二月中旬，袁尚领兵进攻平原城的袁谭，临走前将邺城交给了审配。临行前，审配的助手苏由很小心地问袁尚："如果曹操来攻，您又拿不下平原，该如何？”

袁尚头晕晕的，对此问题，居然不知怎么回答。他看向审配，说：“邺城的事就交给你了。”审配说：“你放心，我在城就在。”

袁尚点了点头，一甩马鞭，飞驰而去。

他前脚刚走，曹操的武装部队就从黎阳出发，直趋邺城。审配勇担重任。

曹操先来了几次例行攻击，邺城纹丝不动。他下令在城外挖地道。审配冷笑，在城内挖掘深沟，昼夜防备。他还带着副将冯礼爬上城墙，向曹操示威，曹操军容整齐，士气高昂，这让冯礼心情七上八下。

冯礼虽然是审配的副将，心却不在审配这边。经过一番思量后，冯礼下定决心做一件大事。这件大事就是投靠曹操，他派心腹偷偷出城去和曹操谈判。曹操给出的条件是，你开城门，我派一支突击队进去，咱们里应外合，搞定审配。

冯礼就按照约定，在一个月黑风高的晚上，偷偷开了城门，想不到审配早已发觉，在曹操的三百人突击队进城后，突然关闭城门，将他们就地全歼。

审配把冯礼和突击队队员的人头从城墙上抛下去给曹操看，提醒曹操说：“你有多少人进来，我就扔给你多少人头。”邺城城墙上响起士兵们山呼海啸般的狂叫。

曹操不动声色地看着这一切，打定主意：对邺城不能急攻，而要久困，活活耗死审配这个浑蛋！

曹操开始在邺城周围挖掘壕沟。审配爬上城墙观察，发现敌人的效率非常差，挖了很多天，才挖了浅浅的一层。审配冷笑，向曹操喊道：“老曹，别费劲了！”

曹操不理他，任凭他嘲笑。

当邺城被曹操围攻时，在平原城下猛攻袁谭的袁尚已经知晓，他并不焦急。因为邺城在短时间内不可能被攻陷，他略有些担心的是邺城的军粮问题。邺城的军粮本来很充足，不过被他带走了大部分。

袁尚琢磨了很久，才想出一个万全之策，他让部将尹楷打通上党（今山西长治）和邺城之间的通道，从上党源源不断运送军粮到邺城。曹操得知此事后，命令曹洪继续围困邺城，自己则带领一支机动部队去突袭尹楷。曹操不但打败了尹楷，还乘胜攻下了邯郸（今河北邯郸市），一时军威大盛，袁尚掌控的河北诸多郡县纷纷投降曹操。

袁尚给审配写信问情况，审配咬牙回信说："不用担心，我和邺城共存亡。"

审配有坚定的信念，但坚定的信念并不能保证一定成功。曹操的挖沟工程看上去缓慢，可他持之以恒，水滴石穿。一天夜里，审配被吵嚷声惊醒，急忙跑出来询问，士兵告诉他，曹操把漳河的水引到沟渠里，咱们的城墙底部被水泡上啦。

审配这回慌了，他又爬上城墙视察，发现水位越来越高，情势危急。不过，他仍不想打扰主人袁尚，希望袁尚能专心致志进攻敌人袁谭。

邺城被漳河水浸泡两个月后，水已流入城里。审配无法支持，只能向袁尚求救。

袁尚气急败坏地对袁谭叫喊说："你真是认贼作父，和曹操站一块，害得我的邺城泡汤。"

袁谭也叫喊说："你少放屁，如果不是你傻乎乎地来打我，你的邺城怎么会泡汤！"

袁尚大怒，留下主力继续围攻平原城，自己则带了一万精锐回救邺城。

曹操闻知袁尚回救，召开军事会议。有人说："邺城是袁尚的老巢，他此次回救必用全力，倘若他和审配夹攻我们，那就大事不好了。"

曹操想了想说："你们说得很正确，现在的问题在于，袁尚是不是用全力来救。"

众人大惑不解。

曹操说："如果袁尚从大道来救，说明他用了全力，可如果他从小路来救，那说明他心虚胆怯，没有用全力。我们先观望之。”

袁尚从平原城撤军回救，救兵如救火，本来应该刻不容缓才对，可他的行军速度异常慢，而且走的是小路。

曹操得知袁尚走小路后，立即在邺城二十里的地方设下伏兵，并告诉伏兵指挥官，务必要全歼袁尚军。

袁尚在抵达邺城三十里之地时，派人潜入城中和审配沟通，城中举火为号，夹击曹操。

审配计算着时间，当袁尚抵达离邺城二十里地的地方时，就点燃城中篝火，开城冲了出来。他想不到的是，袁尚中了曹操的伏兵，只带了几百骑兵逃出重围，跑掉了。同时，审配在邺城下也遭到早有准备的曹军的重击，退回城中。

曹操把缴获的袁尚的旗帜等物摆到邺城城下，让审配来观看。审配看到这些东西，心胆俱裂，邺城守军士气低落，城中水位急剧上升，审配每天都做噩梦，这预示着末路已到。

审配的顽强坚守，在邺城中并没有给他带来多少名气和威望。相反，邺城中一直有反对他的力量。他的侄子审荣就是最大的力量。

在审荣和大部分官员眼中，袁家班的脑子都不正常，主子的脑子不正常，对下属而言就是灾难。审荣多次劝叔叔审配，给袁尚这种脑子不好的人效力，什么都得不到。

审配却是一根筋，或者说是愚忠，他不同意侄子的看法，认为人跟定了主公，哪怕主公是个白痴，也要坚定不移地跟主公走。

所以，当曹操围困了邺城三个多月后，审荣不想再给袁尚打工，他觉得曹操很有潜力。于是，在一个黑夜，他带领自己的卫队，打开了城门，将曹操兵团放了进来。

曹操兵团一进入邺城，就开始和还忠于审配的部队展开了巷战。最后，审配战败被活捉。曹操本来想要释放他，审配却说：“我和邺城共存亡。”

于是，曹操就痛快地杀了他。

……

邺城的陷落标志着袁家班在冀州统治的终结。曹操进入邺城后，做了两件古怪的事。一是亲自跑到袁绍坟墓前痛哭跳舞，这种舞蹈异常吊诡，据他说，是从前和袁绍一起跳过的；二就是迅速控制了在邺城的袁熙的老婆甄女士，他应该是想把她抢来给自己当小老婆，因为曹操特别喜欢把别人的老婆抢来当自己的老婆。可他儿子曹丕抢先一步，把甄女士拉到自己房间，草草行了夫妻之礼。

曹操虽然愤怒，可跟儿子却无法发脾气，只好顺水推舟，将甄女士赏给了曹丕。

在许昌的孔融听闻此事后，再次抓住侮辱曹操的机会，他写信给曹操说：从前姬发（周武王）杀掉商纣王，把苏妲己赐给了周公，您肯定也是仰慕姬发的风采，可喜可贺。

曹操回信说：苏妲己不是被姜子牙砍了吗？你的历史功底很差啊。

孔融恨不得在信中写上一万个“哈哈”，字里行间都带着酸透的语气说：按情理说，这不是不可能的事情，苏妲己那么漂亮，纵然是英明如姬发，也不忍杀了。把她赐给周公，岂不是两全其美？

曹操终于明白了，孔融这是讽刺他把甄女士赐给了儿子。

后来孔融继续编笑话说，曹操进攻邺城，就是为了甄女士。

孔融后来被曹操杀掉，他那张破嘴贡献最大。不过在公元204年，曹操还没想要宰他。但这一年，许攸充当了急先锋——被曹操宰了。

许攸被曹操宰掉，正应了那句话：不作死就不会死。许攸无论是在袁绍那里还是后来投靠曹操，始终没有改变居功自傲的毛病。最致命的是，许攸不会用发展的眼光看问题。曹操早就不是以前的曹操了，可他仍然张口闭口“阿瞒”“阿瞒”地叫。秦帝国末年，陈胜造反成功后，他以前的那些兄弟来投靠他，也像许攸一样总叫陈胜的绰号，陈胜一怒之下，将这些从前的兄弟全部宰掉。

曹操对许攸称呼自己小名早就不满，也在故意冷落许攸，希望他能反省自己的错误，加以改正。可许攸不知是脑子不好，还是真的就不明白，仍然当着曹操手下的面，叫着曹操的小名。

最让曹操无法忍受的是，许攸经常带着一批官员特意跑到邺城城外，然后和大家野餐。野餐完毕，就像煞有介事地指着邺城城墙说："哎呀，你们看，这个邺城城墙多么壮观，曹阿瞒在里面爽死了。"

众人都去看，许攸忽然就冒出来一句："你们记住，如果不是我，曹阿瞒根本进不了这座城。"

众人惊愕。有人向曹操告发，曹操狂笑起来说："老子不弄死你，你还真不知道怎么回事！"他新账老账一起算，下令处死许攸。许攸临死前，对处置他的行刑官喊道："曹阿瞒，曹阿瞒，曹阿瞒！"

许攸被处死后，曹操觉得应该做点什么，忽然跑到许攸的坟地，哭得死去活来，口中念念有词，大意是："你为啥非要把刀子给我，逼我杀你啊，你真是气死我了。"

哭完后，曹操擦干了眼泪，回到办公室，开始琢磨袁家班的事。他要给袁家班来个彻底的大扫除，让袁绍的后代滚出中国地界。

摧毁袁家班

曹操占领邺城后，袁尚从邺城一溜烟逃到中山。他放眼四望，发现只有并州刺史高干能帮助他。他派人向高干求救。高干这时发现了自己的价值，他对袁尚的特使说："袁尚可以来并州，不过，他要把冀州牧的位置让给我。"

特使大为惊骇说："你这是趁火打劫啊！"

高干叫起来："我就是趁火打劫！黄河尚有澄清日，岂可人无得意时！"

袁尚特使发现高干疯了，急忙逃之夭夭。

袁尚在中山等待多时，也没有等到高干的任何反应，不禁叹了一口英雄气。这口英雄气还未叹息完毕，他老哥袁谭就急吼吼地找上门来。

袁谭最近很火，他趁袁尚回救邺城时，突袭袁尚留在平原城下的部队，然后又背叛曹操，夺取了曹操的几座小城，乘势进兵中山。

袁尚此时终于浪子回头，向城下的老哥袁谭哀求道："咱们本是兄弟，正因为内讧所以才让曹操得了便宜，如今应该和好如初，共同对付曹操。"

袁谭对老弟的幡然醒悟至为感动，在城下流了几滴伤心泪。流泪完毕，他下令攻城。

袁尚一边骂娘，一边溃逃。从与老哥开战以来，这是他第一次被追着打。在逃跑过程中，他想起了兄弟之情，忽然就想到了幽州的二哥袁熙。他抛弃了自己的军队，跑去投靠二哥。

袁谭终于出了口长久的恶气，他朦胧地感觉自己的好运来了。于是他向曹操发出挑战，在冀州各地扫荡曹操的驻军。

曹操大发雷霆，抱怨说："我怎么如此倒霉，自我起兵以来，遇到的全是叛徒。"

曹操说得没错，陈宫是叛徒，张绣是叛徒，刘备是叛徒，现在袁谭又成了叛徒。他写信给袁谭，斥责他忘恩负义，出尔反尔。

袁谭根本不理曹操，他继续扫荡曹操在冀州的势力。曹操亲自出马，发誓要让他为自己的背叛行为付出代价。

袁谭在曹操兵团的猛攻下，节节败退，最后退回平原城。曹操带领大部队紧追过来，一抵达就发动疯狂的猛攻，袁尚攻平原城攻了两个月不见成效，曹操只攻了两天，平原城就岌岌可危，足可见曹操部队的战力和袁尚的无能。

袁谭向曹操请和，准备再次投靠曹操。曹操让他滚蛋，袁谭只好放弃平原城，逃到南皮。公元205年正月，曹操率领部队抵达南皮。早晨一抵达立即发起进攻，袁谭再次向曹操请和，曹操不允，袁谭只好死守。双方战斗至晚上，曹操损失惨重。

士兵吃完晚饭，曹操下令再攻，严寒之下，袁谭孤注一掷死守，曹军损失更加惨重。几天后，曹操攻不下去了，想要撤兵。

有人提醒他："现在我们孤军深入，难以持久，如果攻不下南皮，一旦撤退，河北袁家班势力必会死灰复燃。"

曹操深以为然，他亲自上阵擂鼓督战，士兵们见老板都玩命了，只能更加玩命。在这种玩命的进攻下，袁谭的防线逐渐崩溃，南皮城很快被攻破。袁谭在乱军中被曹军斩杀，那个袁谭的狗头军师郭图也被曹操活捉处死。

随着袁谭的失败，曹操完全掌控了冀州和青州，袁绍辛苦积累的家业只剩下了并州和幽州。

他先打高干的并州。高干根本不给他机会，公开宣告投入中央朝廷的怀抱。曹操让高干继续担任并州刺史，然后去打幽州的袁熙。

有人对曹操说："高干不可信。"

曹操说："我信他才怪，我假装相信他，是想集中力量打幽州，等打下袁熙的幽州后，再来收拾他。"

幽州让曹操大失所望，曹操本来认为打幽州是一场硬仗，可他还没有集结完部队，幽州就起了内讧。

内讧由袁熙的部将焦触引起。自袁尚来投奔袁熙后，焦触就深切感受到袁家班已是秋后的蚂蚱。焦触热爱幽州，也热爱和平。他不想让幽州和袁家班一起被毁灭，所以就发动兵变，向袁氏兄弟发动突袭，袁熙和袁尚命大，躲过了焦触的突袭，一路跑去了辽西，投奔乌桓去了。

焦触取得幽州控制权后，立即向曹操上表回归中央朝廷，曹操挺着肚子笑了半天。可他没高兴几天，辽西方面就传来不好的消息，袁熙和袁尚联合了乌桓野战军，正向幽州进军。

曹操一面快速接收幽州政府，一面调兵遣将去迎击乌桓。乌桓是中国北方的少数民族，英勇善战，但缺少强有力的领导，欠缺团队精神。所以，它一直是个奇异的存在，有时候一战就能震慑华夏，而有时候一战又狼狈不堪。东汉末年，中国大乱，它趁着中国本土沸腾，常常南下抢劫，而且还喜欢做一些军阀的雇佣军。他们和袁尚、袁熙联合，并非是双方有多深的友谊，只是因为袁尚和袁熙给了他们“若能收复幽州，幽州一半税收双手呈上”的空头支票。

曹操北上迎击乌桓，两方打了个遭遇战。乌桓大败，一溜烟跑回了北方老巢，袁尚和袁熙也跟着乌桓跑了。

曹操正要猛追乌桓，拿下袁氏兄弟，又有不好的消息传来，高干在并州造反！

曹操又气又笑，对着他的将军们说：“你们要向这个高干学习，你瞧他才投降就叛变，这效率多高啊！”

高干的效率的确高，而且很会抓时机。他正是趁曹操北征乌桓时，在并州叛乱，将重兵集结在壶关口，准备和曹操火拼到底。

曹操才不怕这个。公元206年春天，他亲自领兵从邺城出发讨伐高干。当时正值严冬，滴水成冰，行军异常艰苦。曹操兵团喜欢挑战困难，尤其是曹操，诗人的气质让他善于苦中作乐。行军过程中，他写了首《苦寒行》来记述这种艰辛，抒发了铲除群雄、保护世界和平的强烈愿望：

北上太行山，艰哉何巍巍！
羊肠坂诘屈，车轮为之摧。
树木何萧瑟，北风声正悲。
熊罴对我蹲，虎豹夹路啼。
溪谷少人民，雪落何霏霏！
延颈长叹息，远行多所怀。
我心何怫郁，思欲一东归。
水深桥梁绝，中路正徘徊。

迷惑失故路，薄暮无宿栖。

行行日已远，人马同时饥。

担囊行取薪，斧冰持作糜。

悲彼东山诗，悠悠使我哀。

曹操抵达高干所防守的壶关后，即开始他的全面进攻。三个月后，高干撑不住了，属下纷纷劝他投降，最后他也只能硬着头皮向曹操请降。

曹操告诉他：“你别胡思乱想了，你一会儿降一会儿反的，我都被你搞得心力交瘁了，你要么继续死守，要么就去死。”

高干怒发冲冠，带着几个心腹就趁夜逃出了城。第二天早上，并州兵团发现老高不见了，大肆庆祝，打开城门，用最大的热情欢迎曹操进城指导工作。

高干跑路，本想去投靠匈奴，可匈奴发现他不能产生任何剩余价值，又不想和曹操结怨，就把他轰了出去。高干无处可去，当时的军阀已经被曹操扫灭得差不多了，活得不错的只有荆州的刘表。他就去投奔刘表，可惜运气太差，在半路上，他被要去投靠曹操的人斩杀，头颅被送到邺城曹操处。

高干的死和袁尚、袁熙的逃亡，让曹操完全掌握了袁绍留下的四州（冀、幽、青、并）遗产。袁绍苦心经营多年的家业，两年的时间就被他的好儿子全部葬送，这充分告诉了我们养好儿子多么重要，一定要养聪明的儿子，否则不如不养。

曹操彻底扫荡了袁家班势力后，慢悠悠地从邺城回许昌。在许昌的庆功宴上，大家都来祝贺他，包括皇帝刘协。

曹操也很兴奋，当有人问他下一步做什么时，他说：“揍乌桓。”

白狼山之战

乌桓收留袁尚兄弟挑战曹操，是他们的不幸，也是袁尚兄弟的不幸。乌桓当时的首领叫蹋顿，掌控了当时乌桓势力的精华部分（辽西、辽东、右北平三郡）。袁绍在时，用巨大的物力和蹋顿结下友谊。袁家班倒闭时，跟随袁尚、袁熙逃到乌桓的士族有十余万。对曹操而言，这是袁家班有可能死灰复燃的潜在力量。曹操深知，不征服乌桓，不扫除袁家班的残余势力，北边不可能安定。北方是曹操的屁股，一个人屁股不稳，就不可能无所顾忌地向前冲。

曹操要打乌桓，幕僚们还没有说话，他的将军们立即劝说："袁尚兄弟逃奔乌桓，已成死灰，死灰不可能复燃，即令复燃，也不持久。乌桓没有理想，对咱们构不成威胁，一旦我们去打乌桓，荆州刘表必会派刘备趁机来攻，到那时后悔可就来不及了。"

不仅仅如此，曹操打乌桓风险巨大。乌桓老巢距离中央朝廷所在地许昌七百余公里，对曹操而言，对此地的情况一无所知，率领野战军主力长途奔袭边疆之外的未知之地，一旦战败，那将会引起灾难性的连锁反应。

表面上看，曹操如今已经成为中国北部的巨头，实力雄厚，但事实上他所控制的地区并非风平浪静、牢不可破。

曹操对攻下来的地盘，采用的是一种引蛇出洞式的战略：委派很多小部队维持当地的秩序，这些小部队常常受到反抗势力的攻击，每次被攻击，这些维持秩序的部队就被消灭，然后曹操就会统率主力军去平定。

这种模式的好处是，能快速集中主力，对目标进行强有力的打击。坏处则是，曹操永远是个消防队长，要不停地到处救火。

打乌桓，曹操担心后院起火，更让他担心的就是刘表和刘备。刘表绝对不会亲自来，但刘表可能会让刘备来打他。

荀彧出主意说："可以先向刘备发动一次猛烈进攻，达到震慑他的目的，让他短时间内不敢出兵。"

贾诩则说："人生难免要赌一次，我们可以赌刘备不敢来打咱们老家。"

荀攸轻轻地摇了摇头。

郭嘉闭着眼睛，摇头晃脑地笑着说："如果只是担心刘备，那纯属多余。我掐指一算，刘备不可能来攻。"

曹操问："你有什么科学依据吗？"

郭嘉说："直觉嘛。"

曹操不高兴了，说："郭嘉，这么大的事，你小子就凭直觉，欠揍啊！"

郭嘉说："如果你非要什么依据的话，那我就告诉你吧。即使刘备想来攻击咱们大本营，刘表也不会同意，他会尽力阻止刘备这样做。因为如果刘备成功了，那么很快就会成为刘表的威胁，刘表才不会让刘备做大呢。"

曹操认同这一分析，可即使这分析是对的，也不能保证对乌桓的战争一定就胜利。

郭嘉发表了自己对此问题的态度："乌桓人觉得咱们离他太远，根本不会提防咱们，我们出其不意，肯定可以击败他们。"

曹操听了郭嘉的分析，自信心爆棚。公元207年阴历五月，曹操从许昌出发抵达易县（今河北雄县西北），将此地设为征讨乌桓的大本营。

蹋顿老巢在松岭山脉的山城中，从易县一直向北，就能抵达乌桓大本营。曹操率领大军刚走到易县以北的无终，大雨瓢泼，道路泥泞不堪，步兵和辎重部队根本无法通过。尤其是乌桓人不知从何处得到曹操来征讨的消息，在这条路上设置了各种障碍和防御部队。

曹操此时进退两难，拍着自己的大脑袋，恨不得把脑浆拍出来。

有谋士凑上来说："春秋时期，有个典故叫'老马识途'。咱们对道路不熟，这不是咱们的专业，专业的事应该找专业的人做。"

曹操终于不拍脑袋了，命人去寻找这种“老马”。“老马”很快来了，当地一个叫田畴的小军阀欢呼雀跃地跑来给曹操做带路党。田畴深恨乌桓人长期对他的抢劫行径，特别高兴地给曹操指了条乌桓不可能预料到的路。

田畴指的路，东汉帝国初年就已废弃，只有一条若隐若现的小路。田畴的见解是，乌桓人以为我们在无终受阻，绝对想不到我们会走这条路。

曹操下令，退回易县，改走田畴所说的路。在无终撤军时，曹操让人立大木于路旁，上面书写“现在是夏天，道路不通，等秋冬时，再来”。蹋顿得到这块大木头，居然深信不疑。

人人都知道脑子是好东西，可有些人就是不肯长。

曹操改道后，从易县奔袭六百里，穿过一片史前森林，如神兵天降般出现在距蹋顿老巢柳城只有两百余里的白狼山（今辽宁建平县南）。

蹋顿和袁氏兄弟惊得目瞪口呆，手忙脚乱地集结武装部队奔赴白狼山战场。

一场大战，就此开始。

曹操得知乌桓来战，立刻爬上白狼山观看，他看到乌桓兵团人数众多，铺天盖地而来。不过，曹操一眼就察觉了乌桓兵团的弱点：人数虽多却非常凌乱，毫无阵形可言。

他对身边的人说：“幸好咱们来了，否则假以时日，这样一群乌合之众会被袁氏兄弟训练成一支劲旅。”

众人都在等着他的破敌之法。曹操说：“只需一支骁勇的机动部队，快速插入，然后向左右展开，搅乱他们，主力部队立即跟进，就可轻松打败他们。”

诸将都点头称是，却没有人主动站出来做这份危险的工作。曹操等了半天，才终于有人站出来说：“我去。”

曹操一看，是张辽。张辽自从进了曹操阵营后，只和关羽一起战过颜良，之后就始终默默无闻。曹操大为高兴，说：“张辽完全可以！”

张辽当然可以，他带着一支精锐骑兵，快速冲击乌桓兵团的中央部位。这一冲击，居然产生奇效，乌桓兵团被他冲开一个大口子，张辽冲进了乱糟糟的乌桓兵团内部，向左右迅速展开，扩大战果。

乌桓兵团全被张辽吸引过去，曹操趁势下令主力部队进攻。乌桓兵团发生惊天动地的溃败，蹋顿在乱军中被杀，其他乌桓首领要么被俘，要么被杀，只有袁尚和袁熙逃出生天。

曹操进入乌桓的老巢柳城后，有人建议乘胜追击袁氏兄弟。曹操也有此想法，但郭嘉认为没有必要。他对曹操说："无为才是最大的为。"

曹操说："你这话我不明白。"

郭嘉说："袁氏兄弟现在唯一能投靠的就是公孙康。如果我们紧追，公孙康必会和袁氏兄弟联合对付咱们。倘若不追，那公孙康就会担心袁氏兄弟夺他地盘，他必然要做个顺水人情，杀了袁氏兄弟，以表示服从中央朝廷，这就叫势所必然。"

曹操看了眼郭嘉，脸上浮过一丝不安。郭嘉此时正在生病，而且似乎很严重。长期的酗酒、好色、作息没有规律，掏空了郭嘉的身体。

正如郭嘉所料，曹操刚从柳城撤兵，公孙康就把袁氏兄弟的首级送来了。

从公元199年开始到公元207年，曹操用了八年时间替中央朝廷光复了中国北部。这八年时间里，曹操用无数战役告诉我们，他也只是个普通人，他的失败和胜利几乎平分秋色。唯一让他成功的就是对人才的重视和矢志不移的奋斗精神。

在回许昌的路上，郭嘉不幸去世。曹操为之痛哭一场，在经过渤海之滨时，他登上碣石（今辽宁绥中县，山海关外三十里处），写下了著名的诗篇《龟虽寿》。这首诗中的"老骥伏枥，志在千里"可能正是当时已五十三岁的曹操的人生写照。

他似乎已深刻体悟到人生的真谛，那就是，对有志的人而言，人生没有退休。只要活着，即使老得不成样子，也要去勇敢地实现自己的志向。

丞相曹操

公元207年末，曹操回到邺城，几天后就去了许昌。近几年，曹操一直在不停地经营邺城，试图将其营造成自己光辉的大本营。而许昌，在曹操眼中仍然很重要，因为皇帝在那里。所以每次凯旋，无论事务多么繁忙，曹操都要去许昌搞庆功大会。

每次，皇帝刘协和全体官员都向他热烈祝贺。这一次，庆祝大会的规格异常高。刘协亲自举着酒杯到曹操面前，祝贺他光复了北中国，也祝贺他赢得了天下名。

曹操龇牙咧嘴地头痛，可还是发自内心地笑出了猪叫声。然而就在这声音背后，在这光芒万丈的背后，阴影已经晃晃悠悠地出现。

第一个阴影来自新野的刘备。当曹操在昼夜不停地光复北中国时，刘备正在新野养老。他偶尔会跑去刘表那里聊天。某次，他拍着自己的大腿内侧，以一种伤感的语调说："好久不骑马了，看我大腿的这些肥肉。"

刘表觉得这没什么，也拍着大腿内侧，说："我也是啊。"

刘备摇头说："英雄最可悲的就是蹉跎岁月。"

刘表大笑，对刘备掏心窝子说："老刘啊，你就不是干大事的命。这么多年，你干过啥露脸的事？还是认命吧，就在新野颐养天年得了。"

刘备流下窝囊的泪水，回去和兄弟关羽、张飞唉声叹气，两个兄弟也唉声叹气。三人正百无聊赖地叹着气，一个人悄无声息地走进了房间。此人叫徐庶，文武全才，理想丰满。公元207年，他鬼使神差地来新野投奔刘备，希望借助刘备的平台实现自己的人生价值。可一个月后，他就发现若想在刘备这里实现人生价值，那真是难于登天。

他想脱身，可良知告诉他，刚来就走的行为很不地道，于是他想到了一个办法。这个办法就是向刘备郑重其事地推荐了一个人，此人正是中国民间吹捧为神的诸葛亮。

徐庶对刘备说："如果这个人也扶不起你来，那你赶紧找个店铺卖草鞋吧，别再折腾了。"

刘备流下眼泪对徐庶说："先生真是为我操碎了心。"然后按徐庶的指示找到了诸葛亮，于是历史上就有了"三顾茅庐"的传说。当曹操在披星戴月整顿帝国秩序时，诸葛亮正在家里窝着，装模作样地观察天文地理。

刘备带着关羽、张飞来请他，他不屑一顾。刘备兴奋得发狂，认为诸葛亮是超级高人，否则不可能摆架子。刘备第二次来时，诸葛亮从窗缝认真观察刘备，摇了摇头。

然而，诸葛亮摇头没用，刘备跟他铆上了：你不出来帮我，我每天都来，我非把你磨出山不可。

最后，诸葛亮终于被刘备的诚心打动，从房子里昂然走出，一出来就发表了青史留名的追热点奇文——《隆中对》。

《隆中对》的主旨是，刘备应先占据荆州，再以荆州作为根据地，向外发展，然后想办法得到刘璋的益州（今四川西部分地区，重庆，云南，贵州，汉中大部分地区及缅甸北部，湖北河南小部分，州治所在成都）。

诸葛亮重点强调的是，一定要把荆州拿住不放，因为中央朝廷一旦有变，那就可以两路出击，一路走荆州，一路出益州北上，取代中央朝廷。

从这点而言，《隆中对》其实是诸葛亮的战略规划，先完成割据，再图谋取代中央朝廷。刘备口口声声说自己是皇族，常骂曹操是贼子，却对诸葛亮的战略规划狂点赞，这足以说明，刘备比曹操还不要脸，他的初心就是要么割据一方，要么取代中央朝廷。

诸葛亮也的确是个人才，或者说，他是刘备的吉祥物。自他投奔刘备后，刘备好像神仙附体，所有的好运和能力都归位了。

公元207年末，刘表忽然生病，而且很快一病不起。刘备来探望刘表，刘表神经错乱地对刘备说："我要是死了，请你接管荆州。"

刘备可谓走了狗屎运，为了让刘表没有反悔的余地，刘备到处传播刘表要把荆州交给他的消息。

曹操自然也知道了，他大吃一惊，惊的是刘表神经错乱和刘备真要崛起。

就在刘备到处宣传自己即将成为荆州的主人时，江东的孙权趁刘表生病之际，突然发力，攻陷了黄祖所驻守的夏口。

刘表在病床上“哎呀”一声，病情更加沉重。刘表当然是急的，但曹操比刘表还急。

他急的不是刘表要死，而是孙权力量的快速壮大。本来，他光复北中国后，剩余的力量只有荆州的刘表和中原的马腾、韩遂，可现在又出了个孙权。

而且，荆州局势中还有个飘飘忽忽的刘备。刘备让曹操很头痛，似乎冥冥之中，刘备就是来阻挠天下恢复太平的。曹操是北方人，这个时候不由得想到一句北方谚语：癞蛤蟆不咬人却腻歪人。刘备就是那个癞蛤蟆。

荀彧向曹操提出三点建议：第一，不要管刘备，因为刘表还有两个儿子，即使刘表真死掉，刘表也不可能把荆州给刘备；第二，孙权的力量还不足以和中央朝廷抗衡，现在不必理他，等刘表一死，立刻对荆州采取军事行动；第三，重新恢复丞相制，担任丞相，因为距离全国的胜利已经不远，应该早做打算。

曹操对荀彧向来言听计从，这三点，他很快就完成了。

而下一步，他开始开凿水池，训练水军，目标自然是中国南部。他在等着一件必然会发生的事，那就是刘表的死亡。

公元208年阴历七月，刘表果然一病而死，他荆州牧的职务传给了小儿子刘琮，这就等于把荆州传给了刘琮。他的长子刘琦像当初袁绍的长子袁谭一样，气得浑身抽搐，脸色发紫。

实际上，刘琦有很大机会得到老爹刘表的遗产，但他被诸葛亮害了。

刘备未请诸葛亮出山前，刘琦不知从哪里得到诸葛亮乃神人的消息，就跑去向诸葛亮问前程。

刘琦把自己的担忧告诉诸葛亮：我老爹刘表本来很宠爱我的，可后来却又转过来宠爱我弟弟，我很担心老爹死后，将遗产给我弟弟。我听说你是高级巫师，希望你能想个办法。

诸葛亮不肯赐教，刘琦多次询问，诸葛亮始终不发一言。刘琦就要起了诡计，他请诸葛亮攀登一座高楼，诸葛亮顺着梯子爬了上去，刘琦却乘机抽走了梯子。

诸葛亮傻眼了。

刘琦这回可不是请教了，而是威胁。他对诸葛亮说："大家都知道你神乎其神，可从来没有人见识过。现在，如果你真能呼风唤雨撒豆成兵，就请施展，我以后绝不会再烦你。但如果你不能，就请帮我想个办法。否则，我就让你活活饿死在上面。"

诸葛亮毫无办法，再多的智慧也不能让他从高楼上跳下来而不摔死，他只好对刘琦说："春秋时期，晋国公子重耳离开老爹，后来却能返回晋国当上国王（晋文公），你可效仿。你可在襄阳之外的荆州其他地方任职，即使你弟弟接收了老爹的遗产，你也可以像晋文公那样回到襄阳，接收荆州。"

这是个狗屎一样的主意，可刘琦居然听从了，请求老爹让他到荆州的夏口（刚被孙权攻陷过的地方）担任太守。

刘表在病床上稀里糊涂地答应了。刘琦一走，刘表死掉，刘琮成为荆州的主人，刘琦争夺财产的理想，完全破灭。

刘琦恨死了诸葛亮，这种愤恨牵连到老弟刘琮身上，两人开始势不两立，荆州此时成了袁绍死后的冀州翻版。

曹操得知刘表死了，兴奋得发狂，他集结部队，正准备出发时，忽然又停了下来。原因有二：第一，他希望刘氏兄弟先打，两败俱伤后，他再出马收拾残局；第二，有两个人，他始终不放心，一个是关中的马腾，一个是许昌的孔融。

搞定马腾、孔融

对付马腾，曹操的办法是派特使带着亲笔信去凉州和马腾谈。信中说：以我曹操为丞相的中央朝廷准备南下收拾刘表和孙权，中央朝廷在全国恢复权威的决心，任何人不必怀疑。我准备邀请你到中央朝廷做官，请你考虑。

马腾对曹操的特使说：“这是赤裸裸的威胁。”

曹操的特使按主子的指示对马腾开诚布公道：“丞相大人现在南下与否，取决于您，您如果不去中央朝廷，那中央朝廷可能要西进（来揍你）。”

马腾跳起来，他那性格暴烈的儿子马超抽出砍刀，就要把特使当场砍死。马腾及时制止，他对儿子说出自己的担忧：“曹操的特使好杀，中央朝廷的命令不好违。”

这是实话，马家父子虽然占据关中多年，并将关中经营得有声有色，却无法和以曹操为丞相的中央朝廷抗衡。

马腾的办法是拖延。他向特使表达自己特别想去中央朝廷的心意，而且恨不得马上就走。问题是，他要处理很多关中事宜，因为这一去，他要为朝廷鞠躬尽瘁死而后已，绝不再回来。

特使被他装出来的真诚感动，希望他能定下最后期限。马腾磨磨蹭蹭，一会儿说半个月，半个月后说再给十天，十天后又说再给五天。

曹操的特使不急，可曹操急了。曹操派人来催，特使急火攻心之下，决定将生米煮成熟饭。他在关中到处张贴中央朝廷的告示，说马腾要去见皇上啦，让民众到马腾那里向他告别。

马腾府外顿时黑压压跪了一批人，有的百姓特意送上关中的特产，让马腾带到北方去吃。马腾这回不走都不成了，他只好上路。

临行前，他对儿子马超说：“我必须要忠于代表中央朝廷的曹操，你却不必。一旦我有什么不测，你在关中做你自己想做的。但如果我不死，你不能乱来，否则我就完蛋了。”

马超泪别老爹马腾，马腾一到邺城，曹操就把他软禁起来。处理好马腾后，曹操摸着大头琢磨怎么处理孔融。

有的人生下来注定活不长，比如孔融。孔融的嘴太损，从小就如此。某次，他在宴会上展现出自己的才华，大家都吹捧他是神童。孔融得意扬扬，但座上有人却说：“小时了了，大未必佳。”意思是，小时候很聪明，长大未必成才。

孔融立即向那人反击说：“想君小时，必是了了。”

世人都把孔融的反击看成绝顶聪明的典范，而有人却看到了本质：小小年纪，嘴就这么损，长大后必死在嘴上。

孔融成年后，凭借才华和声誉（据他说自己是孔子后人）获得官位。不过在他看来，所有的官位都配不上他。后来曹操把皇帝刘协接到许昌，他也来了许昌。据他说，是曹操热烈邀请他来的，但据曹操说，是他主动来投奔的。

无论怎样，孔融来许昌，曹操初时是高兴的，因为孔融名气大，如同一个磁石，可以吸引更多的人才来。但很快，曹操就对他大为失望。

孔融和祢衡一样，目空一切，嘴巴尤其损，无论曹操做什么事，孔融的臭嘴都能找到机会讽刺曹操。曹操发布禁酒令，孔融说不如把男人都阉了，因为他有犯强奸罪的武器；曹操打乌桓，孔融说，曹操引起民族矛盾。

曹操这回南下夺荆州，孔融说，人家刘表刚死，你就打人家，这是不要脸。

这些事情，曹操还可以忍受，最让他无法忍受的是，孔融竟然请曹操回自己的封地，不要待在中央朝廷。

对曹操而言，这种建议就等于造反。

曹操南下之前，和孔融聊天，这是给孔融最后一个机会。但孔融没有把握住。孔融仍然坚持让曹操回自己从前的封地——兖州。

曹操对他说："我现在是中央朝廷的丞相，你脑子不好吧？"

孔融说："你辞职啊，我让皇上立即批准。"

曹操冷笑说："如果不是我，你知道现在有多少流氓无赖称王称帝吗？"

孔融反击道："正因为你，天下才大乱。"

曹操不想打嘴仗，因为对付孔融，嘴仗是永远打不完、打不胜的。他马上让手下向皇帝刘协弹劾孔融，说孔融阴狠毒辣，曾经因为一个人在父亲墓前没有哭得死去活来就将其杀掉，又指责孔融来到中央朝廷后，无所事事，到处惹是生非——他惹的那些人都是曹操的人。

孔融立即被捉拿，连带他的妻儿老小一起被关进了大狱，并很快被斩首。

曹操杀掉孔融后，才如释重负地南下，他将迎来有生以来最大的一次失败和人生洗礼。

第七章

赤壁惨败

刘琮的投降

在处理了马腾和孔融后，曹操迅速南下。他本已做好计划，荆州第一战打新野，刘备驻守在那里很多年，而且经营得很好。

可刘备不给他机会，曹操抵达新野时，刘备早已南逃到离襄阳不远的樊城。曹操啼笑皆非，他下令采取斩首行动，主力部队直趋襄阳。

刘琮在襄阳城听说曹操已进入荆州地界，心跳立即加速。他没有想到曹操会来得这么快，更没有想到刘备居然如此痛快地放弃新野，跑进樊城。

他派人到樊城，以荆州主人的身份向刘备下令，北上抗曹。刘备告诉他："必须要联合才能抗曹，你让我进襄阳城，商议出个万全之策，咱们一起抗曹。"

刘琮正要如此做，他老爹留给他的白发老军师、能看清小人心理的蒯越急忙阻止他道："刘备还不如曹操可信。"

刘表能在荆州站稳脚跟，攒下如此大的家业，蒯越功不可没，刘表临死前把刘琮的手放进蒯越的掌中，要刘琮握紧，这是郑重其事的托孤。所以刘琮对蒯越，是极度尊崇，言听计从。

他向蒯越请教：“如何是好？”

蒯越说：“投降曹操。”

刘琮犹豫了，人皆有自尊，投降曹操也不是不可，但一仗都不打就投降，他老爹刘表会不会气得从棺材里爬出来？

蒯越让他放心，因为他老爹刘表也是窝囊了半辈子，根本不会从棺材里爬出。况且，蒯越说：“咱们是向中央朝廷投降，这也谈不上投降。咱们本来就是中央朝廷的人，只因为天下大乱，咱们有家难回，有国难投。如今中央朝廷的丞相曹操来了，不立即归顺朝廷还等什么！”

刘琮琢磨了一会儿，认为蒯越说得太对了，至少在面子上过得去。

事实上，刘琮此时投降，是最好的选择。不必说曹操代表中央朝廷这些无用的废话，就是曹操本人，也已经是名副其实的中原和北方的霸主，从实力上看，刘琮举荆州全力，也不可能是曹操的对手。尤其重要的是，刘琮时代和刘表时代已大不相同，刘琮现在四面都是敌人，东边有新崛起的孙权，长江流域有势不两立的老哥刘琦，离他最近的潜在危险则是刘备。

他除了回归以曹操为丞相的中央朝廷，别无他路。可他另外一个谋士王威认为还有第二条路可以走，那就是假装投降，趁曹操麻痹大意，伏击曹操。

这个计策太铤而走险，但王威认为，富贵险中求，如果计划不成，再投降曹操也不迟。

刘琮不认可王威的提议，天下人都知道曹操是有仇必报的主儿，偷袭他若能成功还好，一旦失败后再去投降，就吃不了兜着走了。

他不想给自己太多的时间权衡，因为夜长梦多。所以立即派人拿着中央朝廷授予刘家的符节抵达新野，向曹操表示归降。

曹操吃了一惊，刘琮毫不犹豫地投降打了他个措手不及，他忽然不知该怎么办了。很多人都认为，刘琮投降必然有诈。

可谋士娄圭却力排众议地问曹操：“倘若是刘表在世，咱们大兵压境，刘表会投降否？”

曹操脱口而出：“刘表不是开拓之才，必然会投降，只不过不会如此轻易就投降。”

娄圭笑说：“刘琮不如刘表，而且他现在四面皆敌，投降对他而言是最好的选择，所以根本不必怀疑。”

曹操采纳目光如炬的娄圭的建议，和刘琮的使者谈判。刘琮顺利回归中央朝廷，在樊城扎营的刘备怒了。

刘备从新野跑到樊城，目的只有一个，前往湖北江陵。刘表在那里储存了很多物资，而且还有一支水军，倘若趁乱能取得这些物资和水军，那他刘备以后就可以少哭几次了。

虽然有此计划，可刘备对刘琮不打一枪就投降，还是气个半死，他驻扎的樊城和刘琮的襄阳之间只隔了汉水，他想突袭刘琮。诸葛亮劝他别胡思乱想，因为曹操在得到刘琮的投降保证后，已从北方的新野向樊城行军。此时唯一能做的事，就是快速向南战略转移，尽快入江陵，取得物资。

刘备暂时吞下这口气，向着襄阳方向“呸”了一口，痛骂刘琮道：“窝囊废，比我还窝囊。”

骂完了刘琮，刘备和诸葛亮商量尽可能把樊城的百姓都带走。诸葛亮惊叫道：“主公你疯了，咱们逃跑还来不及，带着这些百姓肯定会被曹操大军追上。”

刘备语重心长地对诸葛亮说：“仁君以民为本，我们不带走这些百姓，他们就会被曹操屠杀。”

张飞急吼吼地说：“您有什么直接证据证明曹操必会屠樊城？”

刘备当然没有。不过他说对了一句话：仁君的确以民为本。民能为仁君种庄稼，能为仁君建造宫殿，无数的民中还有美女，可以做仁君的小老婆。乱世时，谁得到民心谁就得天下，原因就在这里。

诸葛亮说服不了刘备，只好说：“既然非要带走也可以，但要从一而终，不能半路扔了他们，寒了他们的心。”

刘备说：“当然，我乃中山靖王之后，岂会做出这种不仁义的事来。”

诸葛亮等人开始在襄城大肆宣传，主要内容是，如果不跟着刘备走，那曹操来了肯定屠城。

刘备虽然驻扎樊城，可樊城仍然是刘琮的地盘，刘琮设在樊城的行政长官对刘备的说法很不以为然，他指出，刘琮已投靠中央朝廷，樊城已属于中央朝廷，哪个中央朝廷会屠杀自己的子民？

刘备当然明白此浅显的道理，于是他杀掉刘琮设置在樊城的行政长官，向全城百姓演讲，他声泪俱下地控诉曹操当初在徐州的大屠杀，号召全体百姓都跟着自己走。

大部分老百姓也都失魂落魄地跟着刘备兵团走，有一部分不想走，刘备就使用武力驱赶他们走。

诸葛亮让刘备分出一支部队断后，刘备死都不肯。抵达襄阳时，刘琮在城墙上问他：“你这是要造反啊，劫持中央的百姓。”

刘备哭着说：“都怪曹操太狠毒，我是没有办法才如此做。”

刘琮在城墙上，发出猪叫一样的笑声，说：“大耳皇叔，你就别来这套了，天下你最狡猾。”

刘备可不管别人如何评价自己，收起眼泪，继续向江陵进发。

曹操在新野听说刘备带着大批百姓已过襄阳后，立即集结五千精锐骑兵，以一昼夜一百二十公里的速度狂热追击。以农业为主的古代社会，百姓就是生产力，就是税收来源。这么一大批百姓被刘备带走，曹操焉能不急？！

当刘备即将抵达离湖北当阳还有几里路程的长坂坡时，曹操兵团已追上来，前锋凭肉眼都可以看到跟随刘备的樊城百姓的身影了。这是一条拖出十几公里的长龙，队尾不知队首走到哪里，队首不知队尾落在何方。

刘备发现曹操兵团即将追上来时，心胆俱裂，按诸葛亮对曹操骑兵的速度计算，如果现在不加快速度逃跑，肯定会被曹操吃掉。

刘备自我缓和了许久，开始犹豫起来。抵达长坂坡后，他下令停止前进，并命令一支机动小队到樊城百姓队尾下令群众原地解散，以此来制造慌乱和堵塞，拖慢曹操骑兵追击的速度。

诸葛亮拿出君子风度，气急败坏地说："我早和你说，如果带这些百姓走，就必须走到底。你看现在，你让他们解散，这不是抛弃他们了吗？"

刘备眼眶湿润地说："军师啊，我当时带这些人走，哪里知道曹操会这么快追上来。况且，这些人现在的用处就是拖慢曹贼的速度，除了这个还能做什么？"

张飞质疑道："你怎么知道能拖慢曹贼的速度，万一他屠杀呢？"

刘备笑道："曹贼现在可不会干这种事，他要收买人心，这也就是我为什么带着这些百姓的原因。"

张飞失声叫道："大哥你真不要脸啊，厉害！"

张飞正在发自肺腑地夸奖大哥，徐庶跑进来，气喘吁吁地说："曹操来了。"

刘备就要晕倒，诸葛亮把他扶住，说："先打一仗再晕倒也不迟。"

长坂坡之战

面对即将到来的曹操兵团，诸葛亮让关羽率领水军先去江陵，刘备则带领步兵随后赶到。同时，徐庶建议派人去通知刘琦，要他前来接应。

这些工作刚派遣完，有人就跑来报告，说曹操骑兵团已和殿后部队开战了。

曹操的五千骑兵，是精锐中的精锐，斩杀起刘备的乌合之众来如快刀切瓜，刘备兵团渐渐后缩。刘备询问诸葛亮："计将安出？"

诸葛亮坚定地吐出一个字："跑！"

刘备转身就跑，张飞也要跟着跑，诸葛亮一把拉住他，教训这个莽夫说："主公跑情有可原，你跑就不对了。"

张飞抱歉道："我是和主公逃习惯了，现在已形成惯性了。"

诸葛亮说："你要殿后，能堵住多少敌人就堵住多少。"

张飞是英雄人物，此危急时刻，正是英雄露脸时。他毫不犹豫地抓住几个逃跑的骑兵，逼着他们在溃逃的人群中逆行而上，去迎击曹军。

刘备跑了很久，突然一拍脑门，懊悔道："糟了，我忘了带上夫人和儿子阿斗！"

诸葛亮气喘吁吁地停下来，让人去寻，果然没有。刘备正在懊恼焦急中，一员猛将站出来主动请缨道："我赵云愿去将您夫人和儿子找回来。"

刘备握住赵云的手，流下眼泪说："他们肯定是被曹军捉了，能救出来就救；救不出来，那个……那个你就回来吧，我不怪你。"

赵云被这句话激起了浑身热血，他跳上战马，孤身一人，逆行而去。

曹操骑兵团把刘备的人打得丢盔卸甲，整个长坂坡充斥着哭爹喊娘声。曹操越打越欢喜，对护卫们说："刘备这小子太有意思了，六七年时间，他居然一点进步都没有。"

更让他欢喜的是，有人来报告，说是活捉了刘备的老婆和儿子阿斗。曹操兴奋得跳起来说："刘备的老婆好，当初她在我这里，我就感觉不错。"

曹操喜欢别人的老婆，人所共知，这也是曹操的不拘小节之处。他正要让人把刘备老婆带来，又有不好的消息传来：刘备的兄弟赵云来抢人了，虽然刘备老婆自杀，可刘备的儿子阿斗被抢走了。

曹操叫起来："哇呀，在乱军之中可以抢走一个孩子，果然是英雄！"

又有关于英雄的消息传来：张飞在当阳桥挡住了咱们的路。

曹操说："这算什么事情，杀过去啊。"

探子报告说："张飞好似魔鬼附体，在桥上失心疯似的吼叫，咱们骑兵的马都吓尿了。”

曹操当着众人赞赏赵云和张飞：“这二人发挥起来，还真是英雄。刘备这个窝囊废，能得此二人，居然还混得这么惨。”

曹家班的武将们不高兴了，他们絮叨说：“什么英雄，只不过是矬子里拔高个，丞相您手下全是英雄人物，因为太多的缘故，所以无法显现。”

曹操立即说：“你们说得对，速去追杀刘备。”

曹操骑兵团主力被张飞阻挡在当阳桥，但其他几个小分队绕过当阳桥，对刘备和诸葛亮等人死追不放。

他们追击之前，曹操特意警告：“绝对不许滥杀那些百姓，刘备这孙子带着这些百姓，就是希望我杀戮，他好到处瞎传，说我残暴不仁。”

其中一支骑兵小分队追的速度最快，他们在百姓的慌忙逃窜中，看见了刘备的背影。刘备也察觉到了，就请求并肩而跑的徐庶：“你能转移他们的注意力吗？”

徐庶二话不说，带着家人，特别是他老母，分道而逃。曹操的骑兵小分队发现这支逃军中有老人和妇女，以为是刘备家眷，就奔徐庶来了。

徐庶侥幸逃掉，可他的老母却被曹军活捉。

——后来当刘备处于绝对安全中时，徐庶向刘备告辞，要去曹操那里见老母。刘备眼眶红润，挽留徐庶。徐庶说，我是个孝顺的人，母亲在曹操处，我在你处方寸已乱，不能为你出谋划策了。况且，你已有诸葛亮，太阳之下再燃一盏灯，不但愚蠢而且可笑。徐庶到曹营后，诞生了一个歇后语：徐庶进曹营——一言不发。意思是，徐庶就是不给曹操贡献智慧。其实，曹操手下智谋之士如满天星斗，徐庶根本挤不进去，他一言不发不是主观行为，而是客观造成的。

刘备使出吃奶的力气逃跑，苍天保佑，终于在跑得肺里冒烟后到达了安全地带。过了一会儿，尘土飞扬中，张飞单枪匹马赶来。刘备抱住张飞一阵号啕大哭，徐庶也跑来了，刘备听说徐庶老娘被捉了，更是哭天抢地。最后跑回来的是赵云，赵云把背在身后的阿斗解下，送到刘备手上。

刘备抱起儿子，看着浑身是血的赵云，眼泪噼里啪啦地掉。他又看了看儿子阿斗，正睡得香甜。身边围了很多人，都在夸赞赵云的耿耿忠心。

刘备立即发现，此时哭已经无法向众人展现自己对赵云的爱惜，只好出奇制胜。他忽然双手举起阿斗，哀号道：“为了你，我险些丧失一员猛将。”

说完，他就双手向地上一扔，众人都吓坏了。诸葛亮离他最近，急忙去接阿斗，但没有接到，因为刘备的胳膊很长，阿斗已经接触地面，却还在刘备的双手中。

众人对刘备摔孩子这件事，印象深刻，尤其是赵云，认为自己在主公心中的地位比儿子还重要。

刘备摔完孩子，一边流泪，一边指着自己的心对众人诉苦：“我心痛啊！赵云险些为我儿子丧命，张飞也险些丧命，徐庶把老娘都弄丢了。”

诸葛亮看他演得差不多了，在场所有人已经对他更加忠诚，就马上提出迫在眉睫的问题：“不能再去江陵了，曹操这回来的是骑兵，咱们还是走水路向东去江夏夏口找刘琦吧。”

刘备不确定刘琦是不是能接纳自己，诸葛亮却胸有成竹，因为当年他帮助过刘琦。刘琦现在能有夏口，全依仗他诸葛亮当年的那番话。

说走就走，刘备一行在急急忙忙赶来的关羽水军帮助下，顺利抵达夏口。刘琦以最高规格的宴会接待这些逃亡人，诸葛亮在宴会上尽力让刘琦回忆往事。刘琦假装感谢诸葛亮，他说：“如果没有您的那番话让我离开襄阳，现在投降曹操的肯定是我，不是我老弟。”

刘备很快被刘琦安排到夏口东面一百五十里的樊口，刘琦对刘备说：“您受惊了，在这里休养吧，能养多久，就看曹操下一步怎么走。”

当刘备在夏口喝酒吃肉时，曹操正在审慎地布置战场，他在收拾了刘备逃跑留下的辎重后，更是信心大增。长坂坡之战后，曹操控制了汉水以西，这就意味着，他现在可以一边观赏风景一边前往江陵。

江陵有一样东西，是曹操最渴望的，那就是刘表经营多年的那支水军。

水军的指挥官叫蔡瑁、张允。蔡瑁是刘表的小舅子，张允是蔡瑁的外甥，这两人自然服从刘表，连带着服从刘表认可的接班人刘琮。

曹操抵达江陵城外时，蔡瑁和张允就出城迎接曹操进城。曹操在两人的帮助下，兵不血刃地解放了荆州诸多城池，刘琦的夏口和刘备的樊口成了两座孤城。

曹操把指挥部设在江陵，他这次南征的目标是刘家班还有孙权。现在，是先干掉刘琦和刘备，还是先干孙权，成了摆在曹操面前的问题。

不过他一点都不急。在他眼中，刘琦、刘备和孙权就是煮熟的鸭子，根本飞不出他的掌心。

诸葛亮说孙权

公元208年秋天，曹操在湖北江陵踌躇满志。在一个明月当空的晚上，他制定了基本的战略：先顺长江东下干掉刘琦和刘备联军。理想状态是，孙权会被吓傻，效仿刘琮举手投降。非理想状态是，孙权会抵抗。但曹操确信，孙权一旦抵抗，整个江东（今鄱阳湖以东地区）会成为火海，而孙权也会被擒杀。

对此毫无悬念的结果，曹操忽然感到毫无快感，他已经开始想着平定江东后，该如何收拾关中的马家班和韩遂。胜利在望，中央朝廷将恢复全部权威，帝国会在他曹操的手中完成升华。

在打刘琦和刘备之前，他给孙权写了封带有恐吓意味的信，信中说：我奉皇上之命，扫平叛逆，刘琮束手。我现有水军八十万，想和将军你在秋天狩猎，顺便检阅军队。

只有瞎子或傻子才看不明白这封信背后的意思，孙权将此信交给下属们观看，有几人当场晕厥，没有晕厥的人失声建议孙权赶紧投降曹操，过了这村就没有这店了。

孙权没有被吓到。这一年，他二十六岁，正是如日中天、绝不言退的年纪，很难被困难吓到。他固然知道曹操强悍，但他也不是软柿子。

他向众人解释说："曹操哪里来的八十万水军，即使有，他们是北兵，咱们是南兵，在水上打架，还是咱们占优势。即使投降他，也不能学刘琮，还是要打一下，试试彼此的斤两。"

有官员激动地站出来赞赏孙权："主公您说得对啊，不能人家一封信，咱们就像耗子见了猫耳朵一样，魂不附体。"

孙权定睛一看，是鲁肃。鲁肃有超人的智慧和胆略，是个出色的外交家、演讲家。他几年前和老友周瑜投奔孙家后，就一直向孙权贡献着智慧和忠贞。

孙权和鲁肃一直在忙碌，刘表去世的消息刚传到江东，鲁肃就以吊丧的名义赶往襄阳，查探荆州局势。可还没有到襄阳，刘琮就已投降了曹操。鲁肃正在路上琢磨下一步计划，刘备被曹操击败的消息传来。鲁肃又马不停蹄地去追刘备。

刘备见到鲁肃，假装说："曹操势大，我想去广西苍梧投奔一位旧友。"这当然是假话。

鲁肃就劝刘备说："还是先去投奔刘琦，如果有机会，可以和我主公孙权联盟。"

刘备听了他的话，欢喜地流下眼泪。

鲁肃回到江东后，向孙权报告了这些情况，并重点指出，曹操此次是来者不善，我们必须联合一切可以联合的力量才能保住江东。

孙权尚且不置可否，曹操的信就来了。

现在，孙权向鲁肃请教。

鲁肃说："刘备和刘琦已经联兵，共有两万人，我们可以联合共同对付曹操。"

那些孙家班的老臣乱将起来。他们指责鲁肃道："曹操肯定先打刘琦和刘备，肃清荆州，至于打不打咱们要看咱们的表现。如果咱们现在和二刘联合，那不是引火上身吗？况且，曹操代表的是中央朝廷，我们是割据政权，有啥理由抵抗，将来进入史册，人家会评价咱们是叛逆的。”

孙权阴沉着脸，起身去上厕所。鲁肃紧跟上来，孙权回头说：“老鲁，我去厕所。”鲁肃说：“现在可不是上厕所的时候，您必须要打定主意。”

孙权说：“周瑜正在赶回来的路上，我们听下他的意见。”

孙权如此重视周瑜，说明周瑜是个牛人。周瑜的确很牛，年少有为，气度恢宏，能在绝境中找出生路，化腐朽为神奇。孙权自主掌江东后，周瑜一直是他的定心丸。

鲁肃郑重其事道：“周瑜肯定主张联合抗曹。”

鲁肃说对了，周瑜回来后向孙权分析说：“曹操的中央军主力有十五六万人，加上蔡瑁、张允的水军七八万人，曹操部队不会超过二十五万。而我们有三万人马，如果和刘琦、刘备的两万人联合，那就是五万对二十五万，倘若是在陆地上打，咱们没有胜算，可若是在水上打，曹操的北兵不习水战，咱们胜算很大。”

孙权下了决心说：“父兄千辛万苦创下的基业，不能拱手相让，打吧。”

他分配任务，派鲁肃去见二刘，他则北上到荆州边境的柴桑（今江西九江），在那里和二刘会面，商谈抗曹事宜。至于周瑜，就在江东集结水军，等待下一步命令。

鲁肃先找的人不是刘琦，而是刘备。在鲁肃眼中，刘备的团队要比刘琦高明，还有一点就是，根本不用和刘琦谈，因为曹操进攻的是他的大本营，没有人会不抵抗来到家门口的敌人，除了他弟弟刘琮。

鲁肃来找刘备，负责和他谈判的是诸葛亮。鲁肃对诸葛亮的名气早有耳闻，聪明人从不说废话，所以鲁肃单刀直入说：“孙刘联盟，对孙权有利，可更有利的是你刘备。如果这次被曹操打败，那你就再也不必像从前一样四处寄人篱下了。”

刘备在一旁哭着点头，哀叹上苍的不公。诸葛亮觉得刘备此时哭不对，显然，鲁肃这些话是在压着刘备谈。给人的感觉是，刘备和孙权联盟是刘备的造化，是孙权赏赐给刘备的机会。

诸葛亮暗示鲁肃："你说的话不能代表孙权，我要亲自见孙权，况且，我们也有条件啊。"

鲁肃吃了一惊，暗暗钦佩诸葛亮的骨气，都混成这个德行了，居然还敢跟别人谈条件。

不过，为了尊重合伙人，鲁肃还是带着诸葛亮到柴桑见孙权。

孙权用欢迎贵客的礼节接待诸葛亮，诸葛亮摇着把破蒲扇，傲慢地看着和孙权一起来到柴桑的官员们。

孙权的官员们很不高兴，孙权自然也不太高兴。鲁肃悄悄拉了拉诸葛亮的袖子，意思是，别装行吗，你和你主公现在黔驴技穷，你是来求人的，不是来装蒜的。

诸葛亮凭借高深莫测的智慧，根本不理鲁肃。他对孙权及其官员们傲慢地道："我家主公乃中山靖王之后，人称刘皇叔。当今天下，除了皇帝之外，我家主公乃皇室最正统。皇帝现在被曹操挟持，所以我家主公就是天下领导人。"

孙权的官员们狂笑起来，有官员说："你是刚跟了你主公吧，不知道他底细吗？什么中山靖王之后，大忽悠！"

诸葛亮怒目直视那官员说："咄，我家主公为了汉室打过无数次仗，主公的手下抛头颅洒热血，你们这群人怎有资格评价？"

孙权的官员们又狂笑起来，说："谁不知道你家主公是屡战屡败的主儿，否则为何混了二十多年，还像丧家犬似的到处乱跑，连个老巢都没有！"

诸葛亮恼羞成怒，撇开那些官员，直接对孙权说："我的意思您应该明白了，您应该很乐意为如此完美、正统的人（刘备）提供各种支持吧。"

孙权装出一副特别害怕的样子来，说："哎呀，亮啊，你的意思我已明白，天下现在除了你家主公刘备以外，没有人可以抵抗曹操了。我虽然据有江东，可还是没有这个能力。所以我不能为你家主公提供任何支持，让你家主公自己去抗曹操吧。”

诸葛亮立即意识到自己的错误，他正在用自己团队廉价的自尊去挑战孙权的自尊。伶俐的诸葛亮超级知行合一，一意识到自己的错误，马上扭转乾坤，把之前的话全当成屁了。

他对孙权说：“我的意思其实您还没有深刻明白，其实我想说的是，刘琦和刘备的两万人马，只能用来自卫。不过曹军虽然人数众多，可从北方长途跋涉到此，已是强弩之末。此时，您只要联盟，那咱们就能打败曹操，并能和他保持长期的平衡。”

孙权仍然在假装害怕，他试探诸葛亮：“这个联合体，谁是老大啊？”

诸葛亮谦虚地说：“谈什么老大老二，只要能击败曹操，您的功劳肯定第一啊！”

孙权大笑，“夸奖”诸葛亮道：“你这个舌头是真厉害，将来肯定会有人传说你在我这里舌战群儒的！”

诸葛亮可不理孙权的讥讽，他要马上回樊口报告刘备：咱们能多活几天啦。

首战之败

二刘和孙权商谈联盟时，曹操还在江陵悠然自得地备战。此时，厄运之神似乎找上了他，让他的智慧受到蒙蔽，看不清真相。

当有人告诉他，刘备正和孙权联盟时，曹操不相信。后来终于相信，他又产生错觉，孙权会宰了刘备。至于孙权为何会宰刘备，他和大多数官员的看法是，刘备实力正逐渐增强，孙权无法容忍。

显然，这种看法很有问题，即使孙权和刘备有恩怨，可大敌当前，两人也有联合的可能。程昱就提醒曹操：“您大张旗鼓从北方南下，不费吹灰之力就得到荆州大半，孙权肯定吓得不轻，刘备又被您打败，两个吓破胆的人没有别的路可走，必定联合。”

曹操仍然在恍惚中，他对程昱的提醒不屑一顾，即使孙权和刘备联合又能怎样？孙权难道没听过一句话，不怕神一样的对手，就怕猪一样的队友吗？

刘备可是个如假包换的猪队友，袁术、袁绍、曹操可都见识过的。

贾诩也站在长远角度劝曹操说：“您消灭袁家班后，又占领荆州，威名大震，军势强盛。如果以荆州的富饶，安抚百姓，实行无为之治，用不了多久，根本不必兴师动众，孙权就会纳土来投。”

曹操对贾诩向来很欣赏，不过这次他对贾诩的话大大不以为然。他说：“如果不解决刘琦和刘备，收服江南，荆州怎能安？这些割据势力无时无刻不在想着和中央朝廷作对。另外，马超和韩遂在关中也不老实，这种形势下，怎么可以搞无为？！”

曹操分析得很对，荆州围绕着群虎狼，不可能安全地养羊，必须将虎狼杀掉。

曹操产生错觉时，刘备也在产生错觉。他和几个兄弟分析说：“孙权派周瑜沿长江而来和我们会合，这是真要和曹操大干一场啊。”

诸葛亮摇头晃脑说：“主公你错了，孙权主动来和咱们会合，是希望先把战场放在他统治区之外，即使和曹操的战争失败了，他还可以退回江东本土，继续抵抗曹操。咱们就不如他，这场战争，如果失败，那就死无葬身之地了。”

刘琦深深佩服诸葛亮的分析，刘备问诸葛亮该如何应对。诸葛亮说：“孙权希望我们先和曹操开战，他们观望一下。我的意思是，咱们就在这里等孙权来，孙权不来，咱们绝不向前走一步。”

刘备高兴地称赞诸葛亮的高度智慧：“世人说你智近乎妖，果然非同凡响啊！”

诸葛亮谦虚地说：“哪里哪里，我只是略懂。”

孙权在柴桑，始终等不到前线的动静，不但等不到曹操的动静，也等不到刘琦和刘备的动静。鲁肃委婉地提醒他，二刘之所以要和咱们合作，就是因为实力不成。如果我们不拿出点行动来，他们恐怕不会有任何行动。

周瑜适时地指出，既然已经和他们合作，大家都应该拿出点诚意来。

孙权同意，命令周瑜率领所能集结起来的三万人，逆长江而上，向刘备所在的樊口进发。对于周瑜如此迅速地到来，刘备喜极而泣，拉着周瑜的手，哭了个通宵。

于是，二刘和周瑜在樊口正式向曹操宣战。曹操得知后，失声叫起来："老天爷要人灭亡，必先使他疯狂！"

失声叫完，他集结水陆部队，水军沿长江顺流而下，陆军由他本人率领，穿过华容县（今湖北监利县西北），抵达乌林附近的长江岸边（今湖北省嘉鱼和新堤之间）。

此时，二刘和周瑜兵团正好抵达了长江岸边的赤壁，两方人马隔长江对峙。曹操看到孙权部队和二刘部队一起扎营时，终于从许久的朦胧中醒转过来，摸了摸大脑袋说了句："这几个家伙还真成一伙啦。"

曹操嘀咕完，就决定做一次试探性的攻击。蔡瑁和张允主动请战，但被曹操拒绝。他想展示下从北方带来的水军，这支水军在北方训练多时，他还不知道实战效果如何。

曹操迅速集结起这支从北方带来的水军，他在战前训话鼓励这些北方健儿，要他们不惧长江之水，就在水上打出北方爷们的气势来。

北方水军群情激昂，高喊："中央朝廷万岁，曹操万岁！"喊声直冲云霄，令对岸的刘备吓得浑身发抖。

不过，刘备过于担忧了。曹操的北方水军一上船，才知道，在游泳池中和在长江里是两种感觉，他们觉得无论如何驾驭船，船总和自己作对，拼命地要翻转。

周瑜在前沿阵地观察了许久，乐得发出了猪一样的笑声，他对刘备说：“这群旱鸭子根本就打不了水战。”

诸葛亮也说：“可以一击。”

刘备声音颤抖道：“这可是第一仗，千万不可大意。”

周瑜一笑，随便派出了一支机动水军，迎向曹操的北方水军。

还未真正开战，曹操的北方水军自己先乱了，许多士兵开始在船上头晕目眩，连连呕吐。他们看到敌人的战船冲了过来，都惊慌失措，自己的战船互相撞击。周瑜的机动水军还没有进入战斗圈，曹操的北方水军已全军覆没。

这是一场特别吊诡的战役，根本就没有战，胜负已分。

曹操表情凝重地派人打扫战场，蔡瑁和张允跟在身后，不敢多说一句话。当晚，曹操召开战前会议，所有人都提出了看上去很不错的作战方案，但都被曹操否了。

他希望对水战有经验的蔡瑁和张允拿出有效的方案来，可蔡瑁和张允精明透顶，他们知道自己是新来的，如果出的主意有效果还好，一旦没有效果，他们两个的前途可就堪忧了。

曹操只好自己想办法，最后他想出的办法是，建起联营，延伸到长江边上，然后将全部战船用铁索连接，这样一来，战船就不会乱晃，士兵在战船上就如在陆地上一样了。

铁索连舟，并非是曹操的发明，春秋战国时期，南方的楚国、吴国和越国争霸时，常常发生这种情况。我们可以想见，当把十几艘战船连成一体时，就如一艘航空母舰，这足以震慑敌人，还能让陆军在水上发挥优势。

曹操做完这一切后，感觉良好，他让士兵在战船上搞军事演习，刀枪和呐喊声使长江的水都激荡起来，江对岸的刘备吓得面无人色。

刘备这时望着江对岸漫无边际的曹操兵团对周瑜说：“大兄弟，你带的人是不是少了点？”

周瑜说：“我有三万，你和刘琦有两万，已经不少了。”

刘备就把周瑜拉到一旁，流下眼泪说："我辛苦奋斗了几十年，好不容易攒下这一万人，你看曹贼那么多人，我担心我的一万人被打没了。"

周瑜冷笑说："你既然担心，那你的一万人就不要上了，站我屁股后面，看我如何破曹贼。"

刘备高兴地擦干眼泪，说："惭愧啊，大兄弟，辛苦你了！"

周瑜再次冷笑，他当然会辛苦，不但是身体上的辛苦，还有精神上的辛苦。这场仗，的确不好打，可冥冥中总有一个声音对他说："不好打也要打，只有打了才有机会赢。"

对岸的曹操可没有这种艰难的想法，他的想法特别直接：开战，然后胜利，回老家。

但有时候，心想事必不成，这就是人生，曹操很懂人生，不然也不会写下"譬如朝露，去日苦多"这样的话，但懂人生，未必就能过好人生。

蒋干说周瑜

曹操在长江的战船上持续不断搞军事演习时，周瑜则在江对岸惬意地听琴喝茶，刘备如坐针毡，他疑惑地问诸葛亮："这两人怎么不打，孙权和周瑜会不会投降曹操？"

诸葛亮安慰刘备说："你放心，孙权和周瑜绝对不会投降曹操。"

刘备问："为何？"

诸葛亮神秘兮兮地说："谁不喜欢自己说了算？您不也是吗？"

刘备恍然。诸葛亮说得没错，乱世时，人一旦积累了资本，就不太可能再去听别人指挥。刘备、孙权，这两个当时最阴险的割据政权，绝不希望中央朝廷恢复统一。所以，他们注定顽抗到底。

刘备的疑惑其实也是周瑜的疑惑，曹操摆明了是来决战的，可为何迟迟不动，每天都搞稀奇古怪的军事演习。诸葛亮特意跑来给周瑜出招，要他突袭曹操。

周瑜讥笑诸葛亮说："你别不懂装懂了，曹操人多势众，又铁索连舟，白天肯定不能突袭，即使是夜晚，曹操的灯火能照出几里，我们的战船还没有接近，就会被他们发现。"

诸葛亮问周瑜："既然曹操人多势众，为何不主动进攻，他在干什么？"

周瑜被问住了，他还真不知曹操的葫芦里到底卖的是什么药。

周瑜和诸葛亮不知道原因，曹操军营的所有人却都知道。曹操之所以不发动进攻，有两个原因：其一，他的水军还没有训练好；其二，他的军中发生了大规模的瘟疫，能战的士兵只有十之三四。

训练水军急不来，曹操可以等，他的粮道通畅无阻，从江陵乃至邺城都有源源不断的粮草送来。可瘟疫，却是要人命的事情。

他派人回许昌，请神医华佗想办法。华佗是中国历史上第一个把中西医结合的医生，他的中医养生五禽戏和外科手术名动天下。很久前，他就被曹操请进中央朝廷，主要任务是给曹操治疗头痛。

对于瘟疫，华佗拿出神秘的药方：在许昌挖了很多土带到乌林，让士兵把土掺在水里内服。这个秘方是否有效，没有历史记载。我们唯一知道的是，曹操的士兵陆续感染瘟疫，能作战的士兵越来越少。

危急之下，曹操想到了另外一个不太现实的主意，派人去劝说周瑜投降。被派去的人叫蒋干，是个出色的演讲大师和外交家。同时，他和周瑜还是老朋友，去说服周瑜，蒋干是最佳人选。

曹操派蒋干过江找周瑜，这件事应该秘密进行。可曹操偏不，反而大肆张扬，送蒋干的战船上，敲锣打鼓，仿佛生怕刘备和诸葛亮不知道一样。

刘备惊慌起来，向诸葛亮哭泣说："蒋干来说服周瑜投降，万一成功，该怎么办？"

诸葛亮说："主公莫怕，待我去周瑜处，让他们谈不成。"

周瑜热情接待蒋干，诸葛亮作陪。吃到尽兴时，蒋干放下碗筷说：“在北方待久了，吃不惯南方的饭菜，若是南北方的饭菜都一样该多好。”

这段话看似聊家常，其实已经切入正题。蒋干的意思是，南北就应该统一，重新恢复汉帝国的权威。

周瑜还在想着如何应付这句话，诸葛亮抢先了。诸葛亮摇着蒲扇说：“天下本来是太平的，可有人抱着私欲，非要先扫灭他人，废掉皇上，然后自己称帝。凡是有点良知的人，都不能允许这种人存在。我家主公乃中山靖王之后，辅佐皇室义不容辞，孙权和周瑜也是正义之士，灭奸贼讨叛乱，更是天经地义。”

蒋干被诸葛亮的一番话搞蒙了，他理了理头绪，极度认真地说：“诸葛先生，你这话说得不对。我家丞相曹操可是汉帝国的丞相，是代表着中央朝廷，你家那个什么主公正在抵抗中央朝廷，谁是乱臣贼子，不言自明。刘备口口声声匡扶汉室，可这么些年，他做了什么对帝国有益的事？他一直在偷鸡摸狗，可惜能力太差，没有成功。你说匡扶汉室，为何汉室的丞相来了，居然还要抵抗？这不是明摆着造反吗？”

诸葛亮生气了，尤其当他发现蒋干说的都是对的时，更是气急败坏。周瑜急忙打圆场，给诸葛亮夹菜，然后问蒋干：“你来是叙旧啊，还是给曹操当说客？”

蒋干摇头说：“大战在即，哪里有心情来叙旧，自然也不是替曹操来当说客，我是替中央朝廷劝你不要再叛乱，回归中央朝廷吧。”

诸葛亮夸张地干笑，周瑜站起来对蒋干说：“大丈夫处世，遇知己之主，外托君臣之义，内结骨肉之恩，言行计从，祸福共之，我和孙权就是这种关系。孙权不投降，我就要坚持到底。”

蒋干叹息说：“你们这是叛乱啊！”

周瑜笑着说：“随你如何理解吧，你回去告诉曹操，要么马上开打，要么就滚回许昌去！”

蒋干很失望，起身向周瑜告辞，路过诸葛亮身边时，看到诸葛亮正在发笑，就冷冷地向诸葛亮说道：“你家主公，连让我劝降的资格都没有。”

这话自然是气话，对厚脸皮的刘备而言，根本毫无用处。刘备总算放下心来，周瑜抵抗曹操是板上钉钉的事情了。

蒋干带着一肚子无奈回到乌林，曹操远远看到他耷拉着脑袋，走路有气无力，就猜中了结果。他安慰蒋干说：“人各有志，叛乱分子绝不希望全国统一，而且还会找出各种堂而皇之的理由来行他的奸计。但天下人看得清楚，我曹操才是真正匡扶汉室的人。如果有人看不清，要么是瞎子，要么就是别有用心。”

蒋干只能承认曹操说得对，曹操说完这些话，板起脸来问蔡瑁和张允：“水军训练得如何？”

蔡瑁回答：“正在加紧训练中。”

张允拍马屁说：“自从用了您的办法将战船连在一起后，士兵们在船上如履平地。”

曹操大笑说：“很好，十天之内，揍周瑜那小子。”

结局就在这十天内注定了。

周瑜始终在观察对岸的曹军阵营。当探子报告，曹军发生了传染病，很多士兵水土不服已失去作战能力时，周瑜只是点了点头。诸葛亮在冬季的阴冷寒风中摇着蒲扇说：“即使曹军有一半的人没有作战能力，还是比咱们的人多。”

周瑜不说话。

诸葛亮琢磨了一会儿，提醒周瑜：“曹操粮草充足拖得起，咱们可不行啊。”

这是周瑜最担忧的问题，他忽然在长江边潮湿阴冷的空气中没有了主意。周瑜经历过太多战阵，却从未有过三万对二十万这样的时候。他心里发虚，说不清楚是什么东西支撑他来到前线。

从两军隔江对峙以来，周瑜一直在绞尽脑汁地从己方身上找获胜的条件，可惜他一条都没有找到。而当他寻找曹操获胜的条件时，这些条件多如牛毛。

诸葛亮在旁的絮叨，他一句都没有听进去。他脑海里全是云烟，毫无规律地飘散着，撞击着他烦躁不安的脑仁。

黄盖和曹操的约定

孙权在柴桑，坐卧不宁。他接连派出多名使者前往赤壁打听战役进展。可惜的是，周瑜给的答复永远是一种：在等。

孙权不知道周瑜在等什么，只知道这样无限期等下去，他就要亲自来赤壁前线了。周瑜在等待的过程中，很多将军向他献计，却都被他否决。最让他啼笑皆非的是孙家的宿将黄盖，居然提出用火攻之计。

黄盖伺候过孙策、孙坚，严肃刻板，忠贞不贰，几乎就是孙家的家将，在孙家发家致富的过程中，贡献卓著。可老黄有时候脑子不太灵活，这次出的火攻计就是证明。

周瑜委婉地对他说："老黄啊，现在是冬天，西北风吹得人头痛，你的火攻计不是不可行，但需要和曹操互换阵地，让他在赤壁，咱们到西北的乌林去，这样才能借助风势用火攻。那么，派谁去和曹操说这个情况呢？"

周瑜说这话的时候，就看向诸葛亮。诸葛亮依然摇着蒲扇，说："江东果然人才济济，居然能在这个季节想出火攻，哈哈！"

黄盖的脸都绿了，他上一次脸发绿还是孙坚死的时候。他一指诸葛亮，对周瑜说："早听说诸葛先生善巫术，不如让他请来东风，咱们就可以顺风纵火了。"

这回轮到诸葛亮的脸发绿了，说："我观天象，发现老天爷最近喜欢刮西北风，向他借东风，他不一定借啊。"

黄盖说："你不是无所不能吗？借点嘛，只需要一点，我就能破了曹操。"

诸葛亮谦虚地推辞，黄盖步步进逼，周瑜只好出来打圆场，假装认真地请教黄盖：“老将军，你是怎么想到用火攻之计的呢？”

黄盖没有发现周瑜是在开玩笑，于是很严肃地说：“曹操把战船都连接成一体，我们只要烧了他几艘，就会祸连其他战船，这么简单的事情，周都督没有想过吗？”

周瑜说：“我当然想过，可是不可行啊。即使有东风，你怎么靠近曹操的战船啊？”

黄盖回答：“很简单，我只要向曹操发出投降的信件，然后带着一批船假装去投降他，船上带着燃烧物，在他没有防备之下，我就可以轻而易举地撞上他的船。”

周瑜来了兴趣，诸葛亮连拍大腿称赞：“这是个好主意啊，怎么我没有想到！”

不过，这个计划有个问题，那就是曹操会信任黄盖吗？

黄盖拍着胸脯给出答案：“曹操肯定相信，因为江东有许多官员都希望投降曹操，我投降他在情理之中。另外，曹操拿下荆州，也是因为刘琮投降，这会让他产生思维定式：人人都想投降于他。最后，咱们演一出戏，让曹操坚信我要向他投降。”

诸葛亮把蒲扇一扫，像是在空中扫出一片天地，扬扬自得地说：“这出戏应该是苦肉计吧。”

周瑜撇了撇嘴，向诸葛亮伸出拇指称赞说：“高明啊，诸葛亮！”

按照诸葛亮的剧本，黄盖先在政见上表现出和周瑜的不同，两人发生激烈争吵，吵得连在许昌的皇帝刘协都能听到。黄盖气得要死，周瑜就在黄盖气得要死时，分配给他一个不可能完成的任务，以显示周瑜想把黄盖置之死地的决心。

黄盖此时发现，除了投降曹操之外，没有活下来的办法。于是，悲愤交集的黄盖给曹操写了封信。信的大致内容是，孙权根本没有和中央朝廷抗衡的资本，受了刘备和诸葛亮的蛊惑，才派周瑜来和中央朝廷对峙。江东官员，百分之九十以上都希望投降中央朝廷，我早就有此心，可毕竟我侍奉孙家三代，若擅自投降于心不忍。可如今，周瑜这厮居然作威作福，想阵前整死我，我向孙权申冤，孙权耳朵塞了鸡毛。我只有一条路可以走，就是阵前投诚，反戈周瑜，请曹丞相批准。

曹操看了黄盖的书信，沉思不语。他把书信交给幕僚们看，幕僚们议论纷纷，有人说："黄盖可信。"有人说："黄盖不可信。"

曹操问送信人："你家主人黄盖和周瑜是如何闹翻的？"

送信人回答："这个不知，我家主人正在床上养伤，他被周瑜打了一百军棍，屁股开出了如牡丹般漂亮的花。"

曹操再问："周瑜的部队士气如何？"

送信人回答："士气一般，自从您上次送信给我家大当家的孙权后，有很多人都建议归顺您，可有个叫诸葛亮的人跑来一顿忽悠，大当家的就被忽悠了，所以才让周瑜来赤壁和您对抗。"

曹操想了想，最后问送信人："你说我是相信你家主人黄盖呢，还是不相信呢？"

送信人不假思索地回答："当然要信，现在的形势，只有傻子才会抵抗您。"

曹操轻轻点了点头，让送信人去休息，然后和幕僚们商议。

有幕僚说："黄盖侍奉孙家三代，孙家就是把他祖坟挖了，他也不会投降。显然，这是假的。"

有人说："识时务者为俊杰，黄盖可能是看到形势严峻，想先投诚坐把靠前的交椅。"

更有人说："倒不如将计就计，接受黄盖投降，然后见机行事。"

曹操一直漫不经心地听着。头顶上有个东西嗡嗡地响，不知道的以为是屎壳郎，其实那是厄运之神在向他微笑。

自从不费一兵一卒收复荆州后，曹操的傲慢心大涨。人在骄傲时，往往会对问题的判断出现致命的错误，原因就在于，人的傲心犹如一棵大树，会遮蔽树下的智慧种子。

他装出一副深思熟虑的样子，对众人说："我相信黄盖是真投降，现在这种形势下，他投降符合人心。"

于是，他找来送信人，说："回去告诉你家主人，就按你家主人的意思，充当周瑜的前锋，阵前倒戈，将周瑜的水军一举歼灭。"

有人提醒曹操："黄盖若是诈降，一旦用火攻，咱们的战船可就全部废了。"

曹操哈哈大笑道："现在这个季节始终刮西北风，如果要用火攻，那也是我用啊，他们怎么能用得上。除非老天爷要灭我，才刮起东南风。"

最后，他和黄盖的送信人约定，这次阵前倒戈的代号为"火火火"。曹操方面看到黄盖的先锋战船后，就大喊："小苹果。"对方回复："火火火。"暗号对上，黄盖就阵前倒戈，曹操水军则快速杀出。曹操似乎已经看到了，周瑜被逼进江里痛苦挣扎，最后喂王八的场景。

一切准备就绪，曹操吹响了赤壁之战的号角。

谁烧了曹操的战船

黄盖得到曹操的信任后，就和周瑜、诸葛亮商议。黄盖的办法是，用一批轻型战舰装满燃烧材料，诸如用油浸泡的木头和荒草，假装向曹操投降，趁曹操没有防备时，快速突袭曹操的战船。

诸葛亮反对，理由是，轻型战舰是用来快速突破的，曹操一旦发现黄盖驾驶的是这种战船，必会防备。他给出的方法是，用艨艟。艨艟是一种大的武装运兵船，速度慢，装载大，既不会引起曹操的怀疑，还能烧毁更多的曹操战船。

周瑜表示同意，黄盖却慌了。他说："一旦曹操有怀疑，我的艨艟根本逃不回来，那岂不是死路一条。"

诸葛亮说：“这就要看命了，做大事总要有牺牲啊。”

黄盖只好认命，后来他总结了一条人生哲理：少出危险的主意，否则会搬起石头砸自己的脚丫子。

和曹操约定的时间到了，黄盖带着数十艘艨艟驶向江面，向曹操的堡垒驶去。周瑜把全部战船投入战场，悄无声息地跟在黄盖的后面。

远远地，曹操的前哨就看到了黄盖的艨艟船队，报告给曹操时，曹操特意听了听，欣喜地对众将说：“这肯定是来投降的，否则他不可能用艨艟。”

有人提醒他：“黄盖是被孙权派来进攻的，可我从未听过用艨艟当前锋的。”

曹操冷笑道：“怕什么，即使他的艨艟中装满火药，我都不怕。你们看，现在西北风正强劲，他若敢放火，那就是引火烧身。”

的确，西北风正紧，吹在脸上如刀割。曹操下令给黄盖放暗号：小苹果。

曹军山呼海啸般地喊起来：“小苹果。”

黄盖方面马上给出回应：“火火火。”

暗号对上，黄盖的艨艟编队全部进入曹操的弓箭手射程内，但没有一支箭射出。黄盖大喜，他下令加速前进。艨艟是战船中的庞然大物，只要速度起来，惯性十足。很快，曹操方面就发现，这个来投降的编队，离他的主力越来越远，离曹军却越来越近。

前哨将此异常报告给曹操，曹操训斥道：“慌张！”

有人提醒他：“当初说好的是阵前倒戈，可看现在这情景，黄盖好像是在冲锋啊。”

曹操说：“不要紧，命令弓箭手准备火箭，对准黄盖的艨艟编队。传我命令给黄盖，要他即刻停止，否则我就发射火箭，现在正是西北风刮得紧时，让他掂量掂量。”

黄盖听到曹操的威胁，真就停了下来。他站到船上对曹操喊话：“我是来投降的啊，怎么回事这是？”

曹操传话给他：“你来投降很好，现在立即掉头，攻打周瑜。”

黄盖又喊起来：“不行啊，周瑜离我太远，我现在回头，必被周瑜识破。”

曹操再传话给黄盖说：“那你就待在原地别动，我派人去接收你的艨艟编队。”

黄盖最后喊曹操：“接收你个鬼，我是来烧你的！”

曹操狂笑：“你这个白痴，不懂风力学啊，看我用大自然的力量先烧了你！”

说完，曹操下令弓箭手发射火箭，几万支火箭先冲向天空，被强劲的西北风吹向了黄盖的艨艟编队。几十支火箭根本无法在艨艟战船上燃烧，可由于黄盖事先在艨艟上储存了大量易燃物，火箭一落，艨艟立即起火，整个江面都被映红。

周瑜和诸葛亮远远地望见艨艟编队火光冲天，都惊叫起来说：“黄盖这笨蛋，怎么还没有接近曹操的战船就点火了！”

诸葛亮观察半天，失声叫道：“非也，是曹操点的火。”

黄盖的艨艟编队一着火，黄盖发出壮烈的号叫道：“给我冲啊！”

但西北风瞬间加强，他的战船根本冲不上去。曹操在指挥船上看着这一幕，狂笑不已。他的笑声穿透云霄，直达天际，在天际激荡着，搅乱了乌云和风神的思路。风神在神经错乱下，忽然转变了风向。

西北风在江面忽然停滞，然后猛地一转身：东南风开始刮起来了，曹操的厄运也降临了。

周瑜感觉到了风向的变化，惊喜地叫道：“天助我也！”

他回头去看诸葛亮，诸葛亮急忙伸出手指，掐指占卜，而且口中念念有词。这更让周瑜吃了一惊，失声问道：“你真把东风借来了？”

诸葛亮不理他，闭着眼摇头晃脑地念咒语。随着咒语速度加快，东南风越来越猛。黄盖已能感受到艨艟正在被风吹着向曹操水寨移动，速度越来越快。

曹操发现风向来了个一百八十度大转弯时，大脑袋不由自主地抽搐起来，他失声叫道：“哎呀，天亡我也！”

手下都急了，尤其是看到黄盖的艨艟编队火借风威，风助火势，飞一般冲过来时，全部心胆俱裂。

黄盖在燃烧的战船上，光着膀子，周瑜的主力战船在后面擂鼓助威，杀声震天。很快，火光冲天的艨艟撞上了曹操的水寨。曹操下令解开战船，但已经来不及了。曹操的战船不但被烧毁，连带着曹操的陆军营垒也被火势波及，整个长江北岸陷入一片火海。

曹操被突如其来的东南风吹得莫名其妙，他恍恍惚惚的，怎么都想不明白，风向怎么突然就变了，最让他极度困惑的是，对方怎么知道风向会变！

就在曹操长时间的愣神中，整个乌林水天一色，水陆一色，火势趁着风威烧到了曹军陆军大本营，顿时一片人喊马嘶。曹操被人强行从船上拉到陆地，再把他扔上马，开始狂逃。

曹操在马上回头看，发现周瑜的战舰还没有上来，只有黄盖在燃烧的艨艟上张牙舞爪。曹操大喊大叫：“放我下来，咱们还没有败！”

曹操说得对，他的确还没有败，黄盖的艨艟编队已全部撞上了他停泊在岸边的战船，火势也很凶猛。但是，他还有很多船没有被烧，就在那里停着。

然而，兵败如山倒，他的士兵已无心恋战，特别是水兵，包括荆州水兵在内，全部溃逃。陆地营帐里钻出来各种病号，在火海中哀号逃命。

曹操见大势已去，对唯一稳住阵脚的青州兵团下令：“把其余船只都烧了，我就是把船烧成灰，也不能给周瑜那小子留着。”

于是，黄盖放火，曹操也放火，乌林在火海中名留史册。这就是历史上所说的赤壁之战，但就如我们所知，“赤壁之战”名不副实，因为双方根本没有在赤壁作战，战场是在赤壁的北岸乌林。

曹操来乌林之前，根本没想过战败，所以从未规划过撤退路线。如今形势紧急，他只能取道华容县，拼命向江陵逃亡。在逃亡的最后时刻，他再次下令，将还未被战役波及的所有军用物资全部烧毁。他只带着曹家班重要成员和青州兵团的骑兵部队，仓皇西逃。

进入华容县，正所谓祸不单行，整个道路因前段时间的一场雨雪而泥泞不堪，再加上东南风吹来，曹操更担心身后有追兵，所以命令跟随逃来的荆州部队修桥铺路。这些人是逃兵，根本不好好修路，于是曹操就用骑兵冲击，践踏出一条路来。

用“惨不忍睹”来形容曹操这次的逃亡，是为尊者讳。曹操有生以来第一次逃得如此狼狈、如此不堪，连过街的老鼠都不如。

“乌林之战”后，曹操再也无法集结起二十万军队，至此奠定了之后三国鼎立之局势。“乌林之战”让中国的统一延缓了半个世纪（直到公元266年，西晋建立之后才统一中国），这是曹操最倒霉的一次战役。有时候，一定要坚信人可以走狗屎运。

你能从曹操这里找到失败的一百个理由，却无法从孙权和刘备那里找到一个胜利的条件。准确来说，孙权和刘备，或许是因为祖宗积了诸多阴德，才让他们走了狗屎运。

曹操后来总结这次失利时，先是很不服气。他给孙权写信说：是老子我主动烧了战船，周瑜是竖子成名。不过，曹操毕竟是个英雄人物，英雄失败后会主动总结失败经验。他总结说，自己战败有三点原因：第一，太骄傲、轻敌，才导致黄盖偷袭成功；第二，军中发生传染病，士气下跌；第三，西北风变东南风。

任何成功，正如曹操总结的这次失败教训一样：偶然因素，重中之重。如果不明白这个道理，你就根本不懂人生。

战后料理

曹操终于逃进江陵城，江陵守将是曹家班的灵魂人物曹仁。周瑜在后面紧追不舍，几乎和曹操同时抵达江陵城外。曹操给曹仁下了死命令：“必须守住江陵至少一年，我要回老家积攒兵马，如果你守不住一年，那咱们曹家就彻底玩完。”

曹仁说：“你放心吧，几个南蛮子，我还怕他？”

曹操匆忙逃回邺城。在邺城，他停下来，派人回许昌打听中央朝廷的情况。他很怕有人趁他大败而惹事。幸运的是，皇帝刘协和那群大臣像木偶一样，对曹操的惨败无动于衷，既没有狂欢也没有任何动作。曹操这才放心地回到许昌，整顿兵马，尤其是重新训练水军。

周瑜和曹仁在江陵城下展开了大战，刘备没有跟来。当曹操溃逃、周瑜追击时，刘备以迅雷不及掩耳之势接管了荆州南部的四郡（长沙、桂阳、零陵、武陵），声称是这四郡的主人。

这是典型的趁火打劫，周瑜在江陵战场闻听此消息后，恨不得放下曹仁，掉头去揍刘备。孙权让周瑜不要愤怒，因为他根本没瞧得上刘备窃取的四郡，他要开辟第二战场，争取扩大战果。这个第二战场就是合肥战场。

合肥从公元200年开始就被曹操精心经营，这是个战略要地，目的是抵抗东南方的敌人，到公元209年时合肥城已被曹操经营得固若金汤。孙权开辟合肥战场，是想把曹操在长江流域的全部营垒拔除，顺便呼应周瑜的江陵战场。

不过，无论是孙权还是周瑜，进展都不顺利。

江陵战场，曹仁让周瑜的多次进攻化为泡影。后来刘备假模假样地跑来助阵，周瑜发现进展就更不顺利了。不但军队进展不顺利，他本人也开始不顺。在一次进攻作战中，他被乱箭射伤，部队士气顿时低落。不过，周瑜的运气很好，曹仁的士兵越来越少，江陵已无法支撑。数月过后，曹操集结军队完毕，下令曹仁撤退，江陵至此落入周瑜手中。

合肥非常坚挺，孙权在城下遇到的抵抗相当顽强，当他进退维谷时，又听说曹操援兵已南下，于是借着这个台阶趁势撤兵。

其实，曹操水军那时才抵达他的老家谯县，离合肥还有很远的距离。隔着那么远的距离，孙权竟被吓得逃之夭夭。如果孙权没有那么胆小，他就能在合肥城下看到赶来支援的曹操头上缠着白布，精神萎靡，总是龇牙咧嘴。曹操此时正饱受头痛的折磨。

他的头已经痛了几个月。公元208年末，他逃回许昌后，头就开始剧烈疼痛。他找来华佗，华佗仍然用老办法给他治疗，但效果不佳。

最后，华佗拿出绝技——开颅手术。

曹操像炮仗被点着一样爆了起来，他认为华佗想用这种方式杀他，任凭华佗如何解释都不相信，最后居然把华佗宰了。中国历史上一代中西医结合的大师真是死得太窝囊了。

华佗的死，不怪他，怪他的病人曹操。曹操多疑是出了名的，这自然也不怪他，他大半生中经历了太多的背叛，这些经历促使他形成了疑神疑鬼的性格。

他总感觉身边的人想刺杀他，于是对身边的侍卫说："我做梦时喜欢杀人，我睡觉时千万不要走近我。"侍卫随口答应。曹操睡着后故意将被子踢掉，侍卫来给他盖被子时，他一跃而起将侍卫杀死，重新睡去，醒来后知道自己杀了人，大为悲痛。

这种事，他不是第一次做。有些精明的人早已识破了他的伎俩，比如那个著名的杨修，但大多数人假装不知。

杀华佗，也是这种多疑导致的结果，但在杀掉华佗后，他又懊悔不已，因为再也没有人能治疗他的头痛了。

屋漏偏遭连夜雨，让曹操头痛的事接踵而来。江陵失守后，曹操将南线向后收缩到樊城，合肥方面虽然击退了孙权，又进行了大量的军事屯垦，但孙权的力量像火山爆发一样，不停冲击他的南方前线。

刘备在趁乱夺取荆州四郡后，忽然脱胎换骨，好运气不停地来。在诸葛亮神鬼般的辅佐下，刘备力量向四处伸展。刘琦适时死掉后，刘备穿起自己编制的草鞋，跳起了踢踏舞，对外（特别是孙权）宣称他是荆州牧。

孙权气得要死，然而他没有力量收拾刘备，因为他的全部力量都用在开辟江东以南的地区。此时，孙权的官员们认为，既然无法干预，那不如做个顺水人情，承认刘备自封的荆州牧身份。

两个一年前根本没有被曹操放在眼里的敌人，只一年时间，就成为劲敌。曹操每每想到这里，就会抱着肥胖的大头，问天问地问鬼神："这世界到底是怎么了，哪里出了问题！怎么会是这种发展套路？！"

如果说，孙权和刘备的崛起导致统一大业付诸东流，让曹操很惋惜，那他儿子曹冲的死则让他痛不欲生。曹冲是曹操诸多儿子中最聪明仁爱、与众不同的。曹操多次和幕僚们说："将来会把位置传给曹冲。"可惜，公元208年末，曹冲一病不起，华佗又被曹操砍了脑袋，曹冲毫无悬念地去世了。

在曹操的人生中，公元208年是个大不祥的年份，吃了人生中最大的败仗，军队所剩无几，死了儿子，又死了家庭医生。各种打击马不停蹄而来，换作别人，肯定撑不下去了。但曹操相信"否极泰来"的格言，冬天已经到来，春天就不会远了。

头痛病好转后，曹操下定决心，重新来过。人生失败在所难免，其实没有什么，大不了从头再来。他招兵买马，训练军队，把全部精力都放在内政上。

谋士贾诩提醒他，和孙权刘备的战役惨败，可能会让一些不怀好意的人趁机捣鬼。曹操马上对此做出反应：在中央朝廷内部安插倾向于他的人才，来稳定和提高自己的威望。

同时，曹操还经常抱着疼痛的脑袋请皇帝刘协和刘协的大臣们吃饭。

在喝酒聊天的过程中，他在传达这样一个信息给这些人："东汉帝国没有了丞相曹操，就等于人没有了心脏。即使这颗心脏暂时有点小问题，可心脏可以复原。你们如果敢有替换心脏之心，那这个帝国和你们可就死无葬身之地了。"

说完这些，曹操因为头痛而龇牙咧嘴地问："谁赞成，谁反对？"

众人看到曹操狰狞的面容，心胆俱裂，立即表示曹操的比喻实在是天底下最恰当的比喻。

曹操很满意地龇牙咧嘴点着大头说："很好，很好！"

他趁势对众人说："现在需要人才，因为是非常时刻，所以对人才的评价要灵活，那些在道德上做文章，却一事难成的君子大人不是人才而是废物，我所需要的人才只有一个评价标准：才华。也就是说，一个人才必须能胜任他所处的岗位，品德不必衡量，也没有这个必要。"

"唯才是举"是曹操因地制宜、知行合一的证明，也是曹操在中央朝廷树立权威的一个隐秘招数。当整个东汉帝国以曹操的这条标准来挑选、提拔人才时，他的话就成了政府施政的纲领，无形中他也就成了最高领导人。

不过，他也知道，自从把皇帝刘协迁到许昌后，有很多潜伏在黑暗中的人总想着绊倒他，即使无法绊倒，也要搞臭他。特别是赤壁之战后，曹操经常能听到有人骂他是奸贼，有"不逊之志"。

曹操不想再用武力来解决这些谣言，他采用的是叙述人生。于是就有了《述志令》这篇曹操的自传。

《述志令》——曹操自传

公元210年冬天，曹操在邺城建造了一座曹家宫殿，名为"铜雀台"。他在那年冬天最冷的一天，带着儿子们爬上铜雀台，吟诗作赋，搞得几个儿子和他都受了风寒，好多天都没有从床上爬起来。

曹操为何建这样一座宫殿，没有人知道真正的理由。不过这座宫殿却被后世酸了吧唧的文人意淫出很多幽暗的传奇来，比如唐人的“东风不与周郎便，铜雀春深锁二乔”，这意思是，铜雀台是曹操养无数小老婆的地方。如果赤壁之战赢了，那孙策和周瑜的老婆（大乔小乔）也会被曹操拿来当小老婆。

这种事，曹操做得出来，张绣的婶子就被他夺了，在他戎马一生中，见到敌人的老婆，都会情不自禁地就夺取。曹操本人不拘小节，人所共知。

那么，曹操自己是如何进行自我剖析的呢？

在《述志令》中，我们看到了这样一个曹操，是曹操眼中的曹操：

> 孤始举孝廉，年少，自以本非岩穴知名之士，恐为海内人之所见凡愚，欲为一郡守，好作政教，以建立名誉，使世士明知之；故在济南，始除残去秽，平心选举，违迕诸常侍。以为强豪所忿，恐致家祸，故以病还。
>
> 去官之后，年纪尚少，顾视同岁中，年有五十，未名为老。内自图之，从此却去二十年，待天下清，乃与同岁中始举者等耳。故以四时归乡里，于谯东五十里筑精舍，欲秋夏读书，冬春射猎，求底下之地，欲以泥水自蔽，绝宾客往来之望。然不能得如意。
>
> 后徵为都尉，迁典军校尉，意遂更欲为国家讨贼立功，欲望封侯作征西将军，然后题墓道言“汉故征西将军曹侯之墓”，此其志也。而遭值董卓之难，兴举义兵。是时合兵能多得耳，然常自损，不欲多之；所以然者，多兵意盛，与强敌争，倘更为祸始。故汴水之战数千，后还到扬州更募，亦复不过三千人，此其本志有限也。
>
> 后领兖州，破降黄巾三十万众。又袁术僭号于九江，下皆称臣，名门曰建号门，衣被皆为天子之制，两妇预争为皇后。志计

已定，人有劝术使遂即帝位，露布天下，答言“曹公尚在，未可也”。后孤讨禽其四将，获其人众，遂使术穷亡解沮，发病而死。及至袁绍据河北，兵势强盛，孤自度势，实不敌之；但计投死为国，以义灭身，足垂于后。幸而破绍，枭其二子。又刘表自以为宗室，包藏奸心，乍前乍却，以观世事，据有当州，孤复定之，遂平天下。身为宰相，人臣之贵已极，意望已过矣。

今孤言此，若为自大，欲人言尽，故无讳耳。设使国家无有孤，不知当几人称帝，几人称王！或者人见孤强盛，又性不信天命之事，恐私心相评，言有不逊之志，妄相忖度，每用耿耿。齐桓、晋文所以垂称至今日者，以其兵势广大，犹能奉事周室也。《论语》云：“三分天下有其二，以服事殷，周之德可谓至德矣。”夫能以大事小也。昔乐毅走赵，赵王欲与之图燕。乐毅伏而垂泣，对曰：“臣事昭王，犹事大王；臣若获戾，放在他国，没世然后已，不忍谋赵之徒隶，况燕后嗣乎！”胡亥之杀蒙恬也，恬曰：“自吾先人及至子孙，积信于秦三世矣；今臣将兵三十余万，其势足以背叛，然自知必死而守义者，不敢辱先人之教以忘先王也。”孤每读此二人书，未尝不怆然流涕也。孤祖、父以至孤身，皆当亲重之任，可谓见信者矣，以及子桓兄弟，过于三世矣。

孤非徒对诸君说此也，常以语妻妾，皆令深知此意。孤谓之言：“顾我万年之后，汝曹皆当出嫁，欲令传道我心，使他人皆知之。”孤此言皆肝鬲之要也。所以勤勤恳恳叙心腹者，见周公有《金縢》之书以自明，恐人不信之故。然欲孤便尔委捐所典兵众，以还执事，归就武平侯国，实不可也。何者？诚恐己离兵为人所祸也。既为子孙计，又己败则国家倾危，是以不得慕虚名而处实祸，此所不得为也。前朝恩封三子为侯，固辞不受，今更欲受之，非欲复以为荣，欲以为外援，为万安计。

孤闻介推之避晋封，申胥之逃楚赏，未尝不舍书而叹，有以自省也。奉国威灵，仗钺征伐，推弱以克强，处小而禽大。意之所图，动无违事，心之所虑，何向不济，遂荡平天下，不辱主命。可谓天助汉室，非人力也。然封兼四县，食户三万，何德堪之！江湖未静，不可让位；至于邑土，可得而辞。今上还阳夏、柘、苦三县户二万，但食武平万户，且以分损谤议，少减孤之责也。

现将这篇文章翻译如下：我被举为孝廉时，年纪正轻，目空一切，自认为不是那种隐居深山而有名望的人士，特别担心被天下人视为平庸无能之辈，所以想当一个郡的太守，把政治和教化搞好，名闻天下，让世人都知我心。所以我在济南任国相时，革除弊政，公正选拔、推荐官吏，意料之中的，我触犯了那些朝廷的权贵，因而被豪强权贵所恨，我唯恐给家族招来灾祸，所以托病辞职还乡。

辞官之后，仍然很年轻，当我看到与我同年被荐举的人中，有的已五十多岁，还没有被人称作年老时，就内心衡量起来。从现在起，再过二十年，待天下安定太平，我才和那些人的年纪一样。想到这里时，就很欣慰，所以返回家乡，长年不出，在谯县东面五十里的地方建了一座书房，计划在秋夏读书，冬春打猎，只希望得到一点微薄的田地，想老于荒野、与世隔绝。然而，这个愿望并未实现。

后来我被朝廷征召做了都尉，又调任典军校尉，心里忽然就想为国家建功立业了。我当时的志向只是希望封侯，当个征西将军，死后在墓碑上题字说："汉故征西将军曹侯之墓"。然而，忽然遇上董卓作乱，各地纷纷起兵讨伐。这时我完全可以不限量地招集兵马，可我却常常裁减，不愿扩充。为什么呢？因为兵多会意气骄盛，要与强敌抗争，即使胜利后，自己也会成为祸端。凝视深渊过久，深渊会回以凝视。所以在汴水之战时，我部下只有几千人。后来到扬州再去招募，也仍不过三千人，这是因为我虽然有志向，志向却不远大。

后来我担任兖州刺史，击败兖州境内的黄巾军，收编了三十多万人。

恰好袁术在九江称帝，部下向他称臣，改称城门为建号门。衣冠服饰都按照皇帝制度，两个老婆争先恐后当皇后。计划已定，有人劝说袁术立即登基，向天下人公开宣布。袁术却回答说：“曹公（就是我呀）尚在，还不能这样做。”此后我出兵讨伐，捉了他四员大将，抓获了大量部属，致使袁术力量耗尽，土崩瓦解，最后一病而死。待到袁绍占据黄河以北，兵强马壮，我自己的力量，实在不能和他匹敌；可一想到我这是为国献身，维护正义，这样足以留名后世，于是我不自量力向袁绍开战，幸而打败了袁绍，还斩了他的两个儿子。还有刘表，自以为是皇室后裔，奸心在怀，忽进忽退，阳奉阴违，占据荆州，我又平定了他，才使天下太平。我凭借这些功劳当上宰相，作为一个臣子已经显贵到极点，这俨然已超过我原来的理想啦。

今天我说这些，好像是在自吹自擂，其实就是想消除人们的非议，所以才无所隐讳。倘若国家没有我，还不知道有多少人称帝，多少人称霸！或许有人看到我势力强大，又生性不信天命，就私下菲薄我有夺取帝位的野心，这种胡说八道，常让我心神不宁。齐桓公、晋文公名声之所以被传颂至今，是因为他们虽然力量强大，却仍尊重周朝天子啊。《论语》上有话：“周文王虽已取得了三分之二的天下，但仍能尊奉殷王朝，他的道德可说是无比崇高的。”因为他能以强大来侍奉弱小，以诸侯侍奉天子，从前燕国的乐毅投奔赵国，赵王想与他图谋攻打燕国。乐毅跪伏哭泣，说：“我侍奉燕昭王，就像侍奉大王您，我如果获罪，被放逐到别国，就是死也不忍心谋害赵国的普通百姓，何况是燕国的后代呢？”秦二世胡亥要杀蒙恬时，蒙恬说：“从我的祖父、父亲直到我，都受到秦国的重用。现在我领兵三十多万，力量足够背叛朝廷，但是我明白即使死也要恪守君臣之义，不敢辱没先辈的教诲和尊严，而忘记先王的恩德。”我每次阅读有关这二人的书，总会悲伤流泪。从我祖父、父亲直到我，都担任皇帝的亲信和重臣，可以说是被充分信任的，到了曹丕（我儿子）兄弟，已经超过三代了。

这些话，我不是只对你们说，还常常对我的大老婆、小老婆们说，让她们都深知我的心意。我告诉她们：“我死之后，你们都要改嫁，以传述我的心愿，使天下知道。”我这些话全是发自肺腑，我之所以絮絮叨叨地说这些话，是看到连周公都有《金縢》之书以表明自己的心迹，这是唯恐别人不相信自己的缘故。但要我就此放弃所统率的部队，把军权交还中央，回到武平侯的封地去，这实在是不行的啊。为什么呢？我实在是怕放弃兵权后会遭到别人的谋害。这既是为子孙打算，也是考虑到一旦自己垮台，国家会有倾覆的危险。因此不能贪图虚名而使自己遭受真正的祸害。这是不能干的啊。先前，朝廷封我的三个儿子为侯，我坚决推辞不接受，现在我改变主意打算接受它，我不是想凭这让我的荣耀更上一层楼，而是想以他们作为外援，确保安全。

每当我读到介子推逃避晋文公的封爵、申包胥逃避楚昭王的赏赐时，就会放下书本万分感叹，然后反省自己。我仰仗着朝廷威望，代表天子出征，以弱胜强，以小博大。想要办到的事，做起来无不心想事成，心里有所考虑的事，实行时无不成功。就这样扫平了天下，没有辜负皇帝赋予我的使命。这可说是上天在扶助汉家皇室，不是人力所能企及的。然而我的封地占有四个县，享受三万户的赋税，我有什么资格享受这些？现在天下还未太平，我不能让位。至于封地，却可以辞退一些。现在我把阳夏、柘、苦三县的两万户赋税交还给中央，只留下武平县的一万户足够了。希望以此来平息诽谤和议论，让对我的指责少点吧，如此我就知足了！

这篇曹操自述其大半生的生平和人生观的文章，写得非常有意思。曹操不停地在说自己的理想并不远大，年轻时最大的理想只是想做个将军，阴差阳错之下，他才混到了帝国宰相的位置。这就是曹操的人生观：人的理想非一蹴而就，要循序渐进，最重要的是，人大多数时候都是被时势推着走的，时势造英雄。

曹操这篇文章的最后三段很有现实意义。首先，他指出，如果不是老子我，天下不知有多少人称孤道寡；其次，他又重点强调，对于政敌们的攻击，他不可能放弃兵权，所以让那些别有用心的人不要胡思乱想；最后，他避重就轻地说，虽然他不放弃兵权，但可以放弃一些物质财富。

赤壁之战给曹操的人生财富正体现在这篇文章中，他的骄傲心开始收敛，认为自己只是被时势推出来的英雄，同时他更加坚信的一点是：枪杆子里出政权，没有枪杆子，其他都是扯淡。最后，也是最宝贵的人生财富，就是对物质利益的轻视。然而我们千万要冷静对待这种轻视，这种轻视是在大权在握的前提下的轻视。因为一旦有权，得到利益是水到渠成的事，不必急在一时。

《述志令》写完的第二年（公元211年）春，五十七岁的曹操从赤壁之战的噩梦中醒来，他要再战江湖，目标是关中。

第八章

再战江湖

以打张鲁的名义

赤壁之战前，曹操为了心无旁骛地对付荆州刘家班和江东孙权，就派人把关中大佬马腾请到许昌。正因为暂时稳定了关中马家帮，他才敢南下取荆州，并和孙权开战。

赤壁之战后，曹操每每回想此事，就心惊肉跳。马腾虽然进了中央朝廷，名义上回归东汉帝国，可天下人都知道，马家帮有自己的小算盘。尤其是马腾，还有曹操的老友、仅次于马腾的关中老二韩遂。

当曹操在许昌和邺城恢复力量，并对孙权和刘备进行战略性防御时，马超和韩遂开始向中央朝廷挑衅。他们以各种诡计驱逐了曹操安排在关中的官员，依仗着关中的富裕和武装力量，虽然在名义上仍然听命于中央，但实际上已经脱离了曹操的控制。

公元211年春天，曹操恢复了力量，决心对关中的马超和韩遂采取军事打击。但他不能如打孙权和刘备一样直接开战，因为孙权和刘备是叛贼，人人都可以鸣鼓而攻，可马超和韩遂却不是，他们名义上从属于中央朝廷，并没有如孙权和刘备那样明目张胆地背叛。

这让曹操很头痛，在和幕僚们商议了一个多月后，才算有了方案。

这个方案就是，打汉中的张鲁。张鲁是黄巾军的一支，据说有比诸葛亮还神奇的法术，他有领导和组织才能，这两种才能使他的势力如滚雪球般发展。曹操要揍他时，他已经占据了汉水上游大部分地区，控制区内民丰粮足、人才济济一堂。张鲁和关中的那些军阀一样，都曾向曹操控制的中央朝廷表示臣服。然而，张鲁和关中那些军阀不一样的是，曹操在赤壁兵败后，他就宣布脱离中央的管控，只差自立为王了。

曹操揍张鲁这个叛贼，看上去没有问题。可如果我们看下地图就会发现，曹操脑子进水了才会先揍张鲁。

张鲁控制的区域离曹操很远，曹操若想进入张鲁的控制区，必须先经过以马超为首的关中十几个大小军阀的控制区。

就是说，曹操肯定要向关中军阀们借道。而借或者不借，就成了关中军阀们是否听命于中央的直接证据。

关中军阀们慌了，马超急了。

曹操以皇帝刘协的名义向关中军阀们下圣旨，要他们给路过的曹丞相兵团提供补给。提供补给是小事，接到圣旨后的马超质问朝廷（其实就是质问曹操）："凭什么路过我们的地盘？"

曹操阴阳怪气地回复道："什么叫你们的地盘，普天之下莫非王土，率土之滨莫非王臣，你们既然是中央朝廷的人，中央朝廷给你们脸，向你们借路，你们敢不借？难道想造反？"

马超立即回复："老子就是造反了，怎么着？"

曹操大喜道："哎哟，你可要考虑清楚啊！"

马超不再回复，反意已决。他召开关中军阀会议，参加会议的有十几个军阀，除了韩遂外，其他人都坚定地选择反叛。

韩遂有苦衷。一年前，他按传统派使者到邺城见丞相曹操，曹操非常优待他的使者，还给韩遂写了一封感情浓厚的信，信中说：关中军阀中最有人情味的就是韩遂，最识大局的也是韩遂。最后，曹操希望韩遂能来中央朝廷辅佐皇上。

韩遂被夸奖得找不着北，感动之下，就把自己的亲儿子送到邺城做了人质。如今，他想到儿子，反叛的火焰很难燃烧起来。

马超深知韩遂的苦衷，就感同身受地劝解他说："你有儿子在曹操手中，我也有爹在曹操手中。儿子死了可以再生，爹死了可就没有了。可我为了关中百姓，仍要舍弃爹而反抗曹操，你应该向我学习。我没有了爹可以把你当爹，你没有了儿子可以把我当儿子，你我情同父子。"

马超劝韩遂认他为儿子时，韩遂的亲儿子来了封信。信的开头是：阿爹，你我情同父子，你在关中欣赏大漠，我在许昌独饮冷酒，曹丞相待我如父，希望你能待我如子。

韩遂看到信哭了，马超说："这信是假的，你儿子本来和你就是父子关系，怎么说情同父子，这显然是曹操写的。"

韩遂老泪纵横，问马超："你就不担心你爹？"

马超说："做大事的人，一个爹算什么。"

韩遂只好点头说："那我暂时也当回畜生吧。"

于是，马超、韩遂和关中十几个军阀联合起来，向曹操宣战。

曹操立即出兵迎战。临行前，他把儿子曹丕扶上副丞相的宝座，稳定后院。然后找到马超的老爹马腾，摆出一副痛苦的表情说："看你儿子马超，你在中央朝廷，他就敢造反，他连爹都不顾了。"

马腾只能拍案而起，气汹汹地说："这个逆子！"

曹操说："我去帮你教训他。"

马腾请求曹操："还是要留他一条命啊。"

曹操安慰马腾："当然，毕竟他是你儿子嘛。"

公元211年阴历七月，曹操统率他新训练出来的兵团，踏上了征讨马超、韩遂的路。阴历八月，曹操兵团抵达位于渭水和黄河交汇处南部的潼关，关中军阀在马超和韩遂的主导下正严阵以待。

曹操将全部兵力集中在潼关，给马超的感觉是，曹操要在此和关中军阀们一决生死。马超也只能集结所有兵力在潼关，由于军阀们各自为政，没有统一领导，所以潼关马场成了人喊马嘶的菜市场。

曹操向马超喊话说：“现在让开一条道路，还来得及。我是去打张鲁，你慌张什么？”

马超回话给曹操：“我看你打张鲁是借口，逼我们造反才是你的真实目的。”

曹操把马腾搬了出来，说：“你爹给你写了封信，我读给你听：儿子，你我情同父子，怎可将我抛弃……”

马超从城上射出一支箭矢，让曹操闭嘴：“少来这套，要打赶紧打，别废话！”

曹操当然要打，但不是打潼关。他在潼关集结全部军队，是在迷惑马超。况且，如果真和马超兵团开战，曹操也讨不到便宜。

马超率领的关中兵团，骁勇善战，他们的武器是长矛，能防能攻，一般部队真不是他们的对手。

所以当马超的全部兵力在潼关集结完毕后，曹操就偷偷派大将徐晃和朱灵率领步骑混合兵团四千人，从渭河河口顺流南下，由南向北渡河，再向北行进四十里抵达马超没有防守的蒲坂渡口（今山西永济市蒲州镇），然后进入左冯翊（治所在今西安市西北），马超在此仍没有任何防御，徐晃和朱灵确定此地安全后，向曹操报告。

曹操立即下令，全军向左冯翊移动。马超可不是傻子，他觉得曹操在潼关鬼鬼祟祟，肯定有问题。经过查探，他终于发现了玄机。

一有发现，立即行动，双方的战争正式打响。

反间计

曹操如蚂蚁搬家似的让主力分批渡过黄河，最后一批过黄河时，曹操带领一支百人卫队殿后，马超带着万余长矛兵杀了过来。

曹操卫队闻听马超来了这么多人，全都吓得脸色发白。曹操安慰他们说：“不要怕，咱们背后就是黄河，这叫背水一战，不会输。”

卫队展开队形，严密保护着曹操。曹操则拿了个胡床，泰然自若地坐在上面，但离他最近的卫士已经听到丞相如打鼓一样的心脏跳动声。

马超来到阵前，叫起来：“啊哈，曹操，你这个诡计多端的家伙，真要偷渡啊！”

曹操从胡床上抽出一本书来，虽然把书拿倒了，可却看得津津有味。马超下令长矛兵投掷长矛。

曹操卫队拿巨大的盾牌护住曹操和自己，长矛如冰雹般落在盾牌上，有的矛穿透盾牌，矛尖几乎和曹操的鼻尖亲密接触了。

曹操在盾牌后赞叹说：“关中的长矛果然名不虚传！”

赞叹完，马超的骑兵已经冲杀过来，曹操急忙下令：“将那些牛放出去。”

牛是食物，马超的骑兵团看到无数的食物向自己奔来，就暂时放过曹操，去抢牛。马超用鞭子抽打那些士兵，要他们先去捉曹操。

就在马超骑兵团抢牛时，曹操的卫队找到了黄河南岸唯一的船，他们把曹操扶上船，曹操的卫队长许褚跳上船，拼命向黄河北岸划桨。

马超骑兵追到黄河岸边和曹操卫队展开近战，曹操卫队个个都是搏击高手，可惜双拳难敌四手，最终全被马超骑兵消灭。

不过，他们没有白白牺牲。在他们全力抵抗敌人时，曹操的船已驶出好远。马超命令长矛兵投掷长矛，又令弓箭手射箭。这些投射武器可忙坏了许褚，他一手划船，一手用马鞍帮曹操抵挡长矛和飞箭。

曹操坐在船里，蜷缩成婴儿在子宫里的模样，听着长矛和飞箭射进船板的声音，那种声音既充满魅力又恐怖。这是曹操自被张绣背叛围追堵截后最危险的一次，他在船上感叹道："马超不死，吾无葬地也。"

船越划越远，曹操渐渐听不到箭声和长矛声了，就探出头问许褚："怎么回事？"

许褚擦着额头上的汗水回答："丞相，咱们已逃出了长矛和弓箭的射程。"

曹操从船里一跃而起，站到船尾向黄河南岸的马超兵团哈哈大笑，笑完后，他拿出胡床，坐上去，开始找那本刚刚看过的书。

当他抵达黄河南岸后，众将全跑过来抱住他悲喜交加。曹操却像个没事人一样，大笑着对诸将说："险些被小贼搞死，吓死我啦！"

就这样，曹操的部队巧妙地渡过黄河，避开万夫莫开的潼关，神鬼难测地绕到马超背后。紧接着，曹操统率主力向渭水移动，准备渡过渭水，进攻马超等军阀的后方。

马超只能被迫放弃潼关，将防线回拉到渭水以南，双方就以渭水为界对峙。马超是主场作战，不着急；曹操更不着急，他见识了马超长矛兵的野战能力，觉得打野战根本不是马超的对手，所以坚壁以待。

很快，曹操就施展诡计，他制造了一系列佯攻转移敌人的注意力，晚上则搭建浮桥运送一部分士兵过河，埋伏在渭水南岸，第二天，他假装要渡河与马超决战。马超从营地里带领长矛兵撒丫子似的奔向渭水岸边，想不到就在岸边，他被提前埋伏在那里的曹操兵团袭击，损失惨重。

曹操乘胜渡过渭水南岸与西凉兵团形成对峙。一系列的失败，让马超不得不重新审视这次反叛。其他军阀恐惧起来，对曹操的用兵如神印象深刻，他们不想把老命豁出去，和这样一个对手交战。于是，谈判模式开启。

马超向曹操提出条件说："只要你撤兵，我们每人割一块上好的土地给中央朝廷。”

曹操拒绝，他想的是，如果允许马超请和，关中还是游离于中央朝廷之外，他此次出兵的目的就是要把关中纳入中央朝廷的管理体系中。

马超大怒，派长矛兵出阵，要和曹操一战定胜负，曹操拒绝。马超无计可施，再向曹操乞和，增加了条件：每个军阀都会把儿子或者是老爹送到中央朝廷作为人质。

曹操对跟随的贾诩说：“马超这个家伙，他老爹就在中央朝廷他都敢反，这条件糊弄鬼啊！”

贾诩提议说：“倒不如假装应允，咱们指定韩遂来谈判，然后如此这般……”

曹操听了贾诩的一番话，拊掌叫好，连说：“妙妙妙！”

于是曹操邀请韩遂到军前谈判，二人刚见面，曹操就开始扯皮，谈人生谈大势谈旧友，就是不谈谈判事宜。韩遂也傻乎乎地跟着曹操的节奏，一会儿大笑，一会儿拍手。马超远远看着，百思不得其解。后来他又看曹操和韩遂说起悄悄话，韩遂摇头大笑，曹操向韩遂伸出拇指点赞。马超从疑惑变成惶恐。

两人在军前聊了半个时辰才各自回营，韩遂一回营，马超迫不及待地来问：“曹操和你谈了什么？”

韩遂说：“什么都没谈啊。”

马超急了：“半个时辰，什么都没谈？”

韩遂想了想，恍然道：“哎呀，忘记谈咱们投降的条件了。”

马超急的可不是这个，继续追问：“曹操什么都没说？”

韩遂恨不得抽自己一嘴巴，气急败坏地说：“他真什么都没说。我和他只是在叙旧聊天。”

马超不信，换作谁都不会信。他拿出真心实意来对韩遂说：“兄弟啊，咱们不是说好了，你我情同父子吗？你可不能和曹操私下谈条件啊！”

韩遂愤然道：“你把我当什么人了！”

马超只好假装相信，安慰了韩遂一会儿，就跑到关中那些军阀那里，说：“曹操和韩遂肯定私下谈好了条件，咱们怕是要被出卖。”

几个没脑子的军阀跳将起来，都说：“我们也去和曹操谈。”

马超立即觉察到，这个联盟要散伙。

两天后，曹操给韩遂送来封信，韩遂看完后就给马超看，意思是我可是清白的。马超发现，信有篡改涂抹的地方，就问韩遂：“这是怎么回事？”

韩遂说：“我收到时就是这样啊。”

马超冷笑一声，道：“老韩头，你当我傻啊，曹操写信怎么会胡乱修改呢。”

韩遂看到马超脸色变得很不好看，知道他更加怀疑自己了，不禁暴怒起来说：“小马仔，你当初发誓说你我情同父子，现在居然如此不信任我，我不配做你爹，你去找别的爹吧。”

马超也暴怒，大骂韩遂不讲规则，单独和曹操谈判。

韩遂甩袖离去，发誓绝不再和马超合作。马超急中生智，亲自给曹操写信，希望见面详谈。

这是虚的，马超计划的是趁和曹操见面时干掉对方。他有这个实力，曹操也知道他有这个实力。

在一番谋划后，曹操同意和马超见面。两人见面，曹操表现出十足的热情，对马超说：“我和你爹亲如兄弟，兄弟的儿子就是我儿子。儿子，你最近过得好吗？”

马超被气个半死，不仅是曹操占他便宜，更因为曹操身边站了个许褚。许褚的搏击功力不在马超之下，马超并非贪生怕死之辈，不过他担心打不过许褚，白白浪费了一条命，这很不值得。

刺杀不成，马超只能把精力用到和曹操的谈判上。

马超：“老曹，我们都向你投降。”

曹操：“儿子，你不是向我投降，是回归中央朝廷。”

马超：“算了吧，谁不知你是挟天子以令诸侯。”

曹操：“儿子，你们这些人对我都有误会，我有篇自传，你可以去看看。”

马超：“咱们谈正事，我们投降你，献出长安、洛阳，再给你些人质，如何？”

曹操：“长安、洛阳本就是中央的土地，人质可以造假。”

马超：“那你说怎么办？”

曹操：“我和你们这群军阀之间，只有一个办法可以解决。”

马超：“什么？”

曹操：“决一死战。”

马超大怒：“决战就决战，怕你不成。”

曹操：“赶紧回去准备吧。”

马超回到联军军营，把曹操的意思说给众人听，其他人议论纷纷，只有韩遂一言不发。

马超最后拍板：“和曹贼决一死战！”

马超本是当时的名将，智勇双全，但他的对手是曹操，所以注定失败。决战当日，关中联军一字排开，人多势众。曹操兴奋得发狂，部将们都疑惑地问：“丞相大人，对方这么多人，咱们应该担心才对，你怎么像打了鸡血？”

曹操止不住兴奋之情，说：“关中军阀大大小小几十个，分布广泛，若是一个个去揍他们，难度太大。如今他们都集中在一起，咱们省了很多力气，一窝端啊！”

诸将一听，连连点头称赞说：“改变看问题的角度，再大的问题也不是问题了。”

双方决战开始，曹操先以轻兵挑战，双方冲击混战，越来越多的关中联军进入战圈，马超眼看就要胜利，突然听到曹营鼓声大振，曹操的青州兵团齐出，从两侧夹击关中联军，联军如山崩地裂般溃败。曹操经此一战，将以马超为首的关中联军彻底打残。马超逃往凉州，一年后他死灰复燃，但没有恢复力量，仍被曹操打败。在曹操有生之年，马超再也没有对曹操产生任何威胁。至于韩遂，逃回凉州后不久，即在一场部下的兵变中被杀。

关中就此被曹操平定。

这是曹操亲自参加的最后一场重要战役，我们来分析下曹操的用兵思路。

曹操作为统帅亲自参加的战役不计其数，当年和董卓、黑山军、黄巾军进行过小规模的战役，后来又发起对徐州的战役，接下来和吕布、陈宫争夺兖州，又与张绣进行拉锯战，公元200年时和袁绍的官渡之战，公元207年和乌桓的白狼山之战，接下来的赤壁之战，还有这次大败马超的战役。

我们注意到的是，曹操凡是胜利的战役，都是剑走偏锋的突袭、侧翼攻击，狡猾地诱敌深入；凡是失败的战役，都是面对面地直接进攻。从中可以看出，曹操用兵，不善大规模兵团的硬碰硬，最擅长的是另辟蹊径的突袭和在正面战场之外开辟新战场。

曹操平定关中后，回到许昌大宴群臣。宴会上，有人问曹操："最初，虽然敌人控制了潼关，但通往渭河以北的道路却无人把守，而您却没有立即通过河东郡进攻左冯翊，反而将全部力量集中于潼关前，但不久后你又向北进军，这好像是多此一举。"

曹操解释道："马超守潼关，如果我们直接进入河东郡，马超必然守住黄河所有渡口，如此我们不可能顺利渡过黄河。所以我把他们引到潼关，一旦他们全部力量都聚集到潼关，我就可以通过快速移动牵着他们的鼻子走。倘若我直接进入河东郡，那就是他们牵制我。打仗必须要掌握主动，而绝不能跳进敌人的游戏规则中去。"

众人都夸赞曹操乃军神，曹操觉得，这个称谓自己受之无愧。

荀彧之死

对关中一连串的胜利，让曹操的威望到达顶峰。在回到许昌后，那个曾经帮过他的董昭扮演了一个重要角色。这回，他把曹操送上了人生巅峰。

董昭是曹操控制中央朝廷的实际负责人之一，另外一个则是荀彧。董昭在曹操战胜马超等关中军阀回许昌后向皇帝刘协提出，曹操功勋卓著，应该进封他为国公（魏公），备九锡。

这是许多人臣发疯做梦都想得到的殊荣，中国两千年帝制下的大臣，得此荣耀的凤毛麟角。皇帝刘协同意了董昭的提议，他不得不同意，因为曹操来要这种荣耀，他不敢不给。

不过，刘协还是做出了一点抵抗。他说："王莽也曾接受过这种荣耀，这不是个好兆头。"

刘协这话绵里藏针，潜台词是，王莽是汉帝国的叛徒，曹操也想做叛徒？

董昭不认可刘协的逻辑，他说："您就别废话了，让你干啥就干啥嘛。"

刘协浑身发抖说："曹操都不敢这样和我说话。"

董昭笑起来说："所以我才来说啊！"

刘协憋住内心的伤痛，吞下羞辱，同意董昭的提议。

董昭屁颠屁颠地向曹操报告了情况，并且热烈道贺。曹操欣喜若狂，但却不动声色。他表现出一直以来的民主作风，对董昭说："我需要征求一下我手下人的意见。"

所有人都认为这是众望所归，曹操正要高兴，荀彧站出来了。他把董昭劈头盖脸一顿骂，然后发表了一番自以为是维护曹操声誉的感言："曹公本兴义兵以匡朝宁国，秉忠贞之诚，守退让之实，君子爱人以德，怎么可以接受魏公这样的荣耀？！这明着是荣耀，其实是有损曹公的忠贞、退让之德。”

曹操的脸色很难看，大家都发现了，荀彧也发现了。但他没有退缩，而是语重心长地对曹操说：“您当初写过个人传记，口口声声说理想并不远大，只求耕耘不求名誉和收获。如果您今天被封为魏公，那不是抽自己的脸让天下人看笑话吗？有些别有用心的坏蛋，还会借此攻击你，甚至动用武力。”

曹操很不耐烦，对着荀彧，冷冷地说道：“你耳朵怎么了，不是我要做魏公，是皇上要封我魏公。”

荀彧说出了实情：“皇上敢不封吗？”

曹操深深吸一口气，终于憋住了愤怒的火。不是他不想发，而是把火转移到了孙权身上。

赤壁之战后，孙权吉星高照，好运连连，在开疆拓土过程中，已严重威胁到了曹操在淮南的地盘。

曹操决心反击。

公元211年，当曹操在关中和劲敌马超展开殊死搏斗时，孙权正在搬家。他将都城从京口（今江苏镇江）西迁至建业（今江苏南京）。公元212年，孙权又在通往巢湖的濡须口（今安徽无为县东北）建立水军基地，意图已很明显，他要和曹操争夺淮南。

曹操击败马超，从关中战场回师后，公元212年初冬，他已经做好了开战的准备。开战之前，曹操给孙权写了封信，信中频繁提及和孙权的往日交情（其实没多少），劝慰孙权步子别迈得太大，否则会扯着蛋。同时告诫孙权，刘备不是什么好鸟，你最大的威胁固然是我，可你最大的危险却是刘备。

孙权一眼就看出了曹操的用意，拆散孙刘联盟，然后逐个击破。此时，孙权和刘备的关系正处于蜜月期，曹操的计谋无法得逞。孙权也回信提醒曹操，赤壁之战后，我已知你不善水战，有种就来。

曹操暴跳如雷。公元213年春天，他统率主力经过寿春、合肥以及南部的巢湖抵达濡须口，一抵达即发动全面进攻。孙权下令全力抵抗。

不过，曹操这回有了赤壁之战的经验，他用主力困住濡须口，然后派机动部队不停骚扰孙权部队的补给线。孙权下令全线出击，结果中了曹操的埋伏，连指挥官都被曹操活捉。

曹操取得濡须口之战的大胜后不久，孙权就从老家率领七万水军反击。曹操兵团又显示出了在水上作战的无能，连连溃退。

曹操又故伎重施，派遣水军机动部队偷袭孙权，但孙权包围了这支曹军，光是俘虏就抓了三千人。

事实再一次证明，曹操的部队面对长江是无能和恐惧的，用后来曹丕的话讲就是，老天爷制造出长江，就是分割南北的。

双方僵持到春末，孙权给曹操写信警告说："季节性降雨就要来了，你的部队根本无法胜任这种环境下的作战，还是回去吧。"

曹操只能接受孙权的警告，他有自知之明，他给孙权回信说："你的水军真是天下无敌，我自愧不如。生儿子就应该生你这种。儿子，老爹我走了。"

这次对孙权的开战，曹操先胜后败，在淮南一线，他只剩个孤零零的合肥。不过，合肥这个据点为曹操立下了汗马功劳，之后孙权多次对合肥用兵，都无法取胜。它成了孙权北进的一道天堑，终其一生，都无法过线。曹操如果知道孙权如此废物，不知是否还会感叹"生子当如孙仲谋（孙权）"。

曹操没有时间感叹，因为就在这场对孙权的战争中，他伟大的第一谋士荀彧离开了人世。

荀彧的死，有两个版本。第一个版本是，当曹操向孙权开战时，他要求荀彧在后方（曹操的老家谯县）"劳军"。此时荀彧被曹操委以重任，身兼数职，似乎整个中央朝廷中，除了曹操之外，荀彧的官职最大。从这点来看，虽然荀彧阻挠曹操向更高荣誉进军，但曹操仍然信任他。

随着和孙权战事的南移，荀彧也跟着南移，曹操要他在寿春“劳军”。但当曹操在前线失利返回寿春时，荀彧出人意料地去世了。

曹操对荀彧的去世大为悲痛，在寿春几乎要哭死，无论别人怎么劝也不肯回许昌。

第一个版本的结论是，荀彧因受不了南方潮湿的气候而染病，自然死亡。但第二个版本却恰好相反，该版本指出，荀彧死于曹操的谋杀。

荀彧在寿春时，向前线的曹操请求见面，但曹操不允，虽然拒绝和荀彧见面，可曹操还是送了个食盒给荀彧。

荀彧很高兴地当着诸多下属打开食盒，那些下属发现荀彧的脸色变得铁青，呼吸急促，当他们探头来看食盒时，发现食盒是空的，什么都没有。

他们请教荀彧，荀彧苦笑说：“食盒的功用是盛放食物，如今里面没有食物，曹公的意思是，让我自采（裁）。”

几天后，荀彧去世，死因不明。

荀彧曾和侄子荀攸、贾诩在一起谈论过曹操接受魏公称号的事。荀彧坚持自己的主张，认为这是抹黑曹操，贾诩则让荀彧看清现实，即使曹公不接受这称号，实际上曹公仍是许昌乃至东汉帝国的主人。

荀彧寻求荀攸的支持，可荀攸一言不发。荀彧再问，荀攸干脆装起头晕症来。

曹操后期的这三个谋士，荀彧过于坚持原则，贾诩是个实用主义者，而荀攸则是个明哲保身的顶级帝王师。

其实荀攸看得很清楚，曹操称魏公和曹操无关，曹操手下一大批靠曹操吃饭的人，主人晋级，他们自然跟着升值，这就叫水涨船高。人在江湖身不由己，说的就是这个道理。

当然，人皆有虚荣心，曹操当然也喜欢魏公这个职务，所以，荀彧必须要死，不管怎么死，只要死了就成。

据说曹操渡江失败返回寿春，得知荀彧去世后，哭得死去活来，谁都劝不住。在马上要哭死时才终于“刹住车”，回到许昌，董昭立即找上门来，迫不及待地要给曹操搞封魏公的仪式。

曹操想了想，说：“这件事还是放一放，荀彧刚死，我就搞这一套，说不过去啊。”

这是曹操有良知的证明，当然，他是个实用主义者，之所以在此时不想称魏公，是因为还有更重要的事要做。

那就是汉中的张鲁。张鲁必须要被彻底铲除，而铲除张鲁也不是曹操的最终目的，他的最终目的是铲除刘备。

击败张鲁

赤壁之战是刘备苦尽甘来的转折点，赤壁之战后，由于孙权势力撤出长江中游，刘备趁势补上，他将总部迁到湖北公安，开始眯着眼寻找更广阔的天地。

刘备的人生经验是，倒霉时喝凉水都塞牙，一旦时来运转，心想事必成。曹操去关中和马超打架时，诸葛亮建议他趁此良机穿过三峡进入益州，攻击益州牧刘璋以扩大地盘。孙权也有这种想法，而且孙权都想好了，取得益州后如何分配。可刘备流着滂沱的眼泪否决了两人的见解。他啜泣着说：“刘璋是皇族后裔，攻击他，如同猪八戒吃猪肉一样，我怎么能忍心这样做啊！”

刘璋的确是皇族后裔，而且一直靠着祖上吃饭，他天性懦弱，经常分不清好歹，之所以还能控制益州，全在于益州的特殊地理位置和当时各军阀争霸还未波及此处。

孙权险些被感动，可他根本不知道刘备的奸计。刘备是既想当婊子，又想立牌坊。当时的天下，除了益州，其他地盘要么是孙权的要么是曹操的，刘备如果不找个稳固的根据地，等曹操和孙权缓过劲来，还会把他打成丧家狗。他之所以哭着说不忍打益州，是因为打下来后还要分孙权一部分。

正当刘备内心极度纠结时，霉运当头的刘璋居然鬼使神差地送上门来，他竟然请求刘备前往益州，帮他对付境内的张鲁，还有即将到来的曹操。

刘备兴奋地狂呼乱喊，泪眼婆娑，默默感谢上苍。刘璋还未收到他的回信，他就已留下关羽经营荆州，自己发羊角风似的跑去了益州。

刘璋热情地感谢刘备来帮忙，刘备激动得流泪，浑身颤抖。刘璋把自己的计划说给刘备听，他希望刘备能用自己的力量击败益州汉中郡的张鲁，然后守住秦岭通道防御敌人曹操。刘璋自信地对刘备说："只要你的荆州（部分）和我的益州联合，绝对能对付北方的曹操。"

刘备对刘璋的无脑印象深刻，他拼命地称赞恭维刘璋，刘璋被刘备吹捧得非常舒服，把益州的一半军权交给刘备，要他去讨伐汉中张鲁。

刘备把据点设在四川剑阁，他一直在和张鲁打仗，可永远无法取胜，最让刘璋惊诧的是，刘备每次失败都没有损失。在经过详细调查后，刘璋肝火大动，原来刘备正在偷偷发展和巩固自己的地位和兵力。更有确切情报说，刘备正等待时机向刘璋开战，取代刘璋在益州的统治。

刘璋从根据地成都向刘备发出责备，说他不务正业，阳奉阴违。刘备力量还不足以和刘璋抗衡，慌忙向刘璋解释说："你肯定没有看过我的工作简历，从我起兵到现在，从来没有打过一场像样的仗。"

刘璋说："我知道你窝囊，可从来没想过你会窝囊到这个地步。"

刘备羞愧地一笑说："惭愧，惭愧！"

不久，刘备觉得准备完成，就对刘璋说："曹操正在进攻孙权，孙权向我求救，我要回荆州，请你提供给我兵力和军事物资。"

刘璋大笑，说："少忽悠我，曹操在长江流域根本打不过孙权，孙权不可能向你这个废物求救。"

刘备以此为借口，迅速起兵从汉中直奔成都。刘璋再度大笑，说：“我如果对付不了你这个废物，我就不姓刘！”

正如刘璋所料，在刘备疯狂的进攻下，一年后，成都纹丝不动。公元214年，诸葛亮和张飞赶到成都城下，三人合力进攻刘璋。刘璋领导下的成都依然坚挺，刘备开始发疯，让部下在益州其他地区烧杀抢掠。

刘璋不忍心益州百姓受苦，以向刘备投降的条件让刘备停止烧杀抢夺。刘备同意刘璋的投降条件，还声称可以让刘璋安享晚年。刘璋放下武器，走出了成都城。就此刘备得到了益州。

这是刘备有生以来第一次靠自己的力量得到一个巨大的州，他兴奋得发狂，下令军队抢掠城市，将国库打开，拿出金银珠宝奖赏他的将士们。

这时，刘备似乎忘了他的皇族身份，他把自己塑造成了一个强盗头目。站在益州的最高处，他发出恶狼般的号叫：“老子终于有老巢了！”

这声喊叫，意料之中地把曹操招来了。

曹操死都想不明白，为什么从前的窝囊废刘备会在几年时间里发展得如此迅速，居然神鬼莫测地把益州给占了。他问荀攸和贾诩：“是不是诸葛亮给刘备带来了好运和智慧？”

荀攸说：“诸葛亮的确是个人才。”

贾诩补充道：“但也只是个人才，还谈不上大师。”

曹操就更纳闷了：“那么，刘备是怎么发展起来的？”

荀攸和贾诩一起回答：“坚持和豁得开脸面，是刘备成就大事的两个要素。因为老天爷会给这种人最好的运气。”

曹操说：“人靠运气能走多远？咱们去会会这个笨蛋，先打张鲁。”

进入张鲁占据的汉中郡，对北方的曹操而言并非易事。穿越秦岭的道路不计其数，可都过于狭窄，最宽阔的地方只能容纳两个骑兵并行，运送军事物资的车辆根本无法通过。正因为如此，张鲁在这些地方没有设置任何强有力的防御。其中有一条被称为子午道的狭窄道路，可以从长安南下直插张鲁的老巢南郑（今汉中南郑区）。

不过，曹操并没有选择这条路，他说：“如果我能想到这条路，张鲁也能想到。”

他采用了出其不意的方式。公元215年阴历三月，曹操从长安向西，抵达陈仓（今陕西宝鸡市东），然后南下从武都（今甘肃成县西）进入少数民族氐人居住的地区。在和氐人进行了一番惨烈交战后，本年阴历七月，才抵达阳平关（今陕西勉县西北）。

张鲁这个道教门徒吓得魂飞魄散，也忘了自己还有法术，即刻就想向曹操投降。他弟弟张卫比他清醒，劝他说：“曹操还在阳平关，你就投降，能得到什么好条件。不如和曹操打几仗，让曹操知道我们的厉害，这样投降时才好讨价还价。”

于是，张卫率领数万兵马赶到阳平关，据关死守，又沿山筑了十余里的长城。曹操一看，傻了眼，被张卫经营后的阳平关已成铜墙铁壁。

曹操在做了几次象征性的进攻后，就准备撤军。可戏剧性的一幕来了。当曹操下令撤兵时，其中两支分队不知怎么冒冒失失地钻进了张卫的一支防御部队分部，双方一接触，张卫的士兵掉头就跑。曹操部队乘胜追击，冲破了张卫防御，进入阳平关。

张卫急匆匆地撤回南郑，张鲁见大势已去，再次准备投降曹操。可又有人劝他，此时投降也是城下之盟，还不如逃亡巴中（今四川嘉陵江、渠江上游地区），去依附那里的少数民族，到那里后再和曹操谈判。

张鲁说：“我现在还有什么条件谈判？”

谋士们说：“有啊，把南郑的仓库留下。”张鲁的南郑仓库有不少好东西，曹操进入南郑后，发现张鲁并未焚烧仓库，至为感动。

与此同时，张鲁也写信给曹操说：仓库是我故意留给你的。

曹操这回当着全天下人的面表示出对张鲁义举的感动，然后邀请张鲁回归中央朝廷。公元215年阴历十一月，张鲁有条件地向曹操投降，他和其诸多部属被纳入中央官僚体系。与此同时，巴中地区的少数民族首领也纷纷归附曹操。

至此，曹操取得了汉中的管辖权。汉中是益州的北大门，没有汉中，刘备的益州就门户大开，四面透风。刘备只能反击，必须从曹操手中拿到汉中的统治权。

刘备在整军备战时，曹操方面也有人主张先发制人，趁着夺取汉中的胜利快速南下成都，干掉刘备。

有此主张的人就是曹操的秘书（丞相主簿）司马懿。司马懿是曹操年轻时的贵人之一司马防的次子，年轻时就有心怀天下的壮志。公元201年，曹操征召他到中央做官，但司马懿认为汉帝国气数已尽，不想为之陪葬，所以拒绝出山。七年后，曹操做了帝国丞相，再征司马懿来中央朝廷做官，并且警告司马懿，如果再不出来做官，就废了他。

司马懿懂得保身之道，只好出山。由于他忠于职守，工作起来废寝忘食，并且聪明伶俐，很快得到曹操的欢心，做了曹操的秘书。

曹操对司马懿有一种说不出的感觉。这种感觉随着司马懿出的主意的增多而增强，让他觉得司马懿虽然是个幕僚，可和荀彧、贾诩等人迥然不同。世界上有这样一种人，自带气场，即使他做着很低微的工作，你也能快速发现这种气场。

司马懿建议曹操说："刘备用诈术夺占益州，四川人还未真心归附他，这是一个绝好的机会。今天克定汉中，益州震动。如果我们能乘胜进兵，刘备势必瓦解，此机不可失。"

曹操一言不发。

司马懿再分析说："如果此时不打刘备，拖下去，诸葛亮明于治国，关羽、张飞勇冠天下，益州人一安定下来，上下齐心，据险守要，就难办了。今天不取益州，必成后辈忧。"

曹操感叹道："人心不足蛇吞象啊，既得陇，又望蜀，还是算了吧。"

曹操批评司马懿得陇望蜀，人应该知足，这是场面话。他何尝不想拿下刘备的益州，可形势不允。孙权正在围攻合肥，合肥守军不满万人，军情万分紧急，哪里有心思在西边和刘备纠缠。几年来，曹操一直在西方用兵，主力全在西方，倘若东南出了差错，那绝对是得不偿失。

最让曹操忧虑的是，刘备与孙权平分了荆州，结成联盟，孙权围攻合肥正是这个联盟在发挥作用。当曹操要回师解救合肥时，刘备马上驱逐了曹操在巴中布置的官员。合肥方面虽然因为张辽的抵抗而让孙权退走，可曹操仍然没有想过要与刘备争夺益州，这年阴历十二月，他回师邺城，留下重兵防御南郑。

对曹操而言，虽然这场对张鲁的战争赢了，然而，更大的威胁已经到来，那就是刘备。他拖着沉重的身体回到邺城，董昭再次找上门来，对头痛得龇牙咧嘴的曹操说："别称公了，直接举行封王仪式吧，冲冲喜！"

曹操点了点头说："好啊。"

公元216年阴历五月，皇帝刘协主持曹操的封王仪式，同时赏赐给曹操大量城池。曹操开始以魏王的名义统治魏国，这个魏国则成了后来魏帝国的雏形。

曹操在封王仪式上迷迷糊糊，当有人告诉他，仪式已经结束时，他恍恍惚惚地看到了荀彧那张臭脸，这让他惊了一下。再回过神来时，他又看到刘备和孙权，正举着砍刀向他冲来。

他猛然警醒，对部下们说："天下还未统一，诸位还须努力。"

与孙权和解

公元216年阴历十月，六十二岁的曹操忍着头痛重启对孙权的战争。不过，曹操这次进军的速度异常缓慢，这是从来没有过的事。没有人知道曹操到底在想什么，有聪明人甚至觉得曹操是为了打而打。

曹操行军一个月后才抵达家乡谯县。在谯县养尊处优一个多月后，他才慢悠悠地出发，几天后抵达居巢（今安徽巢县东北）。

孙权在长江西岸的濡须口早已进入战备状态。

曹操在濡须口吃过亏，所以这次他汲取经验教训，只在陆上和孙权展开战斗。不过，他没有占到任何便宜，即使孙权的水军因长江风浪受到重创，曹操也没有抓住机会将孙权一举击溃。

这场战争，乏善可陈。曹操似乎一直无法进入状态，他巡视各军营时，士兵们已见不到他的任何风采。他精神萎靡，龇牙咧嘴，那是在忍受剧烈的头痛。

孙权对这场战争也提不起任何兴趣，他的水军因一场长江风浪损失惨重，再也无法支援陆军作战，他索性就不支援了。任凭陆军和曹操的青州兵团在陆地上厮杀，双方互有胜负，失败的没有气馁，胜利的一方也没有任何欣喜感和荣誉感。

双方就这样打打停停地坚持到公元217年阴历三月，瞎子都看得出来，曹操吞不掉孙权，孙权也无法将家门口的曹操打跑，如果两方再这样半死不活地打下去，打到世界末日也不会出任何结果。

公元217年阴历三月初，曹操开始收拾帐篷，陆续撤军。三月中旬，曹操和最后一批军队撤出战场。孙权兴奋地跑到前线给曹操送行，还让人给曹操带了几斤江东特产，以一种奇异的语调询问说："老曹，怎么啦，咋还突然就走了，不打了？"

曹操看着孙权那副嘴脸笑出了猪叫声，说："小孙啊，你这个白痴，好好看看你的边境线！"

孙权就按曹操的指引去看，立即大惊失色。曹操并没有将军队全部撤走，而是在合肥一线留下了二十六个军团，形成了一道超级防线，负责这道防线的是曹操的心腹大将张辽和曹仁。

这是曹操想出的新战略。孙权固然不担心曹操这些军队的进攻，可如此大量的军队就在他家门口，不但驱逐很难，还要时刻提防他们。孙权只能将全部精力用在防御这支装备精良的曹军上，其他什么都做不了。

这就好像一群无赖住在你家门口，虽然他不打你，可你也不敢出门。因为你不知道自己出门后，这些无赖会干出什么事来。

孙权现在就面临这种困境，他不可能永远不出门，因为他的西边，刘备正像头饥饿的猪一样，在咻咻地扩张。

“不怕贼偷，就怕贼惦记”，这正是曹操给孙权的最好礼物。孙权很快就受不了了。

曹操回到邺城不久，孙权就派出使节抵达邺城，和曹操谈判。曹操非常高兴能和孙权谈判，因为如果能稳住孙权，他就可以再对刘备用兵，同时还有机会拆散孙刘联盟。

孙权的使者带着江东特产抵达邺城，曹操一边吃，一边和孙权的使者谈条件。

曹操提出的条件是，孙权要承认东汉帝国的统治，并且亲自来中央朝廷做官。如果孙权能做到这点，他就把布置在合肥一线的部队撤回，只留少量驻军。

孙权使者只同意前一半：承认东汉帝国的统治，但孙权不能来中央朝廷做官，因为孙权的肚子对北方的水土很不适应，总是拉稀跑肚。

曹操吃掉最后一只大闸蟹，让使者去休息，他开始头痛了。

荀攸和贾诩、程昱来劝说他：“孙权这孙子不可能像当初的马腾一样，冒失地来中央。我们现在也没这个能力让他来，能结成联盟，就已是烧高香了。”

司马懿不认可三个同事的窝囊言论，他对曹操说：“您代表的是中央朝廷，孙权和刘备都是叛徒。对待叛徒，谈判不是目的，而是手段。我们只要先稳住孙权，集中力量干掉益州的刘备，再掉头回来揍孙权，天下即可统一。”

曹操盯着司马懿，忽然冷冷地说了句：“就你聪明！”

司马懿立刻闭上了嘴。

曹操虽然训斥了司马懿，可还是认可了他的见解，同意孙权的条件。于是，双方结盟，曹操适时提醒孙权：“刘备现在拥有荆州的一半，还有整个益州，关羽在荆州对你的另一半领土虎视眈眈，你要防范啊。”

孙权回复说：“我当然要防范，你从合肥一线撤走主力，我就着手对付刘备。”

孙权说谎了，曹操将部队从合肥一线拉回北方后，孙权毫无动静。但曹操是个行动派，他决心先向刘备动手。

不过在动手前，他有个大问题需要解决，这个大问题就是接班人问题。

接班人

中国历史上的帝王将相，无论贤愚，都会被接班人问题困扰。只有一种方法可以解决这个问题，那就是少生几个孩子。但如你所知，大权在握的人做不到这点，因为权力是世间最有效的春药。那些有权有钱的人，性欲和生殖能力都异于常人，比蟑螂还恐怖。

曹操的女人有据可查的有十四人，除了第一任大老婆丁夫人没有子女外，其他女人给他生了二十八个子女，这二十八个子女中共有二十五个儿子。曹操最喜欢的儿子是小老婆环夫人生的曹冲，可惜曹冲在公元208年去世。曹操当时哭得稀里哗啦，他本来是把曹冲当成继承人培养的。实际上，曹操的儿子寿命都不长，活着活着不知什么原因就死了。当曹操在公元217年要安排接班人时，他发现除了死掉的以及始终不被他看好的，只剩下两个人选，一个是法理上的第一继承人曹丕，令一个则是曹丕的亲弟弟曹植。

两人都是曹操第二任大老婆为其所生，但性格却大不相同。曹丕有很强大的自我管理能力，懂得在任何时候，尤其是在父亲曹操面前克制情绪。他弟弟曹植则更像老爹曹操，放荡不羁爱自由，更像老爹的一点是，曹植天生就有文人气质，诗文歌赋样样精通，这就更能得到同样具有文人气质的曹操的偏爱。

因为曹操的偏向，曹丕和曹植短兵相接。开始占上风的是曹植，因为曹操喜欢他的文才，同时曹植身边又聚集了很多出色的幕僚和朋友，最有名的当属杨修，这是个每根发丝都充盈着智慧的人。

杨修是袁绍的外甥，投靠曹操后，很快就展露出超级智慧，受到曹操的喜爱。杨修有种特殊的本领，能快速探析别人的心理，尤其是对曹操，简直是曹操肚里的蛔虫。比如曹操故意杀过一个侍卫，以此来警示他人，自己睡觉时千万别靠近。杨修却扬扬得意地说："曹公不在梦里，侍卫在梦里啊！"

有人建造了一扇门，曹操在门上写了个"活"字，荀彧、贾诩等人都不说话，杨修却笑眯眯地说："门里一个活字，这是嫌门太宽了！"

曹操发现了杨修的聪明，就让他和司马懿一起担任自己的秘书。杨修和曹植关系好，所以很希望曹植能在这场夺嫡战争中取得胜利。

事实也的确如此，在杨修的指导下，曹植多次战胜曹丕，越来越受到曹操喜爱。曹操经常出征，曹植就在送行宴会上写各种诗歌，赞颂曹操的伟大，预祝曹操凯旋。

曹操大为高兴。不过即使是精彩绝伦的魔术，看上一百遍也会厌倦，曹操很快就对曹植的临别诗没了感觉。

虽然如此，曹植仍然占上风。曹丕认为自己必败无疑了，就去向贾诩讨要妙招。

贾诩闭目养神了许久，才对曹丕说："你是第一顺位接班人，既然如此，何必心急火燎地上蹿下跳呢？平时该做什么就做什么。遵循你该遵循的规则，守卫你该守卫的节操，发现对手有漏洞时，绝不犹豫，快速出击。"

这种计策被称为"无为而治"，无为不是不为，而是不争。当理论上一个位子注定是你的时，你只需要做好自己就可以，倘若有人争这个位子，你也不要和他争，而是静静等待他露出破绽。争的人，由于始终在进攻，所以必然会有破绽，一旦他露出破绽，就可以游刃有余地进攻。

曹丕对这种高度智慧虽然很难理解，可仍然听从了贾诩的意见，安心地做自己。

很快，曹植就露出了破绽。

由于杨修是曹操的秘书，常常参与曹操一些战略思想大会，了解曹操的许多想法，每次他都会和曹植简述曹操的这些想法。当曹操问曹丕和曹植一些战略思想问题时，曹丕一问三不知，而曹植的回答却总能深得曹操的心。

几次过后，曹操怀疑起来，追问曹植："这些是你自己想出来的吗？"

曹植被逼问得走投无路，只好承认是杨修讲述给自己听的，曹操大怒，不但训斥杨修，还对曹植的"作弊"痛恨厌恶。

曹丕的机会来了，他立即反击。

某次，曹操出征，曹植把熬夜写出来的诗歌读给曹操听。正当他读得如痴如醉时，忽然听到哭声，声音不大也不小，恰好处于刚好被人听见又不扰民的程度。众人都循着声音去看，就看到了曹丕在那里抹眼泪。

曹操很不高兴，问他："我要出征，你却哭，这是哭丧吗？"

曹丕哽咽着说："老爹如此年纪还要上战场，我想到这里，就悲从中来。"

啊！

曹操浑身震颤，一股暖流流遍全身，他让正读到高潮的曹植闭嘴，跨上骏马，深情地看了曹丕一眼，拍马而去。

曹植大惊失色，因为自己输了一局，而这一局输得简直太莫名其妙了。

实际上，曹植太高估自己的力量，在曹操的魏王府中，大多数官员都是支持曹丕的。因为理论上，曹丕是顺位接班人，而且从能力上而言，曹丕和曹植难分伯仲。既然如此，那最省事也最安全的做法就是支持曹丕。

曹植之所以敢于夺嫡，一方面是老爹曹操喜欢他多于曹丕，另一方面则是，曹操从没有在正式场合谈过接班人的问题。不谈这个问题，曹植就不可能知道支持曹丕的官员竟然那么多。

公元217年，曹操向魏王府官员们提出要立继承人时，有的官员弃权，没有弃权的大部分官员则倾向于曹丕。曹操得到结果后，一言不发。理智上，他当然倾向于曹丕；但情感上，他更喜欢曹植。

理智的最大敌人是情感，情感最厌恶的则是理智，两者相遇，最让它们的主人头痛。就在这种状态下，曹操漫无目的地向各个大臣征求意见。

他问司马懿，司马懿巧妙地回答："当然是曹丕，因为立嫡以长。"

他又问贾诩："你支持谁？"

贾诩半天不说话，曹操追问。贾诩假装回过神来，说："我刚才在想事。"

曹操问："什么事？"

贾诩慢悠悠地回答："我在想袁绍和他两个儿子的事。"

袁绍正因为没有处理好继承人问题，其遗产才被曹操吞掉。

曹操听了，大笑。

这声笑，是曹丕的喜音，却是曹植的丧钟。

就在胜负已分时，曹植居然霉运当头，犯了个致命错误。他居然擅自使用只有曹操才有权使用的道路，曹操大发雷霆，当着魏王府所有官员的面，训斥曹植轻率、任性。当曹操唾沫横飞地指责曹植时，曹植忽然感觉到属于自己的空气不见了。他开始窒息，在即将晕过去时，他听到老爹曹操宣布了一件事——立曹丕为太子。

当他醒来时，眼前出现的是杨修等谋士的苦脸，他心很痛，感觉对不起这些人多年的付出，他哭了出来。

杨修却说："还有机会，事情没有最终决定就说输，这不是真正的大丈夫。"

曹植在床上半死不活地摇了摇头，看着杨修问："真的吗？"

杨修说："当然！事在人为。"

一场风波

公元218年正月，曹操受到来自许昌的一次挑战。挑战来自几个中央官员，分别是少府（皇家财产管理员）耿纪、司直（负责纠察百官）韦晃和太医令（皇帝家庭医生首领）吉本，还有吉本的儿子吉邈和吉穆。

不过，发动这场挑战的灵魂人物不是这些人，而是西汉刘彻（汉武帝）时代权臣金日磾的后代金祎。金祎靠着无数祖宗的庇护，在当时的中央朝廷获得了一官半职。和大多数当时的臣子一样，他对曹操很不满。

这些不满的人就凑在一起，琢磨着发动一场针对曹操的政变。金祎总结了当年董承反对曹操的失败教训，得出自己的主张。

他的办法是，先干掉曹操留在许昌掌管御林军的指挥官王必，同时邀请在荆州的关羽北上来许昌，希望他能在曹操抵达许昌前赶到。一旦掌控许昌，那就以皇帝刘协的名义废掉曹操的丞相、魏王称号，然后联合刘备，东西夹击曹操的大本营邺城。

理论上，这是个绝妙的计划，不过执行起来，有很大的问题。曹操敢把王必放在许昌，就证明王必非一般人。王必在曹操早年起兵讨董卓时就跟随曹操，是个在任何环境中都可以独当一面的卓越人才，最重要的是，他对曹操忠心耿耿，从无二心。

这个反曹团伙觉得可以成功，是因为金祎和王必是无话不说的好友，该团伙认为在好友背后插刀是他们取胜的关键。可即使他们能出其不意干掉王必，许昌也没有多少效忠皇帝刘协的兵力防守曹操的进攻。他们把希望寄托在关羽身上，关羽的确是位出类拔萃的将领，他替刘备守荆州，成绩斐然。不过，关羽的前锋部队离许昌直线距离达一百五十公里。也就是说，关羽就是在第一时间向许昌进发，也很难保证在许昌被曹操攻陷之前到达。

然而，正如金祎痛心疾首地向他的同伙们说的那样，挑战曹贼不是想证明我们能做成什么事，只是想证明东汉帝国的臣子们依然心系朝廷。或者说，无论曹贼权势滔天到何种程度，在中央朝廷，永远都有挑战他的力量存在。

正是在这种心理下，一批中级官员开始了他们的反抗曹操之路。按照计划，金祎和王必举行了晚宴。宴会上，金祎和王必喝得异常高兴，你一杯我一杯，最后两人都喝得酩酊大醉。

后半夜，吉邈率领他的家臣和随从向王必发起进攻。王必从烂醉如泥的状态下猛然惊醒，下令御林军反击。不过，王必不知道的是，在他醉死的那段时间里，金祎已经拿着他的令牌，将御林军调出城外。王必此时只剩下一百多亲兵，和吉邈的乌合之众大战。

吉邈撞开王必军营的大门，王必的亲兵如王必效忠曹操一样效忠他们的主人，他们奋力杀开一条血路，将王必护送至城外。王必在乱斗中身中数刀，他来不及包扎伤口，一出许昌城就调集忠于曹操的部队，反攻许昌。

反叛团伙的杂牌军在王必的正规军的进攻下，奋力反抗，最终全部被杀。遗憾的是，王必不久后因伤去世，曹操为王必流下感激的泪水。泪水还未干，曹操就在许昌城里进行了一场大清洗。凡是被怀疑参与叛乱的人和有能力反叛曹操的人，或被杀，或被捉，整个许昌陷入一片血海。

对曹操而言，这场风波根本无足轻重，但曹操却悲愤交集。他和谋士程昱诉说衷肠，程昱不无悲痛地对曹操说："您东征西讨，历尽千辛万苦为东汉帝国续命，可结果却是那么多人还想杀您，这是为何？"

曹操叹息说："这些人的脑子不好，心里眼里只有一个窝囊皇帝，哪怕皇帝是白痴，在他们心中的地位也不可估量。凡是那些把皇帝架空的人，无论为帝国甚至是为他们带来多少利益，他们都注定了会忘恩负义。"

曹操最后对程昱说："其实这么多年来，我对政府所有的官员，即使是对我表过忠心的人，我都不信任，我只信任我的那些将军。"

程昱不明白曹操的这种思路。

曹操解释说："这些年我到处征战，消灭那些叛逆，将军们从未歇息过，他们没有时间和精力做对不起我的事。只有那些靠着我衣食无忧、享受太平日子的文官才有时间和精力来反对我。所以，一个人若想做成事，特别是那些伟大的事，多么不容易，前有虎狼，后有狡猾的狐狸，一不小心就粉身碎骨，万劫不复。"

程昱叹息说："这么多年来，真是辛苦您了。"

曹操说："虽然有这么多家伙想要我的命，可这些潜在的风险相对于外面那些叛逆是比较低的，咱们主要的威胁是外敌。"

程昱点头，试探性地问道："刘备？"

曹操点头："对，就是这个大耳贼。"

定军山之战

刘备和曹操注定要在汉中一决胜负，两年前曹操取得汉中后，刘备就开始筹划要夺取汉中，进而掌控整个益州和他的命运。

公元218年春天，就在曹操平息那场风波后不久，刘备准备完毕，他兵分两路，自己率领主力进攻夏侯渊驻守的阳平关，另外一路则由张飞、吴兰率领进攻武都，目的是阻截曹操从关中赶来的援兵。不过，刘备兵力有限，自己带领着主力，那张飞、吴兰的兵力自然就不足。

但张飞和吴兰运气不错，吴兰通过一次奇袭，攻占了武都郡的治所下辨县。曹操的战前指挥官曹洪大惊失色，急忙集结精锐，准备收回下辨，打通援军的来路。

张飞当时驻守在固山（今甘肃成县境内），由于兵力不足，所以他到处散布消息，忽悠曹洪，说他要切断曹洪的退路，然后和吴兰前后夹击，将曹洪一战打入地狱。

曹洪是老将，多年以来和曹操并肩作战，也正因为是老将，所以受到了从前经验的束缚。他觉得，张飞乃刘备的三弟，这样一个大家伙前来，肯定兵力充足。如果真如张飞所言，当曹洪进攻下辨时，他和吴兰来个前后夹击，曹洪非死不可。

曹洪正在犹豫时，一个年轻人站出来说：“别听张飞那孙子瞎说，他根本就没有多少兵力，不可能完成夹击。”

曹洪一看讲话的人，原来是曹操派来的曹休。曹休是曹操的亲戚，叫曹操叔叔。曹操让他给曹洪当助理，曹洪始终认为这个家伙没多大本事。现在，听曹休这么一说，就问：“你有什么科学依据吗？”

曹休很礼貌地回答：“刘备早就想和咱们争汉中，可这两年来始终相安无事，原因就是他没有准备好。如今忽然动起武来，肯定是准备充分，动员了全部兵力。既然动员全部兵力，他应该打阳平关才对，为什么派张飞来打武都？”

曹洪也迷惑，问：“为什么？”

曹休回答：“因为他要阻截曹丞相派来的援军。那也就是说，刘备的主力肯定奔阳平关去了，刘备根本集结不了多少兵力，阳平关那边是大战，兵力必须充足，所以张飞这边不可能有多少兵力。正因为如此，我才推测张飞在瞎咋呼。”

曹洪琢磨了很久，说：“哎呀，小曹啊，你从丞相那儿学到不少兵法嘛！”

曹休说：“这算什么兵法，只是基于人之常情的推理罢了。”

曹洪下令：“向下辨进攻。”

让曹洪惊讶的是，驻守下辨的吴兰居然没有任何防御，吴兰大概认为张飞拖住了曹洪。曹洪一抵达下辨就发动猛烈进攻，下辨很快陷落，吴兰手下的几个将军全部战死，他本人逃出下辨，又被曹洪的巡逻队抓获，斩首传到邺城。

张飞在固山得知吴兰玩完，魂飞魄散，他急忙撤军去和刘备会合。刘备的进展相当不错，当张飞来找他时，他已进抵阳平关下，正发起疯狂的进攻。

阳平关防卫司令张郃顽强抵抗，从公元218年阴历三月到当年秋天，阳平关在刘备疯狂的进攻下，屹立不倒。这不但让刘备吃惊，更让前线的张郃和曹操吃惊。

曹操对幕僚们皱眉说：“刘备这小子坐拥小半个荆州和大半个益州，怎么还是如此废物，连个阳平关都打不下来？！”

不过，曹操很快就不再有这种想法了。刘备动员成都的全部有生力量，陆续投入阳平关战场。曹操发现刘备对汉中是势在必得，于是不得不亲自出马。

公元218年秋天，曹操亲征刘备，将前线指挥所设在长安。长安和阳平关还有很长一段距离，曹操本可以再向前推进，之所以不能推进，原因就是许多恼人的问题接踵而来。先是一支乌桓部族发动叛乱，曹操命儿子曹彰平定叛乱。接着是曹操一直看好的宛城守将夏侯音也背叛了他。直到公元219年正月，曹仁才夺回宛城，斩杀了夏侯音。

这两起叛乱，并没有对曹操产生严重威胁，却牵扯了他的精力，以至于他只能驻军长安，不能全力向刘备发起反击。

坏消息很快传来，在夏侯音被斩杀、宛城重回曹操阵营的同时，刘备突然来了个迂回，从在嘉陵江上正对阳平关的位置，向东穿越丘陵地带，出现在了汉水南岸的定军山。

在南郑的夏侯渊大惊失色，慌忙出南郑迎击刘备，同时让正在埋头苦守阳平关的张郃快速回防。

刘备的速度出奇地快，夏侯渊抵达定军山时，刘备已在山前布防完毕。夏侯渊采取最古老的中央突破战术，以几支精锐轮番攻击刘备的战阵中央。刘备防守严密，夏侯渊付出了极大的伤亡，发现无法突破，于是不再进攻，和赶来会合的张郃同时修筑堡垒，静观时变。

但刘备不喜欢以静制动，他以动击静，乘黑夜向刚刚抵达还未完成防御的张郃部队发起进攻。张郃仓皇应战，结果被打得毫无还手之力，只得向夏侯渊求救。

夏侯渊此时陷入两难，如果不救张郃，张郃非死不可，但如果救张郃，则担心刘备“围城打援”。

就在夏侯渊犹豫时，刘备已在扩大战果，将张郃部队快速蚕食。夏侯渊没有办法，只好分出一半兵力，去解救张郃。

刘备见夏侯渊分兵，兴奋得发狂，命一员大将率领主力来对阵夏侯渊。但这支队伍只是瞎咋呼，多次做出进攻的架势，可多次又原地待命。这就让夏侯渊产生一种错觉，认为对方慑于自己的名气而畏首畏尾。

夏侯渊立刻骄傲起来，准备再分出一部分兵力去解救水深火热中的张郃。就当他自命不凡时，刘备突然对他发动进攻，这次进攻势不可当，夏侯渊在戒备松懈的情况下大败，龟缩在堡垒内，不敢走出一步。

夏侯渊吃了有生以来最耻辱的败仗，悲愤交集。一天晚上，他无所事事地巡营，看到“鹿角”（由树枝和灌木组成的防线，将尖角向外，类似现代战争中的铁丝网）有废弛之处，于是他跑去检查修理“鹿角”。刘备大军看到敌人的总指挥居然跑出来修理“鹿角”，抓住这个千载难逢的机会，快速发起进攻。夏侯渊在这场进攻中被乱兵斩杀，他的部队一哄而散。

幸好还有和夏侯渊分量等同的张郃，他突破刘备大军的封锁，集结了残兵败将，就在阵前代替夏侯渊为主将，曹军化悲痛为力量，再战刘备。可惜，由于兵力悬殊，张郃再度失败。他只好一退再退，刘备趁势命令大军全线推进，牢固地控制住了汉水谷地。

几天后，曹操率领主力抵达，一抵达即和张郃合营，向刘备发动进攻。刘备严防死守，曹操多次进攻，试图找到刘备的弱点，不过这次老天站在刘备这边，曹操的希望落空。

曹操忍受着剧烈的头痛，在前线生不如死。他始终想不明白的一点是，刘备是从何时开始变得如此无敌的，在他印象中，刘备向来是个窝囊废啊！

他邀请刘备到阵前谈话，刘备一开始拒绝。曹操就再邀请，刘备的手下都劝他，如果不接受曹操的邀请，好像咱们怕了他一样。

刘备只好战战兢兢地来到阵前，曹操在马上歪斜着身子，由于头痛而显得异常疲惫。刘备马上流出眼泪，关心道："哎呀老曹，你的气色不太好。"

曹操冷哼道："还不是因为你总捣乱，你在成都老老实实待着不好吗？怎么还来抢汉中？"

刘备哭着说："我也不想啊，谁不想安度晚年，可汉中在你手里，我是彻夜难眠、食不甘味啊！"

曹操正色道："你睡不好觉理所当然，因为你是叛贼，我多次让你回归中央朝廷，你都置之不理，现在反而抢夺中央朝廷的地盘。你总说自己是皇室后裔，怎么现在抢起自己家里的东西了？"

刘备擦了擦眼泪，抽泣着说："我也有难处，我的家里出了个奸贼，把我家的东西全都据为己有，我是在帮家里把东西从他手里抢回来啊！"

曹操冷笑道："大耳贼，你真是不要脸到家了！天下谁不知你们刘家是靠我才活到今天的，你不感激我，反而到处散播我'挟天子以令诸侯'的谣言。我现在给你机会改过自新，你赶紧回归政府，和我一起振兴你们刘家家业。否则，我把你的益州收回来，到时你可就死无葬身之地了。"

刘备哈哈大笑，说："曹贼，有本事就来吧，咸鱼尚有翻身日，何况我还是个人，今天的我已不是当初总失败逃亡的我。等我先宰了你，然后挥军北上，收了你的许昌和邺城，让你死无葬身之地。"

曹操被气个半死，下令进攻。刘备仍然是死守，曹操用尽各种方法，也找不出扭转局势的办法。坚持到公元219年阴历五月，曹操的身体实在支持不下去了，他撤回秦岭以北。刘备取得了胜利！

然而，刘备并不满足于此次胜利。公元219年阴历七月，刘备流着眼泪向皇帝刘协写了封信。信中说：因曹贼在，汉室不兴，我刘备乃皇室后裔，试图力挽狂澜，不过我人微位卑，不能呼唤天下人讨伐曹贼，可我想到一个好主意，那就是请皇上封我为汉中王。这样的话，我的地位就和曹操的魏王相同，做起事来也名正言顺，希望皇上能同意。

这封信意料之中地落到曹操手中，曹操看完信后，狂笑不已，笑得头痛欲裂。他举着信对众人说：“你们看，大耳贼的狐狸尾巴终于露出来了，什么刘皇叔、什么皇室后裔，不过是个投机主义者。用刘协的名义给他回信，不同意。”

刘备收到刘协的信，偷偷看完后，立即烧毁，然后哭着对他的部下们说：“皇上同意了。”

于是，他从汉中返回成都，宣布自己是汉中王，立儿子刘禅为太子，一个违背中央意志的政权就这样在四川盆地明目张胆地升起，连曹操都奈何不了他。

多行不义必自毙，这句话适合所有人，包括刘备。在取得汉中后，刘备的野心如火箭一样上升，他继续挑战曹操，把目标对准了南阳的襄阳和樊城。

关羽发威

公元219年阴历八月，刘备命令他的荆州守将关羽发动北伐，围攻襄、樊。关羽跟随刘备几十年，半辈子都窝窝囊囊的，直到赤壁之战后，刘备时来运转，他也随之鸡犬升天。刘备接受刘璋的邀请去益州时，特意留下关羽驻守荆州。

在驻守荆州的大部分时间里，关羽训练兵马，威慑孙权，又不间断地对曹操的地盘发动蚕食攻击，他的名气越来越大，特别是在荆州，已经超越了刘备，变成神一样的存在。

刘备要关羽北伐，进攻襄阳和樊城。关羽毫不犹豫地就带领荆州主力部队开往前线，他抵达襄阳时，正值雨季。连绵不断的大雨冲刷着襄、樊城。

我们从地图上可以看到，汉水北岸的樊城与襄阳隔水相望，两座城的开阔地不仅有汉水流过，还有南阳郡向南的诸多支流也穿行其间，襄阳和樊城以下，汉水东西高耸的河岸形成了狭窄的关口，这个关口恰恰减缓了汇聚至此的水流流速。

其实我们要说的是，这种情况下，一味固守两座城池并非好办法。当瓢泼大雨不停地下时，南阳最高指挥官曹仁在根据地樊城思考过大雨对城池的冲击，所以就在樊城城外设了七座军营防守，曹仁希望将战场移至城外，而不是在城池上。

当关羽围困襄、樊时，曹操知道情势危急，所以派遣大将于禁去帮助曹仁。于禁抵达襄、樊战场后，七大军营的防御工作就交给了于禁，还派了另一位将军庞德作为于禁的副手。

于禁是曹操的骁将，自跟随曹操以来，始终在最前线征战，勇冠三军。曹操派他来支援曹仁，就是看中了他和关羽实力、影响力的不相上下。这足以说明曹操对关羽的重视和尊重。

于禁冒雨抵达七大营后，前往樊城和曹仁简单商议了战略，然后就回到七大营。当时，大雨如注，于禁在这瀑布般的暴雨中感觉迷失了人生方向。他愣神地看着雨幕，想到这些年来的征战杀伐，不禁鼻子一酸。

他对庞德说："这次总感觉怪怪的。"

庞德看着他，没有说话。

大雨连下了十天，第十一天早上，雨势渐渐变小。然而，水势在那个狭窄关口已积蓄到极限。关羽让人凿开关口，下令让他的战船对于禁的七大营发起猛攻。关羽的水军似乎还没有用尽全力，水势就已将于禁的七大营冲毁。

于禁在指挥战斗时，被巨浪掀翻，在水中喝了几斤脏水后，他浮出水面，被正在等待他的关羽水军抓获。最勇猛的是他的副手庞德，七大营被水淹没后，他带着残兵爬到堤坝和高地上避难，并向曹仁求救。可他还没有等来曹仁，就被关羽的水军从堤坝和高地上驱赶到水中，庞德被俘。他宁死不降，而他的上司于禁却投降了关羽。

关羽因此一战，不但闻名当时，还显名后世。据说曹操得知于禁大败并投降关羽后，居然从椅子上栽倒，众人扶起他时，他借口说是头痛病犯了。可只有他自己知道，是于禁的投降几乎惊掉了他的下巴。

自己最认可、忠诚不贰的于禁，怎么会换了主人？曹操感觉，天好像不是从前那个天了，人事也在变化。

而关羽则认为，这样的天才是真正的天，从前的天让他受尽窝囊气，根本不是天。

在水淹于禁的七座军营后，关羽将全部兵力用在对付曹仁的根据地樊城上，他挟着刚刚战胜对手的余威，把曹仁打得满地找牙。不过，樊城始终在曹仁手里，可在关羽猛烈进攻下，已是朝不保夕。

曹操派出徐晃，率领援军奔赴襄、樊前线。徐晃抵达前线后，发现关羽这次是倾巢出动，兵力强大，他所带的兵力根本不足以解樊城之围。

曹仁果然骁勇，关羽在攻破襄阳城后，集中全部兵力进攻樊城，但在曹仁的坚守下，关羽占不到一点便宜。再加上徐晃率领援兵前来，曹仁更是信心百倍。

他不能退，一旦退出樊城，关羽就会向黄河南岸进军，挥师北上直逼许昌，曹操的大本营虽然早就从许昌迁至邺城，可许昌毕竟是帝国首都，皇帝在那里。最重要的是，曹操有责任和义务保护皇帝不受惊吓。

徐晃和曹仁，发誓要为帝国贡献生命。徐晃虽然解不了樊城之围，却可以在关羽包围圈的外围搞游击战，让关羽不得安生。

关羽对徐晃的游击战很伤脑筋，因为他不能专注地集中力量对樊城进行致命一击。双方就这样在各种小规模战役中耗着，公元219年阴历十月，曹操从邺城进驻洛阳，指挥襄、樊战事。

曹操虽没有亲临一线，可他抵达洛阳是个明显的信号，标志着东汉帝国的魏王已准备和关羽决战。徐晃有了曹操不断派来的援军，开始制订樊城解围计划。

他先是散播谣言，说要进攻关羽围困樊城的大本营，关羽正在紧张地守卫大本营时，徐晃突然向他一个不起眼的副营发起进攻，并且瞬间摧毁。这一胜利引起连锁反应，关羽其他几个副营在迎战徐晃的战斗中忽然走神，全被徐晃拔除。

关羽在大本营忽然听到几个副营全失，慌忙去解救。可就在解救途中，关羽中了徐晃的伏兵，他拎着青龙偃月刀，左冲右突，终于逃出包围，跑进了襄阳城。徐晃经此一战摧毁了关羽的防线，樊城之围解除。

当前方将士在庆祝这场胜利时，曹操在洛阳仍眉头紧锁。虽然樊城之围解除，可关羽仍然控制着汉水以及南岸的襄阳城，随时可以卷土重来。

这是个巨大的威胁，曹操必须要解除这个威胁。

但关羽这个威胁还未发力，另外的威胁从曹操背后袭来，这个威胁是邺城几个官员发动的一场未遂政变。政变人员都是荆州降官，当关羽进攻襄、樊时，这些人认为光复荆州的时机已到，立即在邺城联络同伴，准备和关羽里应外合，夺取邺城，消灭曹操。

然而，这场政变还没有发动，就被留守邺城的曹丕发觉。曹丕通知曹操，曹操下令血腥镇压。不过，邺城可是曹操的大本营，在大本营居然发生这种事，让曹操好多天都怀疑自己的人生是否出了问题。

还有更让他糟心的事，自从立了曹丕为太子后，曹植就如同变了个人，沉默寡言，整日酗酒，但目光凶狠，看谁都像是在看敌人。曹操猛然警醒一件事，那就是曹植的好友、他的秘书杨修。此人好耍小聪明，而且的确有些聪明，曹操担心，一旦自己百年之后，杨修会帮助曹植篡位，按曹丕的智商，肯定斗不过杨修。

于是，他就在军中把杨修以扰乱军心的罪名斩了。杨修一死，曹植更沉默寡言，几乎成了哑巴。曹操唉声叹气，这个孩子怎么会在短时间内变成这副德行，曹操很是伤心。

他觉得这个世界糟透了，外有敌人虎视眈眈，内有叛乱分子阳奉阴违，更有亲儿子让他时刻挂念。

曹操几乎陷入无助的人生状态中。关羽可不管这些，在得到刘备从益州派来的援军后，关羽重启进攻樊城的计划。这一次，关羽势在必得。

三国鼎立

关羽开始稳扎稳打，一步步向樊城进攻。曹操在洛阳焦急起来。他想要立刻前往樊城，和曹仁一起抵抗关羽。所有人都认为这是当时唯一的办法，只有曹操秘书司马懿有不同见解。

他安慰曹操："现在情况还没有那么严重，您无须多虑，关羽也不是不可战胜。他能战胜于禁，是靠大自然，想要打败关羽，不必我们出手，只需要给孙权写封信。"

曹操问司马懿："什么信？"

司马懿说："刘备和孙权当初在荆州问题上分赃不均，始终有心结。关羽倾巢出洞来攻襄、樊，天下震动，孙权怎么可能不恐惧？只要给孙权写封信，告诉他趁荆州空虚，进攻关羽在荆州的大本营，必一战而成。到那时，关羽失了老巢，肯定退兵。"

司马懿的分析可谓一针见血。自公元208年孙权在赤壁击败曹操后，他和同伙刘备的关系就变得异常微妙起来。在分配荆州的问题上，双方就产生了矛盾。孙权认为刘备在赤壁之战中什么都没做，可却偷偷摸摸占了大半个荆州。刘备则认为，自己得到荆州大部分理所应当。

刘备让关羽驻守属于自己的那部分荆州，孙权则让鲁肃管辖自己的那部分。鲁肃主张和平，所以孙权和刘备在荆州的力量一直保持着相对和平。但人人都知道，这种和平必然会被打破，荆州是孙权和刘备的结，必须要用血来解开。

曹操听完司马懿的分析，不禁叫好道："你真是聪明绝顶啊！"

司马懿面无表情，曹操却突然冷酷地笑起来，他审视着司马懿的脸，不怀好意地问："你如此高深莫测，应该有更高的人生理想吧？"

司马懿平静地回答："能做帝国丞相的秘书，恐怕已没有比这更高的理想了。”

曹操阴恻恻地一笑，他想到杨修，又想到司马懿。司马懿始终支持曹丕，但在曹操看来，这并不能说明司马懿真的发自真心支持曹丕，只是个识时务者。

他阴阴地问司马懿：“你如何对付你的敌人？”

司马懿想了想，冷静地说到：“我一路走来，眼中只有朋友和师长，没有敌人。”

“呸！”曹操冷笑，“少跟我玩这套，你以为你说这句话，我就认为你是个好人了？”

司马懿不再说话。

曹操让他近前，附在他耳边说：“等我死后，我也会在天上看着你。你别打曹丕什么鬼主意。”

司马懿发誓说：“我绝对不会打您儿子的鬼主意。”

“那你的儿子会不会？”

司马懿险些笑出声：这是什么狗屁问题，谁能预料到别人将来的事情？！

曹操好像也意识到自己问题的愚蠢，就是他本人，也不可能预料到儿子曹丕未来会做什么。

两人的谈话就此结束，曹操认同司马懿的方法，命人给孙权写信，请他攻击关羽的荆州大本营，并且许诺事成之后，将会给他惊喜。

孙权不需要曹操给他惊喜，能夺取关羽在荆州的大部分地盘，就是最大的惊喜。他给曹操回信说：其实不用你来求我，我早就想对关羽这酒鬼动手了。你放心，我让他后院起火。

孙权立即和少壮派将军吕蒙商议如何打荆州，吕蒙属于智勇双全的军人，他立即给孙权献上一份偷袭荆州的计划，孙权看后大喜，让他立即执行。

现在和十年前恰好相反，曹操、孙权联盟对付刘备。

曹操拿到孙权的书信后，召开军事会议。很多人都认为，此时应该迅速前往樊城，支援曹仁对关羽发动进攻，以此牵制住关羽，让孙权有把握偷袭荆州。如果我们稍慢，一旦关羽知道孙权偷袭他，恐怕会前功尽弃。

曹操忍着头痛，对此分析嗤之以鼻。只有董昭说出了他的心声。董昭指出："我们不但不能出兵樊城，还要把孙权准备偷袭关羽荆州大本营的消息传到襄、樊前线。"

众人都哄闹起来，纷纷指责董昭："这是什么馊主意？"

董昭解释说："我们和孙权联盟，可不是交朋友，目的是为了让咱们利益最大化。如今能让咱们利益最大化的就是把孙权要偷袭荆州的计划传播到前线。一旦关羽得知这一消息，他必然南返和孙权争斗，两个人争斗，咱们看热闹。同时，曹仁在樊城听到这个消息，也会精神大振，樊城必坚不可破。"

众人觉得董昭说得有理，曹操还是有些担心。他问："万一关羽得到消息迅速退回荆州，孙权又不偷袭荆州了怎么办？"

董昭自信地说："关羽这人自负得很，自以为樊城指日可破，又觉得孙权没那么容易快速拿下荆州，所以他必不会速退。如此，就不会影响到孙权偷袭荆州。"

曹操点头称赞，说："这么多人中，只有司马懿和董昭眼光最独到啊！"

其实曹操说对了一半，董昭和司马懿固然眼光很好，可他从前的那些谋士更牛，只不过，曹操连杀了荀彧、杨修等人后，荀攸、贾诩等人已不太爱讲话了。

一切都按计划顺利进行，孙权的儒将吕蒙偷袭关羽在荆州的根据地大获成功，而且势不可当地将关羽所管辖的荆州全部扫荡，纳入孙权版图。

关羽也正如董昭所料，在得知孙权要偷袭荆州时，根本没有想过驰援荆州，而是继续对樊城发动猛烈进攻。曹仁和徐晃在关羽发动进攻时，居然选择反击，运气的天平倾斜，关羽兵团大败，发出山崩般的巨响。

关羽一战而败，绝不承认失败，可惜再战又败。此时，最倒霉的事发生了，他和益州的刘备失去联系，无奈之下只好独自南撤。

曹操阵营锣鼓喧天，庆祝这场胜利，所有人都建议曹操下令让曹仁、徐晃追击关羽，将之斩草除根。

曹操问司马懿：“你的意思呢？”

司马懿假装思考了半天，才小声说：“我同意大家的意见。”

曹操大笑，得意地说：“你这笨蛋，关羽不能追。”

众人惊异地面面相觑，只有司马懿神色如常。曹操分析说：“放关羽回去，是给孙权捣乱，如果把关羽宰了，孙权岂不是做大？”

众人恍然大悟，都赞叹曹丞相的智慧天下无双。曹操有些沾沾自喜，可当他看向司马懿时，这种沾沾自喜立即消失，他看到的司马懿像一头病恹恹的老虎，纹丝不动，然而杀气冲天。

司马懿当然知道不该追关羽，就如他若干年后故意中了诸葛亮的空城计一样，有些事，近视眼看都特别模糊，但只要戴上智慧的眼镜，一切都清晰得一目了然。

然而，无论是曹操还是司马懿，都高估了关羽。关羽杀回荆州后，多年来积累起来的威望和力量，一朝丧尽。他处处遇到阻碍，要么来自孙权，要么来自叛徒。

公元219年阴历十一月，关羽被孙权追击，穷途末路下只得逃至麦城（今湖北当阳）。一个月后，关羽在突围中被杀，他的人头被孙权涂蜡打包后，送到了邺城曹操的手中。

至此，后来被称为“三国”的时代定型。刘备拥有四川盆地，孙权控制了长江中下游及以南的地区，曹操则占据了东汉帝国十分之七的领土。

这就是曹操为东汉帝国征战多年后留给他子孙的遗产。

曹操遗嘱

公元220年正月，曹操在洛阳城中头痛发作，眼前昏天黑地，无法走路。在这苦痛中，孙权把关羽的人头送来了，随人头而来的还有孙权的一封信。孙权在信中说：曹大王啊，我现在向你称臣，你应该称帝了。

曹操大叫起来：“孙权这小子是想把我当烤鸭放在炉子上烤啊！”

他的将军们都对曹操这句话很不明白，在他们看来，连江东的孙权都俯首称臣了，那咱们就该顺应天命，称帝得了。

夏侯惇张牙舞爪地代表魏王府的官员们劝说曹操称帝，曹操抱着大大的头颅，龇牙咧嘴道：“你们不明白这其中的道理啊。”

众人就都听着，看曹操能胡编出什么高大上的道理来。

曹操忍着头痛，说：“我的奋斗史应该从讨伐董卓开始，我和各种各样的人打各种各样的架，经过一番艰难困苦之后，只剩下了孙权和刘备两个对手。难道你们不知我心？”

众人小声问：“难道丞相您真要对东汉帝国忠诚到底？”

曹操想了想说：“天下哪里有什么忠诚到底的人？之所以忠诚到底，是因为实力不够、诱惑不大。”

夏侯惇失声问道：“您没有实力称帝吗？”

曹操说：“称帝还不简单，可我若称帝，刘备和孙权那两个叛贼马上会跟着称帝。我就是想让这两个家伙称不了帝，气死他们。”

夏侯惇又问：“皇帝这个诱惑还不够？”

曹操说：“同一种诱惑，诱惑的对象不同，起到的效果就不同。老实说，现在的我对称帝已没有兴趣了。”

众人沉默，曹操的脑袋正被疼痛折磨得慢慢变大。

“我做周文王就可以了，至于曹丕是否做周武王，随他去，我管不着了。”

周文王具备称王的能力，但到死都没有向商纣王发动进攻。他一死，儿子周武王就向商纣王开战，建立西周王朝。

众人不再问什么，也不再抱有攀龙附凤的希望。曹操脸色苍白，似乎只有出气没有进气。

第二天一早，曹操感觉状态不错，他知道这是回光返照，于是取来纸笔，写下了遗嘱：

> 吾夜半觉小不佳，至明日，饮粥汗出，服当归汤。吾在军中持法是也。至于小忿怒，大过失，不当效也。天下尚未安定，未得遵古也。吾有头病，自先著帻。吾死之后，持大服如存时勿遗。百官当临殿中者十五举音，葬毕便除服。其将兵屯戍者，皆不得离屯部，有司各率乃职。敛以时服，葬于邺之西冈，上与西门豹祠相近，无藏金玉珍宝。吾婢妾与伎人皆勤苦，使著铜雀台，善待之。于台堂上安六尺床，施穗帐，朝晡上脯糒之属。月旦、十五日，自朝至午，辄向帐中作伎乐，汝等时时登铜雀台，望吾西陵墓田。余香可分与诸夫人，不命祭。诸舍中无所为，可学作组履卖也。吾历官所得绶，皆著藏中。吾余衣裘，可别为一藏，不能者，兄弟可共分之。

这就是曹操的遗嘱，大致可分三方面。首先，曹操冷静地指出，天下还未安定，所有人应继续努力，不得骄傲和有非分之想；在治军上，应以法治为主，不可让情感战胜军法。他从前在治军上有些不好的情绪，希望后辈不要效仿。

另一方面，曹操要求死后实行薄葬，而且指定地点（邺之西冈，上与西门豹祠相近）。曹操虽然沉迷女色，可在日常生活中却非常俭朴，死后墓葬也希望不要奢侈。这是曹操的聪明之处。乱世时，有钱人家的坟墓全被盗挖，曹操不希望后辈在自己坟墓里放很多金银财宝，引来盗贼。

最后则是关于财产、家属和家伎的安排。曹操这个人一生都在战斗，不仅在政治场和战场上，也在床上，所以他有很多小老婆。而他所说的“余香”，是西域的高档货，曹操将其分给妻妾。然后正告他的女人们，以后要做手工活，卖钱以养活自己或补贴日用。曹操可谓聪明至极，他知道自己去世后，他的这些女人绝不可能像从前那样过好日子了，所以必须要自力更生。曹操对所有的女人，可都是真情实感，这是曹操的可贵之处。同时，曹操还希望在铜雀台，给他留个位置，因为他喜欢音乐歌舞表演。只有真性情的诗人，才有这种雅致和要求。

这就是曹操的遗嘱，写完这道遗嘱后，曹操就让所有人退下，只留下司马懿。他让司马懿近前，对司马懿说：“如今曹丕在邺城，曹植在我身旁，我死后，曹植能顺利让曹丕做我的接班人吗？”

司马懿不说话。

曹操似乎没想让他说话，而是接着说：“我已派特使回邺城，让曹丕迅速继位，继位后再来洛阳，以防有变。我曾提醒过曹丕，司马懿这老鬼不是好鸟，一旦发现他不忠，立即抄家灭族。”

司马懿微微动容。

曹操话锋一转：“不过我还告诉曹丕，对付孙权和刘备，只有你能胜任。”

司马懿说：“不敢。”

曹操立即盯向他，眼里似乎有锥子：“我希望你效仿我！”

司马懿没有明白。

“只做周文王！”曹操一字一顿地说道。

司马懿毫不犹豫地吐出一个字：“好。”

曹操欣慰地点了点头。此时，他不由想起了远在许昌的皇帝刘协。刘协也想起了他，这两个人的关系恐怕是世界上最奇特的关系，谁都离不开谁，可彼此都想杀了对方。

曹操想到这个皇帝时，犹如梦幻。在梦幻般的场景中，他看到刘协坐在龙椅里，神情哀伤。他不由叹了口气。曹操突然感觉折磨了他一生的头痛消失在了正午的艳阳里，他整个人缓缓地飘起来，飘向芸芸众生的土地，飘进开满洛阳牡丹的天空，他从未有过如此美好的感觉。

当他的肉体沉甸甸地僵在床上时，他的灵魂正在天堂中享受宁静。

众人都跑进房间，对着他的尸体大哭。曹操就这样被折磨他多年的头痛夺走生命，享年六十六岁。

那一天是公元220年3月15日。

远在邺城的曹丕一得到老爹去世的消息，悲喜交集，宣布立即继承曹操的全部遗产。九个月后，曹丕称帝，建立魏帝国，曹操被追谥为武帝，史称魏武帝。

之后的事就是三国的故事了，已和曹操无关。这位为东汉帝国奋斗了大半生的英雄人物，也许能想到，他死后的天地绝不会太平。也许能猜到，司马懿家族终究会取代他的家族，成为那个时代的宠儿。

但即使他能猜到，有生之年又能如何，因为一代人只能做一代的事，做好自己应该做的，就对得起人生了，想那么多，没有必要，也根本没有用！

如果说曹操能给我们什么启示，那么，上面这段话就是最大的天启。

图书在版编目（CIP）数据

曹操：打不死的乐观主义者 / 度阴山著. -- 南京：
江苏凤凰文艺出版社, 2019.6（2025.12重印）
（读客这本史书真好看）
ISBN 978-7-5594-3544-6

Ⅰ. ①曹… Ⅱ. ①度… Ⅲ. ①曹操（155-220）-传
记 Ⅳ. ①K827=342

中国版本图书馆CIP数据核字 (2019) 第064153号

曹操：打不死的乐观主义者

度阴山 著

责任编辑	丁小卉
特约编辑	乔佳晨　　蔡若兰
装帧设计	读客文化　021-33608320
责任印制	刘　巍
出版发行	江苏凤凰文艺出版社
	南京市中央路165号，邮编：210009
网　　址	http://www.jswenyi.com
印　　刷	三河市中晟雅豪印务有限公司
开　　本	710 毫米 × 1000 毫米 1/16
印　　张	19.25
字　　数	257 千字
版　　次	2019 年 6 月第 1 版
印　　次	2025 年 12 月第 27 次印刷
书　　号	ISBN 978-7-5594-3544-6
定　　价	49.90 元